出版品國際交換研究

一 中美國家圖書館之比較 一

李筱眉　著

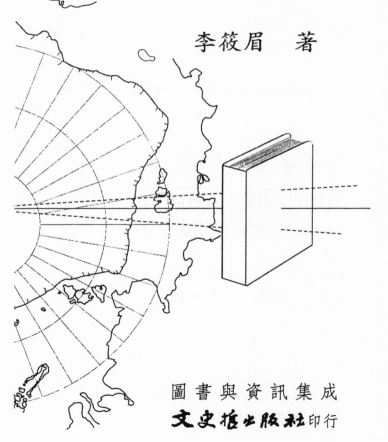

圖書與資訊集成

文史哲出版社印行

國家圖書館出版品預行編目資料

出版品國際交換研究：中美國家圖書館之比較 /
李筱眉著. -- 初版. -- 臺北市 : 文史哲, 民 88
　面 ： 公分. -- (圖書與資訊集成 ；28)
　ISBN 957-549-218-8(平裝)

1.圖書交換 - 比較研究

023.18　　　　　　　　　　　　　88008818

圖書與資訊集成

出版品國際交換研究：
中美國家圖書館之比較

著　　者：李　　　筱　　　眉
出 版 者：文 史 哲 出 版 社
登記證字號：行政院新聞局版臺業字五三三七號
發 行 人：彭　　　正　　　雄
發 行 所：文 史 哲 出 版 社
印 刷 者：文 史 哲 出 版 社
　　　　臺北市羅斯福路一段七十二巷四號
　　　　郵政劃撥帳號：一六一八〇一七五
　　　　電話 886-2-23511028 · 傳眞 886-2-23965656

實價新臺幣四八〇元

中華民國八十八年八月初版（六月初版試印本十本）

莊　　序

　　國家圖書館是唯一代表政府履行出版品國際交換任務的機構，這是參與世界文化交流的方式之一，對圖書館的館藏發展，同時具備了重要的輔助功能，尤其是針對不易購買的外國政府出版品及灰色文獻。然而出版品國際交換並非面對讀者服務的第一線工作，故鮮爲人知，更遑論瞭解其意義與重要性。事實上，豐富而具特色的館藏實爲提供良好服務的基礎，由此角度來看，「交換」扮演了重要的角色。以本館爲例，各國政府出版品乃館藏特色之一，其中大量的美國政府出版品，即經由交換獲得，近年來更收入大量光碟產品，對資訊檢索助益頗大；日本國立國會圖書館亦寄來大量的交換出版品，充實了本館日文藏書；此外還有諸多特殊語文出版品，如俄文、阿拉伯文、韓文、法文等，其來源皆爲出版品國際交換。本館聘請各種語文專長人士協助編目，提供國內讀者利用。

　　出版品國際交換源起於歐洲，後來拓展至全球，其發展已有好幾百年的歷史，重要性不容忽視。衡諸國內，關於這方面的資料甚少，更無學術著作，本書乃第一本專門論著。著者李筱眉小姐於本館擔任編輯逾六年，實際負責出版品國際交換業務的規劃與執行，期間適逢傳統圖書館角色受資訊科技衝擊而轉型，李編輯亦配合潮流急起直追，首次開發完成本館的出版品國際交換資訊管理系統，實務經驗相當豐富。公餘之暇，更進一步研究相關問題，完成本書撰述。全書計約廿八萬言，包含各種圖表，並附錄重要公約翻譯與相關資料共 18種，由歷史研究著手，探討出版品國際交換之蘊涵，並結合實務，闡述我國的出版品國際交換爲佐證，藉以和其他同道分享經驗，更進而

研究美國的出版品國際交換，與我國之情況加以比較分析，以爲促進出版品國際交換之針砭，極具參考價值。

　　作者畢業於國立政治大學外交系並獲得美國賓夕法尼亞大學（University of Pennsylvania）管理碩士，其學業背景對負責出版品國際交換工作，從事文化交流，頗爲適當；而其負責認真的態度，努力上進的研究精神，並積極主動研擬各種改進方案，推動業務發展，更值得鼓勵嘉許。出版品國際交換一直是圖書館事業研究中最薄弱的一環，本書的完成，對著者而言乃跨出學術生涯的第一步，對圖書館而言，則開啓國內對出版品國際交換研究之門，本人樂爲之序，期盼本書能爲理論研究與實務結合之典範，希同人能有更多此類學術著作的出版，使本館成爲台灣圖書館學研究的重要基地之一，進而成爲國內社會科學領域中一支重要的生力軍。

莊芳榮

誌 於 國 家 圖 書 館
民 國 88 年 6 月 28 日

自 序

　　人生際遇總有著意外而巧妙的安排！民國 81 年甫自美返國未久，炎炎夏季湊和著前英國首相柴契爾夫人訪台熱潮，我前往國父紀念館聆聽演講，竟因而得緣踏入圖書館專業人員所嚮往的國家圖書館(當時仍名為國立中央圖書館)工作，對於僅具外交與管理學位、卻毫無圖書館專業的我而言，真是既興奮又惶恐；幸而被安排於出版品國際交換處(簡稱交換處)服務，從事文化交流的工作，與所學尚有關聯。在此之前，從不知道國家圖書館負有出版品國際交換的任務。回想起大學聯考放榜、選填志願時，雖然對圖書館學與外交均有興趣，以致徬徨於選校或選系之間，但由於當時的懵懂且玩心仍重，加上對國外生活莫名的嚮往，終於選擇政大外交系而放棄入台大圖書館學系的機會。大學畢業後，順利赴美進修，如期取得碩士學位。孰料與圖書館緣分深厚，繞了一圈之後，還是走回圖書館的工作，而且是以國家圖書館為事業的起點，對一個涉世未深的年輕人而言，真是無比的幸運。

　　又何其有幸，當時交換處是由主掌該項業務達三十年之久的汪雁秋主任帶領，我因而得以吸收許多有關出版品國際交換的歷史與知識。我被安排的職務是綜理出版品國際交換的業務，恰好可將所學的外交及管理知識派上用場。經過兩年的熟悉，時值國家圖書館邁入第二期自動化發展階段，以往一直未能參與全館自動化的交換處，由此開始也進入自動化之門，我先從運用個人電腦及套裝軟體開始，自行設計基本資料庫管理雛型，並檢討調整原有的工作方式與人力運用，逐步進展至全面規劃開發自動化作業系統，至今已完成「出版品國際交換資訊管理系統」，並已運作逾四年。一路行來，雖在人力、經費

拮据的情況下備極辛勞，但幸得長官支持與同事合作，給予我個人一次很好的磨練機會。

在從事出版品國際交換實務工作的六年多中，適逢資訊科技蓬勃發展，傳統圖書館角色深受衝擊而轉型，出版品國際交換工作亦必須隨之調整。大家皆知「學如逆水行舟，不進則退」的道理，身處這高度競爭的時代尤然；個人深感理論與實務結合之重要，光有實務經驗而無歷史與理論的研究，不足以古爲鑑，以學爲理而繼續推動出版品國際交換工作的更加進展，故我進一步研究並撰寫本書「前身」——《出版品國際交換》。由於國內關於這方面的文獻相當缺乏，爲此曾赴美國及中國大陸蒐集資料。《出版品國際交換》於民國 87 年 12 月出版後，承蒙諸多前輩批評、指正並惠賜許多相關書刊及資料。這些圖書資料經消化整理、分析歸納，以強化增修原書內容外，並調整、增加部分章節；其中第十章「我國政府出版品管理」，關於「政府出版品管理辦法」於前書撰寫時，仍屬研議中之法案，而該辦法已於民國 87 年 11 月 4 日公布，故本書在相關章節已作增補。

本書學術研究過程的理念，首先第一章以台灣地區的出版品國際交換研究文獻述評代緒論，藉以瞭解過去的研究成果，尋找薄弱與缺漏的環節，並釐定研究方向，爲全書之撰寫揭開序幕。述評所蒐集的文獻範圍，以直接與出版品國際交換有關爲主，例如屬「政府出版品」範疇但未論及國際交換者，則未含括。第二章至第四章爲出版品國際交換的基礎研究，包括概論、一般運作及相關公約。由於本書研究目的是希望理論與實務結合，對未來推動出版品國際交換業務有所助益，故除基礎研究外，加入美國與我國的個案研究 —— 分別是第五章至第七章、第八章至第十章，由歷史、交換組織結構及政府出版品管理制度三方面著手，同時以此作爲第十一章比較研究的前題。其中政府出版品管理研究之目的，是爲瞭解各國政府出版品管理制度對國

際交換的影響，包括能否確實收集政府出版品，與國際交換成效之關聯等，故仍環繞在出版品國際交換研究主題之下。比較研究方面，透過收集、解析、類分、比較四項過程的概念，以發現被比較者的異同。第十二章結論，秉持不重複贅述與力求精簡清晰之原則，故在「回顧」方面，將出版品國際交換的演進，歸納爲萌芽期、開創期與穩定期，並繪以歷史軌跡簡圖示之，而出版品國際交換實況，以國際交換公約的效果、交換組織的模式、交換的意義與原則三點說明之，期能使讀者很快瞭解出版品國際交換之梗概；另在「展望」方面，則從國際交換實務經驗與研究心得，以國家圖書館爲例，從理念與技術層面闡述「國際交換資訊中心」的之初步構想，並提出對國際交換基礎建設的幾點看法，探討未來出版品國際交換發展的方向。最後所列附錄均爲正文之參見及輔助說明，以對內容有更詳盡的瞭解，其中相關法令規章，新舊具列，以資對照，便於讀者能一窺全貌。除此之外，運用管理學之問題解析方法，採用組織、描述、解釋、預測、決策、評估等程序，規劃出版品國際交換的運作，並以圖示概念，展現各項工作流程，甚至歸納歷史研究，亦循此法，以輔助閱讀。

　　國家圖書館的優良工作環境，在當今社會中是相當難能可貴的；除了是學術研究的殿堂外，更是人才濟濟，出類拔萃，隨處充滿激勵。若非有此優良秀環境孕育，讓我得以從工作中學習、成長，本書殊難完成；尤其要同時兼顧行政業務與學術研究，並非易事，誠有賴長官的鼓勵與同人的合作，讓我得以堅持至今。感謝莊館長芳榮惠予賜序，爲本書增色；感謝兩位前任館長：王教授振鵠，對赴大陸蒐集資料的指引，以及曾教授濟群，對全書架構的指導。感謝張編纂錦郎、黃編纂淵泉、參考組王主任錫璋的指導，他們的專業知識及對後生晚輩的提攜，著實令人敬佩。感謝漢學研究中心資料組劉組長顯叔、國際標準書號中心李主任莉茜，時常給予關懷與鼓勵。交換處黃美智小姐爲

人沈穩、客觀而負正義感，常為我的精神導師。參考組嚴編輯鼎忠的才能，是值得學習的楷模，吳穎萍小姐、張懿夫小姐及其他同人的協助，以及閱覽組方美芬小姐、羅金梅小姐，提出的許多寶貴意見，亦是本書完成的重要助力，由衷致上謝忱。

　　本書得以付梓，更要感謝文史哲出版社發行人彭正雄先生，本著推動知識文化的熱忱，慨允印行本書。還要感謝家人的支持與配合，讓我無後顧之憂，可以集中精力、全力以赴；感謝我的寶寶給我勇氣，從懷孕、出生至今，十八個月來，默默而乖巧的陪伴我走過這一段研究歷程，沒有他的激勵，或許本書的完成還將延遲。本書之能順利成書，實凝聚著以上師友、同人、家人的大量心力，在他們深厚情誼的策勵下，本人不敢不勉勵前驅，筆者才疏學淺，本書疏漏之處，在所難免，尚祈學界先進不吝賜教指正。

　　　　　　　　　　　李筱眉　謹誌於國家圖書館
　　　　　　　　　　　　　　　民國 88 年 8 月

前　言

　　出版品國際交換起源於中世紀時的歐洲，由圖書館之間的手稿交換開始。幾世紀之後，隨著文藝復興與科學發展，促進了大學學位論文的交換，繼而發展出系統化交換。18 世紀末，出版品國際交換跨越歐洲傳入美國，後來拓展至美國乃至全球，可說是溝通世界文化的橋樑。其發展歷史過程中，曾兩次制定全球國際交換公約：第一次是由美國國會圖書館發起，於 1886 年訂定布魯塞爾公約（The Brussels Conventions）；第二次是聯合國教科文組織（UNESCO） 發起，於 1958 年通過了出版品國際交換公約（Convention Concerning the International Exchange of Publications）和官方出版品與公牘國際交換公約（Convention Concerning the Exchange of Official Publications and Government Documents Between States）。此外還有一些區域性的國際交換公約、文化協定，或是國際研討會。

　　英國伯明翰大學圖書館館長韓福瑞（K.W. Humphrey）於 1966 年發表〈國家圖書館的功能〉一文，被視為國家圖書館功能理論經典，其指出：「辦理出版品國際交換」是國家圖書館的任務之一。1 既然出版品國際交換發展已有相當歷史，又被列為國家圖書館的任務之一，必然有其重要意義與功能。筆者服務於我國國家圖書館，實際負責出版品國際交換業務多年，深刻體悟國際交換有如教育工作，是「百年事業」，確為溝通世界文化的橋樑。然在實務經驗中常對「交換」定義感到困惑，因為有很多情況是寄多換少的「不平衡交換」，甚至是「贈送」而非「交換」；許多人常質疑，現在早已不是「以物易物」的時代，連資訊傳遞都走上網路時代，何以還需要以交換方式來獲得

出版品呢？這似乎是沒有意義而不符合經濟效益。衡諸國內，關於這方面的研究付之闕如。有鑑於此，筆者期望藉由出版品國際交換的研究，瞭解其意義及理論，除了為「出版品國際交換的意義」釋疑，更期望能對拓展我國出版品國際交換有所助益，進而尋求其於現代資訊環境中的角色與定位。

　　本書從兩方面著手，首先敘述出版品國際交換的歷史。蓋歷史研究乃瞭解全貌之根本，期望藉由歷史研究瞭解其意義與實務運作原則。其次進行比較研究，選定的對象是美國與我國，代表國家執行出版品國際交換的機構分別是國會圖書館（The Library of Congress） 與國家圖書館（National Central Library）。選擇美國國會圖書館為研究對象的理由大致有三：第一、該館是全世界最大且最重要圖書館，瞭解其營運可以為我國圖書館之針砭；第二、該館是世界出版品國際交換發展之重要參與者，可說是交換工作的先驅；第三、該館是我國國家圖書館極重要的交換對象，本館所藏的美國政府出版品，絕大部分經由國會圖書館寄來，故期盼瞭解此一重要交換夥伴，以促進與我國順暢的合作關係。研究我國的出版品國際交換實為「知彼」之前應先「知己」；由於各國的歷史背景與文化環境不同，學習「他山之石」之前，必須先清楚自己的情況，方能有效借鏡。綜合以上基本研究，再比較分析我國與美國的出版品國際交換，進而為我國未來的出版品國際交換提出建議。

　　本書內容共計十二章，簡述如下：

　　第一章「台灣地區出版品國際交換研究述評 —— 代緒論」，蓋進行學術研究之前，應先對以往的研究成果有所瞭解，尋找缺漏的環節及釐定未來發展的方向，故筆者蒐集民國 38 年至民國 88 年 5 月之間，台灣地區所發表與出版品國際交換研究有關之論著，加以研究分析，作一客觀評介，藉以提供該方面研究的概貌，並為此主題勾勒出

可行的研究方向。經由此初步研究得知，出版品國際交換研究在台灣地區似乎是「一片荒蕪」，近 50 年來已發表的文章多爲工作經驗談，且多泛泛而論，未能深入探討，更促發筆者的研究動機，故引此探討、述評以代緒論，揭開本書對出版品國際交換研究之序幕。

　　第二章到第四章由歷史著手，進行出版品國際交換的基本研究。第二章「出版品國際交換概論」，共分三節：第一節「出版品國際交換的歷史概況」，首談源起與發展，以及國際交換史上的重要人物和機構：亞歷山大‧瓦特馬賀（Alexandre Vattemare）與司密遜學院 （the Smithsonian Institution）；第二節「出版品國際交換的意義」，由出版品國際交換的定義和三個目的 —— 解決無法購買的難題、補充購買之不足、特殊專門資料與灰色文獻的蒐集，探究其意義；第三節「出版品國際交換原則與議定方式」，說明出版品國際交換有等量交換、等值交換、計頁交換及開放式交換等幾種原則，而議定方式則包括兩大類：一般圖書館與學術機構之間，以「信函」爲交換議定方式；國家之間正式的交換協議，則有雙邊協定、多邊公約、文化協定。第三章「出版品國際交換的一般運作」，共分三節：第一節「交換中心的功能」，介紹五大功能；第二節「交換出版品的類型」，歸納可供交換之非商業性質出版品，分爲七大類；第三節「交換組織與運作原則」，包括「通論」並說明「交換出版品的集中轉運」不符合經濟效益之佐證。第四章「出版品國際交換相關公約」，首先由第一節「國際交換公約概述」，談論全球國際交換公約、區域國際交換公約和一般文化協定以及國際交換公約的意義。第二節「布魯塞爾公約」，詳述公約制定之緣由、經過及內容，探討其執行結果，並分析公約的優點和缺點。第三節「聯合國教科文組織交換公約」，撰述結構與第二節同。第四節「全球國際交換公約之比較」，分兩種比較：第一、聯合國教科文組織通過的兩項交換公約之比較，第二、聯合國教科文組織（含

兩項公約）與布魯塞爾公約之比較；除文字分析說明外，亦列表並排比較。

　　前已述及「比較研究」是本書內容的重點。由於比較研究是透過四項過程：收集、解析、類分、比較，發現被比較者的相同點與相異點 2，以達三個目的：報導 ── 描述的目的；歷史 ── 功能的目的；借鑑 ── 改善的目的 3；故必須先對比較主體進行個案研究。個案研究分內容三方面探討：第一、仍是歷史研究，蓋歷史研究為比較研究之基礎，唯有確切瞭解比較研究主體之歷史演進，方能正確分析比較主體之相同與相異之成因。第二、從研究交換組織結構著手，探討出版品國際交換的定位與功能。第三、政府出版品管理研究，蓋國際交換是取得政府出版品最便捷的管道，而各國政府出版品管理制度影響國際交換機構能否確實收集出版品，進而影響國際交換成果，故此方面的研究誠屬必要。

　　以上述比較研究之架構，形成第五章到第七章關於美國出版品國際交換的研究，分別為第五章「美國出版品國際交換的源起與發展」、第六章「美國國會圖書館的國際交換組織」、第七章「美國政府出版品管理」；相對應美國個案研究，第八章到第十章關於我國出版品國際交換的研究，分別為第八章「我國出版品國際交換的源起與發展」、第九章「我國國家圖書館出版品國際交換的運作」、第十章「我國政府出版品管理」。

　　個案研究內容中需特別說明者乃第八章，有關我國交換歷史的研究部分。該章為全書最長的章節，此因進行研究後發覺，我國明末清初時期，西方耶穌會士來華，促使中國首次接觸西方國家的科學知識與科學出版品，其以「出版品交流」為媒介，甚至造就了世界近代史上中西文化交流的高潮。雖然當時的「出版品交流」與今日所謂的「出版品交換」並不全然相同，然其促進文化交流之實效，誠乃出版品國

際交換之真正意涵，故應將其視爲我國出版品國際交換之最早源起。
在這段歷史中，著名的圖書交流代表有：利瑪竇 ── 以「西書」和
「譯書」爲橋樑和媒介，是溝通中西文化之第一人；金尼閣 ──攜
歐書七千部來華，擬建立圖書館；白晉 ── 以康熙之名贈書予法王
路易十四，爲中法圖書交流史上之重要紀錄。利瑪竇在歷史上的重要
性，眾所皆知，筆者僅從攜入之西書、對西書與中文經典的翻譯和著
作三方面探討其對文化交流的貢獻。至於金尼閣和白晉，則針對歷來
盛傳二者的著名史事加以考證，推定交流圖書的數量：金尼閣攜書七
千「部」應指七千「冊」之意；澄清白晉贈書 49 冊（或稱 149 冊）
之誤傳，實爲「22 種、45 套、312 冊」。上述內容，在過去未曾有
從出版品國際交換角度闡論者，對於圖書交流的數量更有誤解，故筆
者認爲有探討價值，而以較多篇幅加以考證。另外第三節「中國交換
機關史」，因與現代出版品國際交換息息相關，理應詳細說明。筆者
從公報、檔案、報紙消息發布等第一手史事資料，考察中國交換機關
的歷史。綜合來說，全章在結構上雖已力求簡潔，但爲求史實之正確
詳盡，很難一筆帶過，故所佔篇幅仍甚大。

　　第九章「我國國家圖書館出版品國際交換的運作」，由第一節先
說明基本工作項目與方法，供讀者對國際交換運作有基本認識，再於
第二節介紹第一套自動化國際交換作業系統 ── 出版品國際交換資
訊管理系統之設計理念與方法，藉以和其他有意發展國際交換的機構
分享經驗。該章節特色乃運用各種流程圖，整理繁雜的交換實務工作
之脈絡，以助於瞭解。

　　第十一章「中美出版品國際交換之比較」，共計四節，第一節「中
美比較研究緣起」說明比較研究的基本觀念與研究動機，另外三節則
分由國家交換機關之源起、交換組織與運作、政府出版品管理三方面，
對中美出版品國際交換加以比較。第十二章「結論 ── 回顧與展

望」，共計三節，前二節簡要歸納本書研究，第三節謹就筆者實際從事國際交換的經驗與研究心得，以國家圖書館為例，提出建設「國際交換資訊中心」之初步構想，從理念與技術層面闡述，同時提出對國際交換基礎建設的幾點看法，探討未來出版品國際交換發展的方向。

【注釋】

1. 曾濟群：〈國家圖書館的組織體制〉，《圖書資訊點滴》（台北：漢美圖書公司，民國 87 年 7 月），頁 20-21。

2. 參閱王振鵠為《比較圖書館學導論》作之序；薛理桂主編：《比較圖書館學導論》（台北：台灣學生書局，民國 83 年 5 月）。

3. 參閱薛理桂主編：《比較圖書館學導論》（台北：台灣學生書局，民國 83 年 5 月），〈第一章 緒論〉，頁 12。

Preface

International exchange of publications originated in Europe during the middle ages in the form of manuscript exchange between libraries. A few centuries later, following the Renaissance and industrial revolution, the exchange of university theses was continue to improve, along with the development of systematic exchanges. At the end of the 18th century, the international exchange of publications was beyond Europe, spreading to the United States. From the United States, it expanded throughout the whole world. One can say that it was a bridge of communication between world cultures. During the historical development, global international exchange conventions were twice established. The first was the Brussels Conventions, initiated by the United States Library of Congress in 1886. The second time, two conventions, *Convention Concerning the International Exchange of Publications*, and *Convention Concerning the Exchange of Official Publications and Government Documents Between States*, were passed by UNESCO in 1958. Besides these, other international exchange conventions within specific areas, cultural conventions, or international symposiums were established.

The article "National Library Functions", published by K.W.Humphrey, library director of Birmingham University, England, in 1966, was considered as a classic on theories regarding the functions of national libraries. He pointed out that "to establish the international exchange of publications" is one of the responsibilities of a national library. Considering the fact that the development of the international exchange of publications already has a long history, and is regarded as one of the responsibilities of a national library, definitely, such exchange must have a significant meaning and function.

The author works at the National Central Library of the Republic of China, and for many years has been responsible for matters related to the international exchange of publications. She has come to the comprehension that international exchange is much like education, in that it is a "job of a hundred years," and that it is indeed an important tool of communication between world cultures. However, in actual experience, she often feels confused about the definition of "exchange," because in several circumstances, it is an unequal and unbalanced exchange, with one side sending more than it receives in exchange. In some cases, the exchange can even become a "gift " rather than "exchange". Since we no longer live in a barter economy, and now even information transfer over computer networks has become commonplace, many often question the necessity of using such a method of exchange to acquire publications. This mode of exchange no longer seems to be meaningful, nor appropriate, for economic gains and effectiveness. An overview of studies related to exchanges of publications showed that studies in this area is lacking. Therefore, the author hopes that a study on the international exchange of publications can help us in understanding its meaning and theories. Besides clarifying the meaning of "international exchange of publications", this study strongly hopes that it may be helpful in developing the international exchange of publications in the Republic of China. Eventually, it may help in the search for the role and function of international exchange in the present information age.

The present book considers two perspectives: First, it describes the history of international exchange of publications in order to understand the total picture, and by so doing, understand the meaning, realities, and principles of the exchange process. Second, it conducts a comparative study between two countries: the United States (US) and theRepublic of China (ROC). Representing the US body in fulfilling the international exchange of publications is the Library of Congress (LC), and representing the ROC is the National Central Library (NCL). There are three reasons for choosing the LC. (1) It is the biggest and most important library in the whole world. To understand its management can serve as a guide in the management of libraries in the ROC. (2) It is the most important participant in the development of international exchange of publications. It is a forerunner in exchange activities. (3) It is the most important exchange partner of NCL. A big portion of NCL's collection of American government publications comes from LC. Hopefully, an understanding of such an important exchange partner can promote a smooth relationship of cooperation. To study our country's international exchange of publications is really to "know oneself before knowing others". One has to be clear about ones own situation before examining others. In summary, the above fundamental research is integrated, then the international exchange of publications between ROC and US is compared and analyzed, and finally suggestions for the future of our country's international exchange of publications are offered.

The contents of this book consist of twelve chapters. Each chapter is briefly described as follows:

Chapter I: *"A Description and Evaluation of Research on International Exchange of Publications in the Taiwan Area - A Forward"*. Before starting a scholarly research project, it is necessary to have an understanding of the findings of past studies, find what has not yet been covered, and then determine the direction of future development. Therefore, the author collected all studies related to international exchange of publications in the Taiwan area from 1949 through May 1999. These were studied, analyzed, and evaluated objectively. Through this process, a general picture of the subjects for study was found, and a research orientation was determined. The result of this initial study pointed out that there has been practically no research on the international exchange of publications in the Taiwan area. For the past 50 years, articles published were mostly on work experience, and that were superficial, not in-depths studies. This enhanced the author's motivation to study further. She therefore provides a description and evaluation of international exchanges of publications in the foreword to the book.

Chapters II through IV discuss the basic studies of the international exchange of publications from the historical dimension. Chapter II, *"Introduction to International Exchange of Publications,"* is divided into 3 sections. Section 1: *"The History of International Exchange of Publications,"* describes the origin and development of international exchanges, as well as important personages and organizations in the history of international exchanges, such as Alexandre Vattemare and the Smithsonian Institution. Section 2, *"The Meaning of International Exchange of Publications,"* discusses the meaning of international exchange of publications from its definition and three purposes. The three purposes being to resolve the difficulty of acquiring materials not for sale, to make up for the shortage of materials for sale, and to collect special materials and Gray Literature. Section 3, *"The Principles and Agreement Methods of International Exchange of Publications,"* explains the different principles in handling international exchange of publications, such as piece-for-piece exchange, priced exchange, page-for-page exchange, and 'open' exchange. There are two main agreement methods: one is between libraries and academic organizations using "letters" as exchange agreement, and the other is between countries, by formal exchange agreement. These agreements may be bilateral agreements, multilateral conventions, or cultural conventions. Chapter III, *"Common Procedures in the International Exchange of Publications,"* is divided into three sections: Section 1, *"Exchange Center Functions,"* introduces five main functions of exchanges; Section 2, *"Different Kinds of Exchange Publications,"* categorizes non-commercial exchange materials into seven main categories; and Section 3, *"Exchange Organization and Working Principles,"* provides a general discussion, and also proves that centralized collective consignments for shipping by a national exchange center in one country is not economically beneficial and effective. Chapter IV, *"International Exchange of Publications Related Conventions,"* consists of four sections: Section 1, *"An Overview of International Exchange Conventions,"* discusses the meaning of global international exchange conventions, regional international exchange conventions, and cultural conventions; Section 2, *"The Brussels Conventions,"* contains a clear presentation of its origin, process, contents, the results of its application, and an analysis of the strong and weak points of the Convention; Section 3, *"UNESCO Conventions: the International Exchange of Publications,"* follows the same presentation as Section 2; and Section 4, *"Comparison of Global International Exchange Conventions,"* makes two kinds of comparisons, first between the two Exchange Conventions approved by UNESCO, and second, between the two Exchange Conventions approved by UNESCO and the Brussels Conventions. The comparisons include text analysis and explanation visualized through charts and tables.

It was mentioned earlier that a "comparative study" is the core of this book. Due to the fact that a comparative study goes through four different processes, collection, analysis, classification, and comparison, the commonalties and differences can be discovered. This procedure fulfills three purposes: description, which is accomplished through reporting; clarification function, which is accomplished through the examination of historical background; and improvement, which is accomplished through reflection and observation. It is therefore necessary to make case studies of the subjects compared. The case studies are divided into three content areas. The historical study is the foundation of comparative studies. Only when one really understands the historical development of subjects compared can one accurately analyze the reasons for their similarities and differences. Then, from the framework of exchange organization structures, the role and function of international exchange of publications is discovered. Finally, the government publication management is studied, as international exchange is the easiest and fastest way to obtain government publications. Moreover, the management system of government publications of the different countries determines whether international exchange organizations can in fact collect publication materials. This in turn affects the end product of international exchange. It is therefore evident that this kind of study is necessary.

Chapters V through VII examine American international exchange of publications using the above framework of comparative study. Chapter V covers *"The Origin and Development of American International Exchange of Publications"*, Chapter VI, *"The International Exchange Organization of the United States Library of Congress"*, and Chapter VII, *"The Management of US Government Publications"*. Following the same method of research as for the American case, Chapters VIII through X are the study of the ROC's international exchange of publications. Chapter VIII covers *"The Origin and Development of China International Exchange of Publications"*, Chapter IX, *"The Functioning of Republic of China National Central Library International Exchange of Publications"*, and Chapter X, *"The Management of ROC Government Publications"*.

Of the chapters on case studies, Chapter VIII requires a special explanation. It is the longest chapter of the book. This is because, after initial research, the author discovered that during the late Ming and early Ch'ing dynasties, many Jesuits came to China from Europe. This was China's first contact with Western scientific knowledge and scientific publications. Through the medium of publications interchange, Sino-West cultural interchange reached a peak. Even if the publication interchange of that time was not identical to present publication exchanges, one can not deny that it helped enhance cultural interchanges, which really is the purpose and meaning of international exchange of publications. Therefore, it has to be considered as the earliest origin of Chinese international exchange of publications. During this historical period, famous proponents of books interchange were Mateo Ricci, who, using western books and translated books as medium, become the first person to bridge Chinese and Western culture; Nicolas Trigault, who brought 7,000 European books to China and establish a library; Joachim Bouvet, who in the name of K'ang-shi Emperor, offered books to King Louis XIV of France as a gift. This gift is an important historical point in Sino-French book exchange. The historical importance of Mateo Ricci is well known. The author tries to present his contributions to cultural interchanges only from three aspects: bringing European books (西書) to China, the translation of European books and Chinese classics, and writing. As for Nicolas Trigault and Joachim Bouvet, the focus will be on the verification of their historical data in order to determine the number of books brought in for interchange. The 7,000 books Trigault brought refers to 7,000 volumes (冊). The number of volumes said to have been offered by Bouvet, either 49, or sometimes said to be 149 volumes, as a gift, is mistaken, and should be "22 titles (種), 45

sets (套), 312 volumes (冊)." As the above subjects were never discussed from the point of view of international exchange of publications and there was some misunderstanding in the quantity of book interchange, the author considered it worthwhile investigating. Section 3, *"History of China Exchange Institutions"* needs careful and detailed explanation because it is closely related to contemporary international exchange of publications. The author uses first hand materials from gazettes, files, and newspapers to investigate the history of ROC exchange institutions. In general, there was an effort to simplify and clarify the structure of the whole chapter, but in order to not sacrifice the exactness and exhaustiveness of historical facts, it was difficult not to be extensive. The above mentioned two discussions are the reason for the extra length of chapter VIII.

Chapter IX, *"The Functioning of ROC National Central Library International Exchange of Publications,"* has two sections. The first section explains the foundation work and methodology. This gives the readers basic knowledge of how international exchange functions. The second section introduces the first international exchange work automation system, its theory, and its method of information management system design . It is the intention of this section to share experience with other institutions that want to develop international exchange. The particular characteristic of this chapter is the use of different flow charts in arranging the complicated ebb and flow of actual exchange work and responsibilities in order to present a better understanding .

Chapter XI, *"A Comparison of Sino-US International Exchange of Publications"* consists of four sections. Section 1, *"The Origin Motive of Sino-US Comparative Study,"* explains the basic idea and motive for a comparative study. The other three sections compare Sino-US international exchange of publications from three aspects: the origin of national exchange institutions, exchange organization and function, and management of government publications. Chapter XII, *"Conclusion - Reminiscence and Projection,"* consists of three sections. The first two sections briefly summarize the study. In Section 3, based on the actual experience and research reflections involved in the work of international exchange, with National Central Library as reference, the author proposes her initial ideas to establish an "International Exchange Information Center." The proposal describes theory and logistics. She also presents her points of view on the basic foundation of international exchange as well as the orientation of the future development of international exchange of publications.

出版品國際交換研究

—— 中美國家圖書館之比較 ——

目　　次

附　錄

索　引　　　　　　　　　　　　　　　387

圖 表 目 次

＊（注：1-1 表第一章圖表一，餘類推）

第一章　台灣地區出版品國際交換研究述評
—— 代 緒 論

第一節　評述緣起

　　圖書記載著人類文明的歷史進程，是人們認識客觀世界的工具，經由圖書可借鑑其他民族、地區、國家的經驗，吸取優秀成果，截長補短，促進知識與文化的發展，因此圖書交流是文化交流的重要方式。在人類文化發展史中，圖書館事業的發展對於文化紀錄的保存與發揚佔有重要的地位；圖書館館藏彙集了古今中外的知識結晶，肩負文化傳承的任務，故圖書交流自屬圖書館的任務之一。近代圖書館於國際間以系統化方式所進行的圖書交流，稱之為「出版品國際交換」。

　　出版品國際交換工作在台灣圖書館中似乎是很弱的一環，少有人探究其意義與重要性，因其既非第一線的讀者服務，亦非讀者服務之前的技術服務，故多未受重視。然對研究圖書館或專門圖書館而言，它其實是獲取難得資料或灰色文獻的良好途徑，而國家圖書館更需要藉由出版品國際交換，來達成具備廣徵世界各國重要出版品和政府出版品，以及促進文化交流的任務。

　　儘管出版品國際交換工作非能立竿見影，但其具有文化傳承並促進發展的使命卻不容忽視，有鑑於此，本文試圖對政府遷台

至今有關出版品國際交換研究的論著作一客觀評介，藉以向讀者提供該方面研究的概貌，並期能為此主題未來的研究勾勒出可行的方向。

第二節　文獻統計分析

　　文獻蒐集範圍涵括台灣地區所發表的專書（含學位論文）或期刊之文章，發表時間從民國 38 年至民國 88 年 5 月，內容以出版品「國際」交換為主要者，若僅論「出版品交換」而非著重於「國際交換」者，則不於此統計分析，如有黃國琴：《圖書館出版品交換工作的探討》（民國 79 年 6 月）碩士論文一種和顧敏：〈圖書館的交換業務〉（民國 67 年 6 月）一篇文章。此外，另輔以《中國圖書館學會會報》（民國 42 年~88 年）及《國家圖書館館訊》（民國 80~88 年 5 月，含《國立中央圖書館館訊》）[1] 所刊載之消息、通訊、報導、簡報、動態、短論等（統稱為「其他」），計得專書 1 種、單篇文章 14 篇、及其他 5 則，初步得知台灣地區相當欠缺關於出版品國際交換之研究。[2] 文獻統計分析以專書和單篇文章為主，而「其他」於內容分析上較具意義，故僅列入「內容分類統計分析」。

一、發表時間統計分析

　　政府遷台以來最早關於出版品國際交換研究的文章，發表於民國 44 年。若以每 10 年為一年代區間，比較各年代所發表的論文篇（種）數，單篇文章方面，以 80 年代的 5 篇為最多，70 年代 1 篇為最少，其他年代則較平均，50 年代與 60 年代各為 3 篇，至於在專書方面，只有在 87 年出版 1 種；如表 1-1。

表 1-1：論文發表時間統計表

民國年代 (區間為 10 年)	年	篇數	單篇文章 (篇數與比率)	專書 (種數與比率)
40 年代	44	1	2 （14.29%）	0 （0）
	45-46	0		
	47	1		
	48-49	0		
50 年代	50-55	0	3 （21.43%）	0 （0）
	56	1		
	57	1		
	58	1		
	59	0		
60 年代	60	0	3 （21.43%）	0 （0）
	61	1		
	62-66	0		
	67	1		
	68	0		
	69	1		
70 年代	70-76	0	1 （7.15%）	0 （0）
	77	1		
	78-79	0		
80 年代	80-81	0	5 （35.72%）	1 （100%）
	82	1		
	83-84	0		
	85	2		
	86	0		
	87	2		

二、作者暨服務機關統計分析

發表論文作者總人數計 11 人，但其中 2 人合撰及 3 人合撰者各 1 篇。以論文發表數量分析，李筱眉有專書 1 種及單篇文章 4 篇，為數量最多者，汪雁秋獨自撰稿 3 篇次之，辜瑞蘭 2 篇，其他均為 1 篇。再分析作者的服務機關，除錢存訓為美國芝加哥大學遠東語言文化系和圖書館學研究所、王省吾為台灣省立台北圖書館(國立中央圖書館台灣分館前身)外，其餘均為國家圖書館(原國立中央圖書館)，如表 1-2。

表 1-2：論文發表作者暨服務機關統計表

人　　名*	篇（種）數	機　關　名　稱*
喬　彧*	1	國立中央圖書館
王省吾、丁德風	1	王：台灣省立台北圖書館 丁：國立中央圖書館
辜瑞蘭	2	國立中央圖書館
蘇　精	1	國立中央圖書館
錢存訓	1	美國芝加哥大學遠東語言 文化系和圖書館學研究所
汪雁秋	3	國立中央圖書館
汪雁秋、薛吉雄、游恂皇	1	國立中央圖書館
李筱眉	單篇：4　專書：1	國立中央圖書館

附註：(1)人名依發表論文時間先後排序。機關名稱及職稱為發表文章
　　　　時之名稱。
　　　(2)國立中央圖書館自民國 85 年 2 月易名為「國家圖書館」；「台
　　　　灣省立台北圖書館」今為「國立中央圖書館台灣分館」。
　　　(3)喬彧之服務機關乃依據民國 49 年 11 月「國立中央圖書館人
　　　　事管理員交接清冊」查證；由頁 1 和頁 68 的紀錄得知，民國
　　　　44 年 9 月 14 日教育部令台(44)人字第 11975 號覆知擬聘編輯
　　　　喬彧送審案，後記有「喬彧辭職函乙件、退回聘書乙件」，民
　　　　國 44 年 12 月 3 日發文「外事處」證明喬彧曾在館服務。

三、論文發表之出版品統計分析

　　專書只有 1 種，單篇文章則分別發表於 7 種不同的出版品上，其中 5 種為期刊，2 種為會議論文集。5 種期刊中，非圖書館核心期刊的《教育與文化》有 3 篇，《傳記文學》有 1 篇，約佔所發表單篇文章中的三分之一，如表 1-3。

表 1-3：論文發表之出版品性質統計表

刊　　　　　名	性　　　　　質	篇　　　數
國家圖書館館刊*	期　刊	4
國家圖書館館訊*	期　刊	3
教育與文化	期　刊	3
傳記文學	期　刊	1
圖書館學與資訊科學	期　刊	1
第一次全國圖書館業務 　會議紀要	會議論文集	1
中國圖書館學會第卅六屆 　年會專題討論參考資料	會議論文集	1

附註：(1)《國立中央圖書館館刊》於民國 85 年 6 月改刊名爲《國家圖
　　　　書館館刊》，《國立中央圖書館館訊》於民國 85 年 5 月改刊
　　　　名爲《國家圖書館館訊》，本文將更改刊名前後所發表的文
　　　　章合計屬一種期刊，並以新刊名記述。
　　　(2)汪雁秋：〈如何加強我國出版品國際交換工作〉一文原發表於
　　　　民國 69 年 12 月 1 日至 7 日的「圖書館事業合作與發展研討
　　　　會」，首次刊載於《國立中央圖書館館刊》新 13 卷第 2 期（民
　　　　國 69 年 12 月），後收錄於《圖書館事業合作與發展研討會
　　　　會議紀要》（民國 70 年 6 月）。本文統計分析將該文以一篇
　　　　計，並以首次刊載的期刊記述。

四、內容分類統計分析

　　綜觀發表之論文內容，其所涉及的範圍常不只一項，故若加
以分類，以主要內容或談論最多的部分爲準。內容分類統計如表
1-4，以交換業務（工作）研究最多，談中國交換歷史者次之，
其餘 4 類發表數量相同；專書只有 1 種，若細分內容，包括總論、
國際交換公約比較、中華民國與美國的出版品國際交換比較、交
換歷史、交換業務（工作）研究以及自動化，整體而言列爲「總
論」爲宜。

表 1-4：論文發表內容分類統計表

內容分類	篇（則）數與比率		種數與比率	
	單篇（則）	%	專書*	%
1.交換業務（工作）研究*	8	60.00	＊＊	＊＊
2.交換歷史	2	13.34	＊＊	＊＊
3.會議報告	1	6.67	0	0
4.自動化	1	6.67	＊＊	＊＊
5.比較研究	1	6.67	＊＊	＊＊
6.總論	1	6.67	1	100
7.其他*	4	＊＊	0	0

附註：(1)「交換業務（工作）研究」類指單一機關交換業務或工作的研究，並非出版品國際交換工作的總論。
　　　(2)「其他」類包括消息、通訊、報導、簡報、動態、短論等，以「則」計算，不列入比率統計，以"＊＊"表示，而不是"0"。此處以刊載於國家圖書館館訊（原《國立中央圖書館館訊》）、民國 80 年至民國 88 年 5 月者計算。
　　　(3)專書歸屬於「總類」，若細分內容亦涉及各類，故這幾類是以"＊＊"表示，而不是"0"。

第三節　研究成果評介

　　主要研究成果可依據前述內容分類進行文獻分析如下：

一、交換業務（工作）研究

　　此類文章佔最多數，皆是談「出版品國際交換處」（簡稱「交換處」，今屬於國家圖書館，）的工作，可歸納為四個面向來瞭解。

1.交換簡史與工作成果

　　喬彧〈出版品國際交換概述〉乃此類文章之首篇，亦是政府

遷台後第一篇與出版品國際交換有關的文章。該文撰述特點是將國際交換情形按「時期」敘述：抗戰以前、抗戰期間、勝利後、中央圖書館在臺復館以後（依文標題照引），之後的文章多引用其內容，分列於兩標題下，定為「出版品國際交換處簡史」和「交換工作的成果」，未有新的資料，並參考其撰述方式，採按年敘述重要事件，以書刊收發數量說明交換成果。然其數量統計以幾包、幾箱、重量（公斤）記錄，無法得知實際冊數，故無法比較各時期書刊收發情形，然卻可看出早期交換書刊收發統計方式，與今日截然不同。

2.交換處業務

辜瑞蘭於民國 50 年代發表兩篇文章，內容極類似，主要可看出當時交換處業務內容：(1)官書交換；(2)一般書刊交換；(3)擬訂影印善本圖書辦法，凡向圖書館申請影印出版之善本，於影印出版後應呈繳 30 部供國際交換用，且借印手續由交換處辦理；(4)書刊轉發工作——凡國內外機構或學人之間的書刊交換或贈送，均可委託交換處代為運發（按：該項工作持續至民國 87 年 3 月底止）；(5)擴展交換關係——蒐集國外學術機關及漢學家資料，依據性質編製名單，寄贈書刊；(6)調查國內學術研究機構並編制概況——出版學術機構錄及研究指南兩種；(7)利用交換所得複本，分贈國內外機構及社團；(8)代國內外學人蒐集有關學術研究資料；(9)設置縮影室（民國 56 年 7 月），提供資料縮製服務。由其結語可知，當時交換處似被定為「為國內外提供資料的『服務單位』」（按：後三項現為他組業務）。

民國 60 年代交換處完成一項重要工作，即自 64 年起開始攝製館藏十二萬餘冊善本書縮影微片(捲狀系統)，至 67 年底全部完成，並自 66 年起利用該項資料交換佚流海外之我國古籍珍本。[3]

　　民國 70 年代業務範圍由出版品國際交換拓展至國際聯繫和國際書展。「國際聯繫」是以出席/舉辦國際會議、訪問、人員交換、邀請國際知名學者來華訪問等方式加強國際合作與交流;「國際書展」於民國 70 年起由閱覽組（62 年-69 年）移予交換處籌辦,每年參加海外國際書展。[4]

　　民國 80 年代隨我國開拓東歐經貿文化關係而積極展開國際交換接觸,新增東歐和俄國的交換單位。[5] 在交換工作處理方面積極進行自動化作業,開發完成第一套自動化作業系統——「出版品國際交換資訊管理系統」。[6]

3.交換工作改革途徑和具體建議

　　民國 69 年汪雁秋〈如何加強我國出版品國際交換工作〉一文首次指出「交換困難與缺失」,並提出改革途徑和具體建議,為當時之創見,諸多觀點至今觀之仍深具參考價值。簡述如下:

　　(1)交換困難與缺失：A.經費不足使郵費短缺,書刊寄發延遲,且無法大量購買交換書刊。（按：書刊寄發已因完成自動化作業系統得以委外處理,故延遲問題已獲解決）;B.出版單位政策改變使書刊收集不易;C.國內統一分發海外出版品制度不明,致書刊重複寄發,造成資源浪費;D.基於學術交流,是否與非敵意共黨國家交換應研訂明確辦法。

　　(2)改革途徑：A.充裕交換資料——政府出版品方面應擬訂統一的分發系統,健全送繳制度,並主動徵集;B.開拓交換途徑——掌握交換對象資訊,定期發函調查或派人專訪,建立彈性主動交換政策;C.改善交換技術——交換作業程序應建立科學化系統;D.協調交換業務與國內政府機關和學術單位協調合作,方式如資訊交換、研討分工合作計畫、或定期舉行意見交流座談會。

　　(3)具體建議：A.充實人員經費,以發揮交換處功能;B.設立

交換資訊中心，定期編印名錄或出版交換消息通報，供國內參考利用；C.建立交換資料供應制度，確保交換品來源；D.召開全國出版品國際交換工作協調會，以統籌辦理交換工作；E.建立完整交換單位資料；F.運用報紙海外版以維持海外文教機構交換關係；G.建立國內交換系統，加強國內服務；H.利用交換方式補充我國缺失的古籍珍藏；I.定期派員訪問各國圖書館，以加強聯繫；J.提供海外學人資訊服務，協助研究工作推展；K.參加國際交換組織，拓展交換關係。

4.交換實務運作模式

民國 87 年李筱眉〈談國家圖書館的出版品國際交換工作(上)〉一文將錯綜複雜的交換工作予以脈絡整理，首先說明分工基礎：以交換單位基本資料管理為核心，再以交換資料流動方向分為「輸出」和「收入」，二者均以圖書和期刊再加以分工。接著以分工基礎再細分重要工作項目，說明工作意義、原則與處理方式，並繪製成各流程圖，可清楚看出實務運作中如何涵括書信連繫、出版品的處理以及包裝寄發三類工作。由該文內容可建立一種可行的國際交換運作機制模式。

5.政府出版品的國際交換

政府出版品一直是國際交換的重要資源，以往的概念僅為「代表政府履行出版品國際交換協定」的內容，但對實際執行結果與相關問題並未予以探究。〈談國家圖書館的出版品國際交換工作(下)〉指出實際執行此類交換所遭遇的困難，並由歷史經驗（1958年聯合國教科文組織通過官方出版品與公牘國際交換公約（按：該文翻譯為「官書與公牘國際交換公約」），修正布魯塞爾公約由國家設立唯一「交換局」的缺失）和實際層面加以探討，

建議「政府出版品管理辦法」應保留各政府機關辦理國際交換的
權利,而國家圖書館基於「輔導圖書館事業發展」任務,可以經
驗與資訊協助國內機構從事出版品交流。該文同時說明以往辦理
政府出版品海外寄存作業的經過,並探討其適當性,認為「寄存」
應針對國內圖書館而言,因蘊涵圖書館與主管機關之「權利義務」
關係,並不適用於國外圖書館,而政府出版品在國際間的流通方
式應採用「國際交換」為宜。(按:上述觀點均承行政院研考會接
納,列入 87 年 11 月 4 日行政院台(87)研版字第 04551 號令發布實施
之「政府出版品管理辦法」。)

二、交換歷史

主要內容與歷史有關者有二:錢存訓〈中美書緣──紀念中
美文化交換百週年〉;蘇精〈從換書局到出版品國際交換處──
早期中國交換機關小史〉。

錢存訓文乃第一篇記載中國與美國第一次出版品交換歷史的
文章,原以英文撰述,發表在《哈佛亞洲學報》(*Harvard Journal of
Asiatic Studies*)第 25 卷(1964-65 年)。本文為 1969 年紀念中美
文化交換百週年而作,美國國會圖書館曾為此舉行特別展覽,以
茲慶祝,並將此文置於其特藏書庫,以供讀者參考;台北中央圖
書館(即今國家圖書館)也將此譯文印成專冊,在展覽會場分發,
可見各方對此一里程碑之重視。[7] 該文至今仍為這段歷史記述的
經典,參考的文獻包括《籌辦夷務始末》中與此案事有關之恭親
王奏摺兩件,以及當時美國國務院與其駐華使館間有關此案之往
來公文 15 件(藏於美國華盛頓特區國家檔案館)。

首次中美出版品交換乃先後應美國政府司密遜學院
(Smithsonian Institution)、農業部、聯邦土地局三個不同機構之

要求。首先由司密遜學院於 1867 年（清同治 6 年）開始，希望與中國建立政府出版品交換，中國當時認為兩國能互相通曉語言者寥寥無幾，建議從緩辦理。大約經過半年，美國農業部想借鏡中國農業資料，特派薄士敦上校 （Col. Charles Poston）為駐華特派員，於 1868 年（清同治 7 年）9 月 29 日抵達北京，帶來五穀、蔬菜、豆類種籽，以及書籍若干種，皆有關美國農業、機械、採礦、地圖及測量太平洋鐵道之報告書，希望與中國交換同等性質的書籍。當總理衙門仍靜待諭旨之時，美國國務院又因聯邦土地局之請，再度於 1869 年 3 月 25 日訓令其駐華公使向中國政府請求道光年間的戶籍調查資料。幾經琢磨，最後中國方面援引道光25 年（1845）與俄國互贈書籍前例，於 1869 年 6 月 7 日（即清同治 8 年 4 月 27 日）回贈美國書籍 10 種 934 冊，穀種、花卉、五穀、蔬菜及豆類種籽共 106 種，皆具備詳細清單。這批贈書為美國國會圖書館東方文庫之始，裝成 130 函，每函套面貼有白紙書籤，上面印有英文說明，中文之意為「1869 年 6 月中國皇帝陛下贈送美國政府」。然由該文詳實記錄的歷史經過可知，第一次中美出版品交換實為「互贈式」交換，美國並未如願達成與中國建立長期交換之初衷，亦未能獲得所需的中國戶籍調查資料，但此事卻已播下中美兩國之文化交流種子。

　　蘇精一文乃第一篇談中國交換機關歷史的文章，也是目前為止最完整而詳盡者，所有文章中只有這篇提及中國最早的兩個交換機關源起。雖然「交換業務（工作）研究」類文章中多略述「出版品國際交換處」簡史，但對其前身「出版品國際交換局」以及由中央研究院管轄時的重要工作並未提及，反由該文可得知。以下將蘇精主要研究成果整理如圖 1-1。

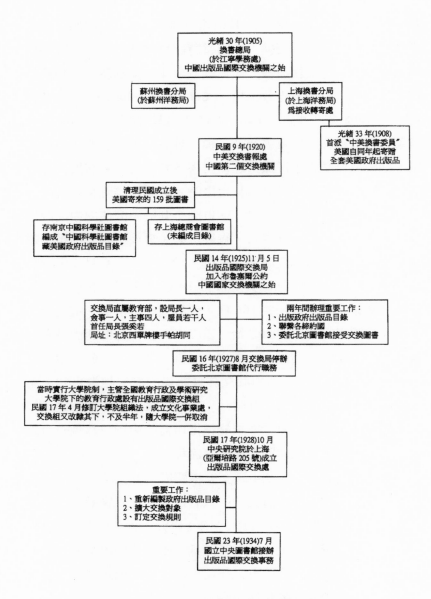

圖 1-1：早期中國交換機關歷史軌跡簡圖

[圖 1-1 說明]：

1. 中國最早的兩個交換機關屬地方性質，且交換對象僅限於美國。

2. 民國成立後，原洋務局之事由外交部在各省地方設特派員接辦；上海派公署雖繼續收受美國寄來圖書，但未再派人負責，直至民國 9 年許沅擔任上海特派員，於公署內設「中美交換書報處」。

3. 《中國科學社圖書館藏美國政府出版品目錄》英文 "List of the United States Government Publications in the Science Society of China Library"。

4. 有關布魯塞爾公約參閱本章談「比較研究」之成果。自成立交換局加入布魯塞爾公約開始，中國的出版品國際交換具多國性質。

三、會議報告

1957 年 11 月 4 日至 11 日在日本東京舉辦印度洋太平洋區域出版品國際交換研討會（Seminer on the International Exchange of Publications in Indo-Pacific Area），教育部派王省吾（時為台灣省立臺北圖書館館長）與丁德風（時為國立中央圖書館出版品國際交換處主任）代表我國出席，二人之出國報告於隔年刊載於《教育與文化》第 170 期，是目前為止唯一與出版品國際交換有關的會議報告。該文詳述開會經過，報導各次會議討論的議題與看法，並將研討會的決議和建議全文翻譯，另記述會外接觸活動與亞洲圖書館協會聯合會成立大會，最後提出的 8 項「觀點」頗具意涵，令人省思，是一篇內容相當充實的會議報告，堪為出國報告的良好典範，非常值得一讀。茲整理全文與本文主題有關之重點如下：

該研討會係日本國會圖書館與聯合國教科文組織（UNESCO：United Nations Educational, Scientific and Cultural Organization，簡稱「聯教組織」）日本國內委員會根據聯教組織第八次大會決議，並

徵得聯教組織秘書處同意而共同發起。其目的在研討印度洋太平
洋區域國家間出版品交換之各項問題，俾作成建議，供各國改進
出版品交換工作之參考。日方邀請之國家計 28 國，實際參加者
共 18 國。實際研討議程共計 5 次會議，主要的決議與建議如下：

1.國際交換之主要工具

　　有六種目錄對於出版品國際交換工作極為重要，不論用何種
的出版方式，各國都必須製備並應時時更新：(1)學術機構概覽，
(2)學術機構出版品目錄，(3)期刊目錄，(4)官書與政府出版品目
錄，(5)國家圖書選目，(6)國家出版目錄。

2.對本區域各國政府之建議

　　(1)依國家法令或行政命令設立國家交換機構，並指撥適當
經費助其發展業務；

　　(2)建立出版品呈繳制度，以供國際交換之用；

　　(3)支助國家出版目錄之編輯與出版；

　　(4)各國政府於相當期間與適當機構聯合發起類似之會議，
研討本地區出版品國際交換進一步之發展與圖書目錄之編輯。

3.對聯教組織之建議

　　(1)聯教組織應繼續並擴大以援助方式促進與協調各國之出
版品國際交換工作，包括經濟與技術之援助，如獎學金之贈與及
專家之派遣；

　　(2)協助各國國家交換機構之建立與發展；

　　(3)鼓勵尚無國家出版目錄者出版，必要時予以技術與經濟
援助；

　　(4)由聯教組織出版的《出版品國際交換手冊》（*Handbook on
the International Exchange of Publications*）應予增訂第三版，如可

能，並以國家爲單位，發行「附刊」；

(5)對於出版品國際交換之統計應予劃一；

(6)秘書處應儘速公布本研討會所通過之決議案與建議案；

(7)秘書長應與各會員國及適當之國際組織磋商，使本研討之決議案與建議案得以實現。

4.語文問題

(1)國家出版目錄中附加英文摘要；

(2)將英文當作輔助通訊工具。

5.與出版品國際交換公約草案有關

各國代表曾詳細討論聯教組織所擬之出版品國際交換公約草案[8]，決議將已討論各點轉知各國將出席 1958 年 5 月舉行的專家會議代表，以供聯教組織秘書長對草約做最後修正之參考。

上述第 1 至 4 點至今仍具意義及參考價值。

四、自動化

出版品國際交換自動化的文章於民國 85 年 11 月發表，乃對於國家圖書館出版品國際交換處第一套自動化作業系統的簡介，在此之前，分別於民國 83 年 2 月和 11 月及民國 85 年 5 月有相關的簡訊報導，可看出該系統規劃發展的軌跡，是由個人電腦設計簡易資料庫管理雛形至委請專業人員開發完成系統設計。該系統名爲「出版品國際交換資訊管理系統」，以「作業系統」的特質爲主幹，包含五個子系統，各子系統既有獨立作業的部分，又有彼此關連互動的流程，還有許多必須共用的檔案，形成交錯的脈絡網路，簡言之，藉由電腦科技輔助，將交換業務繁瑣的工作項目整合，以精簡流程提高工作效率，並使每一工作環節建立的資料結合成完整的資料庫，同時由於使用自動化作業系統，使書

刊包裝寄發得以委外處理，輔以專業公司的設備和人力，以最經濟的方式包裝，使總成本（包括人事費、郵費、包裝材料）降低甚多，樽節公帑。本文的介紹，除可作爲一種自動化作業系統的模型，亦能瞭解交換作業的架構及運作細節。

五、比較研究

比較研究方面的成果有二：重要的出版品國際交換公約比較以及中華民國與美國的出版品國際交換比較。比較研究採用描述、解釋、併排、比較四個主要研究步驟的概念，分別說明如下：

1.重要公約比較

出版品國際交換史上有兩次全球性國際交換公約的制定，第一次是由美國國會圖書館發起，終於在 1886 年 3 月 15 日制定完成布魯塞爾公約（The Brussels Conventions），包括兩項公約：The Brussels Convention A 和 The Brussels Convention B，前者條文計 10 條，後者 3 條。儘管該公約執行結果未如預期，參加的國家不多（批准加入第一項公約僅 21 國，其中只有 16 國同時加入第二項公約），但卻是首次將交換實務變成正式國際關係，且爲國際交換發展建立基礎，後來諸多區域性交換公約或雙邊協定均受其激發並依循其建構的交換模式，歷史意義不容忽視。

第二次全球性國際交換公約的制定由聯教組織發起，研究改進布魯塞爾公約的缺失，擬另訂新公約，首先由 1954 年 12 月第八屆聯教組織大會授權秘書長準備新公約的制定，期間經過一次專家會議及第九屆大會，最後於 1958 年 5 月 28 日至 6 月 7 日的專家會議制定兩項公約草約：**出版品國際交換公約**（Convention 1: Convention Concerning the International Exchange of Publications）和**官方出版品與公牘國際交換公約**（Convention 2: Convention

Concerning the Exchange of Official Publications and Government Documents Between States），並由同年在巴黎召開的第十屆大會通過採行，開放給各會員國批准加入。第一項公約於 1961 年 11 月 23 日正式生效，條文共 21 條；第二項公約於 1961 年 5 月 30 日正式生效，條文共 22 條。

研究者依公約內容定出比較項目，再就條文內容及意義說明併排列表比較。公約比較研究成果有二，一為聯合國教科文組織兩項公約（以下簡稱「聯教組織公約」）的比較，有 6 個項目：交換主體、執行交換功能的機構、交換內容、出版品的運送、出版品的收集以及與既存協定之關係，二為聯教組織公約與布魯塞爾公約相異點的比較，包括 12 個項目：交換範圍、官書交換內容、官書交換對象、國家交換中心的設立、交換機構功能、官書徵集與財力支援、交換責任、關稅優惠、修改協議內容、交換主體、與既存協定之關係、運送費用的承擔。歸納起來，聯教組織公約的特色有 7 點：(1) 整合所有交換類型，史無前例。(2)公約條文富彈性，締約國擁有自主權。(3) 不強制設立國家交換中心。(4) 交換機構功能擴大。(5) 交換責任採分散式。(6) 解決關稅問題。(7)考慮未來的發展，允許修訂公約。

2.中華民國與美國的出版品國際交換比較

為專書內容，先由各章分述歷史與發展、交換組織與運作、政府出版品的管理，再進行比較，發現由於歷史起源不同，致所發展出來的組織功能不同，再加上政府出版品的管理制度不同，因而使國際交換運作方式亦不同。

美國在世界出版品國際交換歷史中佔極重要一頁，雖然國際交換源起於歐洲，但首次成功運作全球國際交換機制的組織卻是美國的司密遜學院（Smithsonian Institution）[8]。該機構原為促進學

術出版品交流而設立國際交換服務，其於各國設立的服務中心為往後各國成立交換局鋪了路，更為首次國際交換公約「布魯塞爾公約」樹立模型。司密遜學院於 1867 年正式成為美國官方文獻交換機構，負責出版品的集中運送，交換所得由國會圖書館編目典藏。換言之，美國的出版品國際交換是從學術交換的實務開始，繼而發展成為官方交換系統，最後由於國會圖書館發展成為美國國家圖書館，才建立起自己的國際交換組織，主要目標是透過國際交換擴增館藏範圍，因此一直將國際交換置於採訪的功能之下，而其用以交換的資源為政府出版品，由政府印刷局（GPO：Government Printing Office）統一印製、管理與分發，資源相當完整而豐富。反觀我國則不然，首次國家交換機關「出版品國際交換局」是為加入布魯塞爾公約而成立，後來納入國家圖書館組織，在功能上與採訪分開，幾十年來一直按照布魯塞爾公約設計，乃唯一的國家交換機關。除辦理交換外，並本著國際交換精神而重「文化輸出」，因此交換內容除政府出版品外，還有一般書籍，來源為購買或贈送皆有，但我國並無政府出版品統一印製、管理與分發制度，故於出版品收集上有所限制，且交換的「收」與「發」由同一單位負責，運作方式與美國不同。此外還單獨針對中美兩國的政府出版品管理制度加以比較。

六、總論

　　總論方面首次提出者乃汪雁秋〈圖書交換與文化交流〉一文，發表於民國 61 年第一次全國圖書館業務會議，對當時圖書館界瞭解出版品國際交換應具有引導意義。該文首先對出版品國際交換的來源與演變作一概述，按年列舉重要史事，接著談出版品國際交換協定，第三部分為出版品國際交換工作概說，包括交換的

種類、範圍與價值、交換方法、交換資料的處理及障礙。之後李
筱眉《出版品國際交換》一書，前三章與汪文所談主題類似，但
較汪文更深入探討。第一章「出版品國際交換概論」由三部分組
成，首先由歷史源起探討出版品國際交換的意義，再介紹國際交
換史上的代表人物——法國人亞歷山大‧瓦特馬賀（Alexandre
Vattemare）和代表機構——美國的司密遜學院 9，三為出版品國
際交換的原則與議定方式；第二章「出版品國際交換的一般運作」
由交換中心的功能、交換出版品的類型，及交換組織與運作三方
面加以說明，其中特別以 1972 年國際圖書館協會聯盟（IFLA：
International Federation of Library Associations and Institutions）所發
表的一項調查研究結果佐證，所有出版品由國家交換中心集中轉
運是不符合經濟效益的；第三章出版品國際交換相關公約詳細闡
述布魯塞爾公約和聯教組織公約的制定原由、內容及執行結果，
並列表比較。10

七、其他

　　共計簡訊報導 5 則，各約 300 至 1200 字左右不等，其中 4
則為國家圖書館的館務簡訊，1 則為台大圖書館的圖書交換與贈
送工作簡報，由張麗靜撰，民國 45 年 8 月刊載於《中國圖書館
學會會報》第 6 期，是唯一談大學圖書館交換工作的報導。由該
簡報中可看出台大前身——台北帝大時代即有交換業務，台灣光
復後由台灣大學自民國 36 年開始接辦，然因受第二次世界大戰
的影響，諸多國家交換機關變動甚大，直至民國 41 年才將原存
交換機關名單增刪就緒。此外，當時於美國有兩個重要的國際交
換機構：一為聯教組織設立之「出版品處理處」（Clearing House of
Publications），每月出版 *UNESCO Bulletin for Libraries* 及各機關複

本交換清單，圖書館藉此可獲得交換贈送消息，進而建立新的交換關係；另一為 USBE（United States Book Exchange Co.）[11]，按月寄發各會員交換清單，由會員圈選後寄回，但交換所得的圖書都要照章繳納手續費。台大圖書館很早便參加 USBE 為會員，並藉此途徑補缺舊期刊，確實受惠。其餘內容整理如圖 1-2。

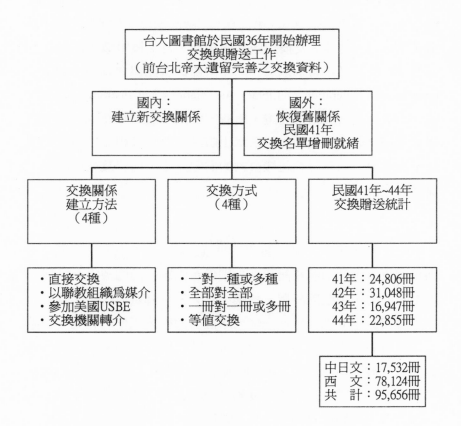

圖 1-2：台大圖書館的圖書交換與贈送工作（民國 41～44 年）

第四節　存在的問題與建議

一、加強基本理論的探索

　　理論與實務之間存在有因果關係，並能相互為用，實乃進步之要素。若空有理論而無實務驗證，難免有「高空氣球」之虞，而理論的產生又應有經驗累積為基礎，然終日埋首於實務的勞頓而未思理論的建構與研究，又恐落入習慣的盲點而渾然不知。回顧近 50 年來，國內的圖書館會議，除民國 61 年第一次全國圖書館業務會議、民國 69 年圖書館事業合作與發展研討會，以及民國 77 年中國圖書館學會第卅六屆年會專題討論中各有一篇關於出版品國際交換的論文發表，別無其他專門為此主題召開的研習會、工作討論會或研討會，更遑論相關國際會議。綜觀前述分析亦不難發覺，近 50 年來該方面的研究相當缺乏，已發表的文章多為工作經驗談，且多泛泛而論，未能深入探討，而且作者多從一館的經驗出發，視野不寬，受傳統經驗侷限，更無國際經驗交流。由於經驗交流不足，又未能深入研究，實難整理出普遍性規則，更難期待理論的產生。

　　目前國內對出版品國際交換有專責單位的只有國家圖書館，而國家圖書館又具備「輔導圖書館事業發展」的任務，建議倡導出版品國際交換概念，提供經驗交流的管道（包括國內和國際），進而加強基本理論的研究。

二、待開發的領域甚多

　　對我國而言，出版品國際交換是由西方國家傳入的「舶來品」；中國最早的交換機關之門由美國開啟，國家交換機關乃應

加入國際公約而來。由於起步晚，又缺乏研究，尚待開發的領域
不少，可歸納爲 4 項：

1.**比較研究**：比較研究具有報導──描述的目的與借鑑──改
善的目的 [12]，既然是起源於西方國家，應多利用「知彼」、「借鑑」
功能，幫助自身進步，故從宏觀的角度，參考各國經驗與理論，
加強比較研究。有關基本理論的研究可進行比較研究，或科技影
響的專門研究，乃至全面性的綜合研究，期待能夠建立理論基礎。

2.**相關問題的研究**：從微觀的角度，有一些與交換有關的問題
可予以探究。先以交換與採訪之間的互動爲例。出版品國際交換
是圖書館擴大與補充外文館藏的良好管道，尤其是針對特殊出版
品或灰色文獻，此乃與書籍採訪有關，但國內少見討論如何利用
國際交換加強灰色文獻蒐集的文章。若從工作實務層面來看，交
換過程中所收集的國內出版品亦可輔助補充館藏國內文獻的缺
漏。再以出版品國際交換的意義來看，除爲文獻交流渠道的一個
組成部分 [13]，從國際文獻傳播的角度而言，亦是一重要渠道，也
是國際科學和文化合作的重要形式。[14] 類此相關問題，實可加以
延伸探討。

3.**科技的影響**：自動化系統處理乃現代化國際交換工作最基本
的要求，否則繁瑣的工作實難有效而完善的運作，正如俗云：「工
欲善其事，必先利其器」，再加上近年來資訊傳播科技的突飛猛
進，總讓人瞠乎其後，如何運用現代科技（如網路技術）與國際
交換結合，促進國內外館際合作，加速資訊傳播與資源共享，乃
重要課題。故如何使傳統的出版品國際交換能跟上時代脈動實應
加以探討。

4.**綜合研究**：前述各項研究爲綜合研究之基礎，健全各方面研
究之後，應再加以整合，進行綜合研究，期能建立理論基礎。

三、應加強交換工具書的編製

　　1957 年印度洋太平洋區域出版品國際交換研討會所提出的 6 種目錄實為從事國際交換所應具備的基本工具書，尤其「學術機構概覽」和「學術機構出版品目錄」是非常必要的 [15]，有此工具書才能使各國瞭解彼此國內的學術機構與出版資訊，讓各機構依所需個別進行交換，如此才能擴大層面，形成國際交換網，真正達到促進知識與文化交流的意義。從國家交換中心具「協助國內機構與國外進行交換」的功能來看，並非由國家交換中心獨立承擔全國交換業務，更不能淪為國內出版品交換之「集中轉運站」的窠臼，而是真正的「交換資訊中心」，欲達此目標，交換基本資訊的收集與編輯乃基本而必要之工作。再進一步利用科技管道（如網路）加速資訊的傳播與利用，乃現代化國際交換的意義。

四、加強調查研究，累積研究的基本資料

　　問卷調查是瞭解交換機構的方式之一，依據問卷設計的內容，可由最粗淺為更新資料而做，到進一步研究分析的深入調查，調查結果是進行研究的基本資料。要做好國際交換，除應時常掌握交換對象的最新資料外，亦可將交換資訊分析整理，編製「國外學術機構名錄」，其中不僅止是聯絡地址，更應包含機構介紹、出版品資訊、網站地址等，除更清楚瞭解交換對象、有助於交換工作之進行外，亦可視為前述「加強交換工具書編製」的延伸。

【注釋】

1. 初步文獻分析得知目前只有國家圖書館對此主題研究最多，且以民國 80 年代最活絡，為使內容統計更完全，故選擇此時期該館館訊為收錄範圍。

2. 參考文獻如下：

(依作者姓氏筆畫排序；同一作者作品以發表時間先後排序)

(1)王省吾、丁德風。〈出席印度洋太平洋區域出版品國際交換研討會報告〉，《教育與文化》，170 期（民國 47 年 3 月 27 日），頁 27-33。

(2)李筱眉。〈交換處積極推動自動化作業：建立交換單位暨存書資料庫〉，《國立中央圖書館館訊》，新 16 卷第 1 期（民國 83 年 2 月），頁 42。

.........。〈交換處利用個人電腦完成國際交換作業自動化雛型〉，《國立中央圖書館館訊》，新 16 卷第 4 期（民國 83 年 11 月），頁 39。

.........。〈交換處推動行政革新收效大：問卷調查、委外寄書省公帑〉，《國立中央圖書館館訊》，85 年第 1 期（民國 85 年 5 月），頁 45。

.........。〈國家圖書館文化交流的尖兵——出版品國際交換處近況〉，《國家圖書館館訊》，85 年第 2 期（民國 85 年 8 月），頁 20-21。

.........。〈出版品國際交換的利器——出版品國際交換資訊管理系統簡介〉，《國家圖書館館訊》，85 年第 3 期（民國 85 年 11 月），頁 19-21。

.........。〈談國家圖書館的出版品國際交換（上）〉，《國家圖書館館訊》，87 年第 4 期（民國 87 年 11 月），頁 7-12。

.........。〈出版品國際交換概論與重要公約〉：An Overview of the International Exchange of Publications and Analysis of Major Conventions，《國家圖書館館刊》，87 年第 2 期（民國 87 年 12 月），頁 135-166。

.........。《出版品國際交換》,(台北:文華圖書館管理資訊公司,民國 87 年 12 月)。

.........。〈談國家圖書館的出版品國際交換(下)〉,《國家圖書館館訊》,88 年第 1 期(民國 88 年 2 月),頁 22-24。

(3)汪雁秋。〈圖書交換與文化交流〉,《第一次全國圖書館業務會議紀要》,台北:國立中央圖書館,民國 69 年 9 月。

.........。〈如何加強我國出版品國際交換工作〉。國立中央圖書館館刊》新 13 卷 2 期(民國 69 年 12 月),頁 48-60。

.........。〈文化交流——國立中央圖書館的出版品國際交換工作〉。《國立中央圖書館館刊》新 26 卷 1 期(民國 82 年 4 月),頁 167-184。

(4)汪雁秋、薛吉雄、游恂皇。〈國立中央圖書館出版品國際交換處工作概況〉。《圖書館資源與國際交流》:中國圖書館學會第卅六屆年會專題討論參考資料,(民國 77 年 12 月 4 日),頁 12-34。

(5)馬佑真。〈拓展國際書刊交換:與東歐及俄國加強聯繫〉。《國立中央圖書館館訊》新 14 卷第 3 期(民國 81 年 8 月),頁 35。

(6)喬彧。〈出版品國際交換概述〉。《教育與文化》第 8 卷第 6 期(民國 44 年 7 月 21 日),頁 4-10。

(7)辜瑞蘭。〈國立中央圖書館的出版品國際交換工作〉。《教育與文化》351/352 期(民國 56 年 3 月),頁 31-35。

.........。〈國立中央圖書館出版品國際交換處之工作〉。《國立中央圖書館館刊》新 2 卷 2 期(民國 57 年 10 月),頁 69-76。

(8)蘇精。〈從換書局到出版品國際交換處——早期中國交換

機關小史〉,《圖書館學與資訊科學》,4 卷 2 期（民國 67
年 10 月）,頁 180-183。

3. 汪雁秋:〈如何加強我國出版品國際交換工作〉,《國立中央圖書館
館刊》,新 13 卷第 2 期（民國 69 年 12 月）。

4. 汪雁秋、薛吉雄、游恂皇:〈國立中央圖書館出版品國際交換處工
作概況〉,《圖書館資源與國際交流》:中國圖書館學會第卅六屆年
會專題討論參考資料,（民國 77 年 12 月 4 日）,頁 12-34。

5. 馬佑真:〈拓展國際書刊交換:與東歐及俄國加強聯繫〉,《國立中
央圖書館館訊》,新 14 卷第 3 期（民國 81 年 8 月）,頁 35。

6. 參閱本章第三節研究成果評介之四、自動化的說明。

7. 錢存訓,〈中美書緣——紀念中美文化交換百週年〉,收入《中美書
緣》乙書（台北:文華圖書館管理資訊公司,1998 年 8 月）,頁 1。

8. 聯教組織公約可參閱本章第三節研究成果評介之五、比較研究。

9. 李筱眉:《出版品國際交換》一書中原翻譯為「史密斯桑機構」,本
書改用錢存訓之翻譯「司密遜學院」。該學院於 1858 年被指定為美
國的國家博物館,參 http://www.150.si.edu/smithexb/sitime.htm。 司
密遜國家博物館可參網站 http://www.si.edu/organiza/start.htm；另
關於該館的歷史與發展可參閱 James Conaway , The Smithsonian:
150 Years of Adventure, Discovery and Wonder,（Washington D.C.:
Smithsonian Institution, 1995）; http://www.150.si.edu/newbook.htm。

10.參閱本章第三節研究成果評介之五、比較研究之 1.重要公約比較。

11.關於 USBE 可參閱:

(1)Edwin E. Williams, A Serviceable Reservoir : Report of a Survey of
The United States Book Exchange, (Washington D.C.: The United
States Book Exchange, Inc., 1959)；

(2)李貴譯:〈漫談美國圖書交換處始末〉,《圖書館學報》,第 6 期

（民國 53 年 7 月），頁 392-395；該文譯自 Jerrold Orne, "*The USBE Story*," in *Library Journal* (Feb. 15, 1964)。

11.鍾守真：〈20 世紀 80 年代以來中國比較圖書館學研究綜述〉，《圖書情報工作》，1995 年第 5 期，頁 4。

12.周文駿：〈第五章 文獻交流工作〉，《文獻交流引論》（北京：書目文獻出版社，1986 年 7 月），頁 84-85。

14.周慶山：〈第八章 國際文獻傳播〉，《文獻傳播學》（北京：書目文獻出版社，1997 年 4 月），頁 256-263。

15.筆者認為「學術機構概覽」和「學術機構出版品目錄」可合編為一本「學術機構錄」。

第二章　出版品國際交換概論

第一節　出版品國際交換的
歷史概況

一、源起與發展

出版品國際交換源起於歐洲，可遠溯至中世紀時，圖書館間的手稿交換開始。然而幾世紀之後，隨著文藝復興[1]與科學的發展，大學學位論文日益重要，促進了論文的交換，繼而亦發展出系統化交換。[2]

文藝復興之後，於 1694 年首先由法國皇家圖書館（現為法國國家圖書館）[3]建立了「複本交換」的範例，當時路易十四授權法國皇家圖書館，以複本交換外國印製的圖書。複本交換使法國獲得許多珍貴書籍，尤其是來自英國與德國的出版品。此乃國際交換史上最早的複本交換。[4]

18 世紀前半，大規模的論文交換成為大學間重要的互動。1740年到 1750 年間，有些歐洲大學為了交換彼此的出版品，共同建立了大學聯盟，之後這樣的交換關係跨越了國界，直到 1817 年，由德國的馬爾堡大學（the University of Marburg）發起，建立了第一個博士論文的交換組織——「學術交流學會」（Akademischer Tauschvereinc 或 Academic Exchange Society）。該學會成立後，隨即有 17 所大學加入；這些成員並不全是德國的大學，還包括了瑞典、瑞士、比利時、荷蘭等國的學府。1882 年時，其會員已

增至 50 所大學和學術機構。雖然馬爾堡大學負責領導學會的行政與交換工作，但交換所得的論文，有時卻是屬於某些教授個人所有。[5]

　　18 世紀末出版品國際交換跨越歐洲傳入美國。當時英國倫敦的皇家學會（the Royal Society）想觀察金星的運行，但由於歐洲的氣候無法進行該項觀測，遂由皇家學會提供設備，委請美國費城新成立的美國哲學學會（American Philosophical Society）代為研究。美國哲學學會將研究成果刊登於 1771 年出版的期刊 *Transactions* 第 1 卷，同時將該刊以交換方式寄給國內外其他科學研究學會。19 世紀初，位於波士頓的美國藝術與科學研究院（the American Academy of Arts and Sciences）也加入了國際交換行列，開始與歐洲各專業學會交換機構本身的出版品。[6]

　　1830 年至 1839 年有法國人亞歷山大‧瓦特馬賀（Alexandre Vattemare）在歐洲推動「複本交換」不遺餘力，並將之推廣至美國，開啟美國官方文獻國際交換之門。瓦氏還在法國巴黎創辦了「全球國際交換中心」（Agence Centrale Universelle des Échanges Internationaux），扮演歐洲國家與美國之間複本交換的橋樑，後來該中心運作式微，終於在 1864 年隨瓦氏逝世而結束，然其國際交換理念已深植於人心，影響深遠。（詳閱本節「二、亞歷山大‧瓦特馬賀（Alexandre Vattemare）」的介紹）。另外，同一時代值得一提的是美國的司密遜學院（the Smithsonian Institution），不僅為美國官方文獻國際交換的代理機構（參閱第五章第一節），其「國際交換服務」的運作成功，更影響了布魯塞爾公約（第一個全球出版品國際交換公約），採用其模式，作為各國設立交換局的典範。（詳閱本節有關「三、司密遜學院（the Smithsonian Institution）」的介紹）

　　出版品國際交換實務是非常繁瑣而細緻的工作，要使國際交換持續而有效進行，有賴協議雙方安排類似的交換系統負責，因此國際間逐漸形成採行統一模式運作系統的共識，遂於 1880 年代興起訂定國際公約的想法，最後由美國國會圖書館發起，於 1886 年制定完成布魯塞爾公約（The Brussels Conventions）。該公約包括兩項公約，分別是「國際交換公牘、科學、文藝出版品公約」（Convention A for the International Exchange of Official Documents, Scientific and Literary Publications）和「國際快捷交換官報與議院紀錄及文牘公約」(Convention B for the Immediate Exchange of Official Journals, Public Parliamentary Annals and Documents)。[7]（詳閱第四章〈第二節 布魯塞爾公約〉）

　　布魯塞爾公約是首次制定的全球性國際交換公約，它不僅為各國建立雙邊協議的基礎，亦促進區域性多邊公約的產生，後者著名的有 1902 年的墨西哥美洲國家公約（the Inter-American Convention of Mexico City）和 1936 年布宜諾斯艾利斯美洲國家公約（the Inter-American Convention of Buenos Aires）。[8] 然而布魯塞爾公約究竟有所缺失，尤其第二次世界大戰後的情況，使諸多條款難以實施，故國際間有另訂新公約的意願，由聯合國教科文組織（UNESCO：United Nations Educational, Scientific and Cultural Organization，簡稱「聯教組織」）發起，經多年的討論和籌備，於 1958 年第十屆聯教組織大會通過採行兩項公約：一是，出版品國際交換公約（Convention 1: Convention Concerning the International Exchange of Publications）；二是，官方出版品與公牘國際交換公約（Convention 2: Convention Concerning the Exchange of Official Publications and Government Documents Between States）。第一項公約於 1961 年 11 月 23 日正式生效；第二項公約則於 1961 年 5 月 30

日正式生效。[9] 聯教組織通過採行的兩項交換公約是迄今為止最後制定的多邊國際交換公約。(詳閱第四章〈第三節　聯合國教科文組織交換公約〉)

二、亞歷山大・瓦特馬賀 (Alexandre Vattemare)

亞歷山大・瓦特馬賀原本是一位醫生,擁有口技(腹語)與魔術專長,19 世紀初歐洲戰爭期間,他旅行於歐洲各地,利用其專長表演來娛樂皇宮貴族。當時他常藉機參觀大城市的圖書館和博物館,因而熟知整個歐陸圖書館館藏,包括重複與不足之處以及複本倉庫等。他認真思考該如何充分利用這些豐富的庫存複本、藝術作品與科學模型,並安排圖書、獎章、銅幣的交換,成果斐然,因而激發他發展公共圖書館與私人館藏間系統化交流的念頭。他的信念是:「出版品國際交換能開啟全球人民溝通的管道,使人熟知他國的法律、風俗習慣及智慧;經由彼此善意與禮貌的互動,開發和平尊重的精神與良善意識。」[10] 因此出版品國際交換成為他終生任務,致力於此達 30 年之久。 以下就「複本國際交換計畫」和「巴黎的全球國際交換中心」分別說明之。

(一) 複本國際交換計畫

1830 年到 1839 年間,瓦特馬賀不停地安排歐洲各圖書館間的複本交換。首先他參與慕尼黑皇家圖書館(the Royal Library of München)的複本交換,同時到處旅行,宣揚他的交換計畫。由於他的努力,促成了奧地利、普魯士與英格蘭圖書館之間的複本交換,而他的母國——法國,雖然贊成他的提議,但卻一直拖延實際交換的進行。

1839 年時,瓦特馬賀為拓展國際交換計畫而出發前往美國。正如同在歐洲的作法,他到處旅行,向各州議會及私人機構發表

精彩演說，藉以表達自己的國際交換理念，同時也因此發覺美國各地缺乏文化機構，故而倡導公共圖書館的設立，此舉對美國圖書館發展有著重要影響。儘管各州和地方政府均採用瓦氏的交換計畫，但他的最終目標卻是「國會」。幾經努力，瓦特馬賀終於成功地遊說國會，進行圖書館複本國際交換。他在 1839 年 12 月 10 日給眾議院的備忘錄中聲稱：「歐洲圖書館書籍已累存近四個世紀，館藏豐富，美國若能加入交換計畫，必當獲益最多。」因此，他建議由國會圖書館擔任美國的交換中心，授權館長自行政部門取得可供交換的政府出版品清單，同時接受外國的交換清單；此計畫由國務院出版品與國會文獻為開端。國會圖書館委員會（The Committee on the Library）對此建議甚感興趣，遂於 1840 年 7 月 20 日通過了「公共文書與外國出版品交換聯合決議」（a "Joint Resolution for the Exchange of Public Documents for Foreign Publications"），授權由國會圖書館進行複本交換，並規定「凡依參眾兩院命令出版或裝訂的文獻，均提交 50 份供國際交換」。

　　瓦特馬賀此次赴美相當成功，帶回歐洲約 700 冊的美國國會文獻，向各國政府提議交換，之後不久，美國即收到歐洲國家希望進行政府文獻交換的提議，如葡萄牙、比利時、法國、英國等。可惜當時瓦特馬賀並未設計實際交換運作的方式，而美國也未善用機會發起政府間的國際交換。[11]

(二) 巴黎的全球國際交換中心

　　1848 年瓦特馬賀希望建立一個全球國際交換中心，以便加強國際交換系統的運作，因此他再度來到美國，向國會提交一份建議書，內容重點如下：

　　1.建議在巴黎設立全球國際交換中心總部，由各國設立分

部，並請各國製作交換出版品清單。

2.要求增加著作權出版品與特殊專利作品的交換，並請立法允許交換出版品免關稅。

3.因國會圖書館未能確實執行 1840 年的聯合決議，故請修改決議中「授權」國會圖書館進行複本交換用字，改爲由國會圖書館「直接」進行交換。

4.提議由美國提供 50 份「國會文獻」給巴黎的全球國際交換中心總部備用。

國會圖書館委員會基本上同意瓦氏意見，但並未完全接受，例如要求增加著作權出版品與特殊專利作品的交換就被拒絕。這次圖書館委員會僅建議：「應授權國會建立交換機構，籌備交換計畫；凡寄給聯邦或州政府的交換書籍應予免稅。爲執行上述建議，應撥款兩千美元給圖書館委員會。」由前項建議可看出圖書館委員會僅對交換官方文獻感興趣，對其他出版品的交換並不熱衷。最後國會於 1848 年 6 月 26 日通過一項法案，包含圖書館委員會的建議。然令人遺憾的，美國並未如預期收到各國政府出版品，因而不滿巴黎交換總部的運作，遂於 1852 年 8 月 31 日撤銷1848 年通過的法案。[12]

瓦特馬賀所創辦的全球國際交換中心，原始設計乃藉由歐洲各圖書館大量的複本與美國進行交換，初期效果的確相當可觀，著實扮演了歐洲與美國複本交換的橋樑，然而該中心在政府文獻交換方面並無展獲，加上後來中心運作式微，終隨瓦特馬賀於1864 年逝世而宣告結束。[13]

探究巴黎的全球國際交換失敗原因，主要是未能得到法國政府充分支持與合作，因爲諸多法國政府機關寧願直接和外國政府機構建立交換，或透過外交部，而不願借助瓦特馬賀之力。另一

失敗原因可歸咎於他太過天真的理想，因爲要由一個機構獨力承擔全世界的交換似乎是不太可能的。[14]

　　雖然巴黎的全球國際交換中心終究是結束了，但瓦特馬賀對出版品國際交換的貢獻卻不容抹滅，他的國際交換理念已深植於人心。瓦特馬賀可謂是開創系統化「複本國際交換」的第一人，樹立現代國際交換系統雛形；美國的官書國際交換理念因他而開啓，實乃促進美、法兩國出版品交換的先驅。

三、詹姆士・司密遜 (James Smithson)

　　詹姆士・司密遜（1765~1829）是一位相當有成就的自然科學家，主攻化學與地質學。父母爲英國人，但出生於巴黎，由母親家族那兒繼承了大筆遺產。詹姆士・司密遜一生居於歐洲大陸，1829 年逝世於義大利，從未到過美國，但由他的遺產所建立的司密遜學院，現爲美國的國家博物館[15]，成立當時利用「出版品國際交換服務」促進知識的交流，對人類知識的發展與傳播產生深遠的影響。以下就「司密遜學院的成立」與「國際交換服務」分別簡述之。

(一) 司密遜學院(Smithsonian Institution)的成立

　　詹姆士・司密遜於 1826 撰立遺囑指明，假如他的唯一繼承人——姪兒亨利・詹姆士・亨格福（Henry James Hungerford）逝世，並且無子嗣繼承，則他的遺產將全數捐給美國政府，由美國政府在首府華盛頓建立學術機構，名爲「司密遜學院」（Smithsonian Institution），主旨乃「促進人類知識的發展與傳播」。[16] 1835 年亨利・詹姆士・亨格福逝世，未有繼承人，故由美國政府獲得遺贈。[17] 1838 年美國將這批贈款（11 箱金幣）運回紐約，再轉送至費城，重新鑄造成錢幣，共值美金 508,318.46 元。[18]

究竟該如何處分這批贈款,才能符合詹姆士・司密遜的意旨呢?這項議題在國會經過 8 年的長期討論,終於在 1846 年通過司密遜學院組織法(Smithsonian Act of Organization),由總統於 8 月 10 日簽署,完成立法。[19] 依據機構組織法,名義上設有「榮譽理事會」(an Honorary Board ── "The Establishment")和「執行理事會」(a Board of Regents);前者的成員包括美國正副總統、內閣閣員、最高法院首席大法官(the Chief Justice of the Supreme Court)、以及專利委員(the Commissioner of Patents),後者由 14 人組成,包括副總統、最高法院首席大法官、參眾議員各 3 名、以及 6 名由國會中推選出來的議員,但各州至多 1 名。美國諸多知名人士均曾為代理理事;代理理事不僅是種榮耀,更被授權參與該機構的管理。[20]

至於司密遜學院的行政事務則授權予秘書長負責。首任秘書長約瑟夫・亨利教授(Joseph Henry)[21] 自 1841 年開始主掌學院行政,直至 1878 年逝世,甫由助理秘書長斯賓瑟・貝爾德(Spencer F. Baird)接任。[22] 約瑟夫・亨利教授建立了該學院的基本政策和計畫,包括三點:1. 發起特殊的科學研究,尤其是針對其他機構所未能涵蓋的範圍;2. 出版研究成果,免費寄贈出版品而不求均衡回饋;3. 與其他科學機構合作,促進知識的交流。司密遜學院在開幕宣言中即指出,「為了出版品的傳播而建立交換系統,但並非為圖書館累積無用的複本,而是交換人類智慧的產品。」[23] 由此可知司密遜學院的交換計畫並非複本交換,而是為傳播新的科學出版品而設計。

(二) 司密遜學院的國際交換服務

司密遜學院於 1848 年首次出版研究成果──*THE MISSISSIPPI*

VALLEY，並經由該機構的「國際交換服務」（the International Exchange Service）寄發給世界各國的圖書館。後來各界均認爲「國際交換服務」可予以擴充善用，因其已建立著名的外國科學機構名單，不僅可供其他機構寄發出版品，若能借助司密遜學院之力集中寄運，又可爲各機構節省寄發的費用。因此自 1849 年開始，司密遜學院提供爲國內學術機構轉寄出版品到國外的服務，並在各國設立服務中心負責分發。司密遜學院在各國的服務中心爲日後各國成立交換局鋪了路，雖然各國交換局獨立運作後與司密遜學院無任何隸屬關係，但雙方必須就實際交換運作問題，如進口稅、運費、交換型式等，達成協議。1851 年美國已對司密遜學院收發的交換出版品採免關稅政策，司密遜學院更進一步與各國政府洽商，希望能免課關稅，終於在 1854 年達成協議，凡是以該學院之名寄發的出版品，均享有免稅優惠。秘書長亨利相當自豪該項協議的成功，他自詡司密遜學院是有史以來全球最廣泛且最有效的交換服務。由於運費是國際交換的最大開銷，司密遜學院於 1855 年要求船運公司減價，後來許多船運公司均同意免費爲其運送出版品，且一直持續到 1900 年。[24]

　　隨著交換量的增加，司密遜學院圖書館館長查理司・柯芬・傑維特（Charles Coffin Jewett）與秘書長亨利教授之間產生不同意見。館長認爲，該學院圖書館館藏是美國非常重要的參考資源，故應擴大交換計畫；秘書長卻認爲經費有限，圖書的收集應與學術研究有關。傑維特館長於 1864 年離開華盛頓，轉任波士頓公共圖書館館長，兩人的爭議始告停止。之後秘書長亨利教授向新任館長提議，將司密遜學院圖書館藏書轉送國會圖書館存放。這項提議終於在 1866 年實現，逾四萬冊最好的書籍轉由國會圖書館典藏，此後交換所得書籍陸續送存，超過一百萬冊。[25]

簡言之，司密遜學院所建立的出版品國際交換運作模式，成功地為各國樹立國際交換系統的典範。

第二節 出版品國際交換的意義

一、出版品國際交換的定義

究竟何謂「出版品國際交換」？顧名思義，這是一種以「交換」為途徑，使出版品於國際間流通的方式，與「購買」有所區別。由前述歷史源起與發展不難得知，這是一種國際合作的形式，目的是為了「促進科學知識與文化的交流」（此處所指的「科學」是廣義的，除自然科學外，還包括人文與社會科學。）藉由出版品的交換，可以瞭解他國發展的動向與成果，吸取經驗以供借鏡，避免重複的研究與實驗，更能加速科學研究與發展。由於交換目的是為了知識與經驗的交流，自與商品交換或貨幣交易不同，而且是一種有別於購買出版品的流通方式，故屬商業動機者不在交換範圍之內。既然它是一種非商業性質的活動，其意義就不能僅從經濟效益的層面考量。原則上它是介於「購買」與「贈送」之間，一種互取所需的型態，但從「國際合作」的層面考量，「贈送」常變得難以從國際交換中脫離。聯教組織（UNESCO）的《出版品國際交換手冊》（*Handbook on the International Exchange of Publications*）第 2 版（1956）曾給予如下定義：「出版品國際交換是一種契約或安排，協議交換雙方隸屬不同國家，彼此承諾給予出版品。這項契約僅基於雙方共識，原則上沒有固定公式。」[26]因此只要協議交換者同意，「贈送」常形成交換計畫的一部份。前述手冊第 4 版（1978）更進一步定義如下：「出版品國際交換

是一種國際科學文化合作的型式，它依據正式的契約或自由協議，有關各方彼此提供印刷品或其他形式的複印品，以促進各國不同機構之間的思想與科學資訊自由交流。這種契約的唯一依據是各方同意，原則上不受任何形式約束，即使是非正式的信件亦可；重要的是立約各方應確實履行協議。」[27]

二、出版品國際交換的特點

從文獻交流的層面分析，出版品國際交換是整個文獻交流渠道的一個組成部分，在這部分渠道中流通的正是那些其他交流渠道中很少傳播的文獻資料。這種交流關係的基礎，建立在交換各方的互信、互利和友誼之上。圖書館除可藉此獲取大量文獻之外，同時也為宣傳民族文化、促進國際瞭解和增進國際友誼有所貢獻。[28] 換言之，出版品國際交換是國際文獻資源共享的一種方式，若由其縱橫交錯的文獻傳播網絡來看，亦可視為文獻傳播的重要渠道。[29] 將前述特性細分，可歸納為三項特點，說明如下：

（一）解決無法購買的難題

在出版品國際交換過程中，同意交換的機構，既是出版品的寄發者，也是出版品的收受者。若從收受者與寄發者兩個不同的角度來說明，便能清楚能了解出版品國際交換的特點。首先從收受者的角度來看，交換出版品可解決某些難題：

1.獲得市面上完全無法購買到的書籍；
2.不易購買的書籍可藉由交換獲取；
3.因特殊情況無法採購書籍時，可以交換方式替代。

例如圖書館經費不足，難以採購新書，但卻有豐富的複本或自己發行的出版品，則可利用作為交換資源；或是有些國家因外匯管制，採購外國書籍不便，亦可運用交換方式替代。再從寄發

者的角度來看，有時純粹爲了思想意念和知識的交流，但又不願透過書商有任何營利行爲，故而從事出版品交換；或是有複本以及自己發行的出版品過多時，希望藉由交換管道使資源更充分而有效的利用。[30]

(二)補充購買之不足

若從文獻收集的角度來說，「交換」是文獻資源互通有無的一種重要方式，補充「購買」之不足爲一大特點。尤其對外國書籍而言，一旦採購管道受到限制，出版品交換就和採購一樣重要了。由歷史經驗歸納，可將影響採購的因素舉例如下[31]：

1.礙於政治因素，國家之間不允許商業貿易，但通常對文化交流活動的限制較爲寬鬆，因此可進行出版品交換。

2.各國經濟成長水準不同，書籍價格差異甚大，通常經濟水準較低的國家購買力較弱，採購經濟發達國家昂貴的出版品實有困難，只能藉由出版品交換一途。

3.許多國家因外匯不足或有外匯管制，致使圖書館難以採購外國書籍。

4.國際圖書貿易管道不如國內書刊採購管道暢通，資訊獲得與採購均不容易。再加上全球出版品價格上揚，對國際圖書貿易的經營更難。

5.圖書館受限於經費，不可能全面採購外文書籍，因而有不同的採購政策，或許偏重某些國家或地區。經由國際交換，則可擴大外文書籍的來源。

(三)特殊專門資料與灰色文獻的蒐集

國際交換的出版品應該是包羅萬象，通常有以下各種類型：1.學術機構出版品，2.專業學會出版品，3.大學出版品，4.研究

機構、圖書館或合作組織出版品，5.政府出版品：包括行政類，如國會文件、法令和官方通報、法院議決、條約、其他立法和行政文件等，以及情報類，如統計報告、年報、新聞通報、手冊、年鑑、白皮書、地圖、小冊子、專利說明書和標準資料等，6.國際組織出版品，7.複本，8.商業出版品；若以出版型態分，涵括縮微複製品、書畫刻印藝術品以及視聽資料等。[32]。然實際上出版品國際交換有一重要特點，即對於特殊專門資料與灰色文獻的蒐集[33]，因為這些文獻資料難以在一般的文獻收集渠道中獲得，只得借助國際交換之力。

　　綜上所述，出版品國際交換的主要意義是一種國際科學和文化合作的形式，因此不要將不重要的東西拿來交換；交換應符合協議者的需求。由於計算交換平衡與否並不容易[34]，再加上文化傳承與國際交流的蘊涵，使交換可採「慷慨的態度」，但要基於「互惠原則」，互通有無，保持適度平衡，同時要「重質不重量」，發揮出版品國際交換的特點，網羅特殊難得的文獻資料，致力尋找真正適合的交換夥伴為宜。[35]

第三節　出版品國際交換原則與議定方式

一、出版品國際交換原則

　　雖然出版品國際交換可採慷慨的態度，但既然名為「交換」，仍應保持適度平衡，以維持互惠原則，並和純粹贈送有所區別。一般而言，計算平衡交換的原則大致有三種[36]：

1.**等量交換**（piece-for-piece exchange）：以相同數量的圖書或期刊彼此交換。由於期刊的出版週期不同，由等量交換的原則可衍生爲另一種計算方式，即以一段時間爲標準，計算相等數量的期刊交換，例如一年內以三種季刊交換一種月刊。

2.**等值交換**（priced exchange）：在一段時間內以特定的匯率爲準，用相等金額的出版品交換。

3.**計頁交換**（page-for-page exchange）：以「頁」爲計算單位，因爲舊書取得不易、甚或絕版，如果是以新書換舊書時，通常是以好幾頁折換舊書一頁的方式計算。這項原則特別適用於書價標準差異很大的交換夥伴之間。

在實際應用方面，以等量交換最爲方便，尤其是針對政府出版品或學術機構出版品的交換。不過基於慷慨互惠，也爲了省去逐次計算的麻煩，所謂的「等量」，不一定是每次交換數量的完全相等，而是以一段時間爲計算區間，該期間內的收發冊數約略相等即可。有時如果交換夥伴提出特殊需求，必須另外訂購出版市場的書籍時，則應採取等值交換原則。[37] 然而等值交換亦有其困難存在，第一是各國經濟水準不同，書價標準不一，西方國家的書價昂貴且持續上漲，而某些地區如東歐國家的書價則低，雙方價差非常大，很難等值計算。再者，外匯匯率標準的訂定不易，有些貨幣的官方與非官方匯率價差很大，究竟該採用何種標準，不易達成共識。[38]

綜合以上三種出版品交換原則，發展出一種「開放式交換」（open exchange）的觀念，即不逐次計算交換的值或量，但基於「互惠」與「慷慨」的信念，常期計算可以獲得平衡即可。[39] 現代國際交換多採用這項原則，也因此包括了「相互贈送」在內。

二、出版品國際交換議定方式

　　瞭解了出版品國際交換原則後，接下來進入建立交換關係的第一步——雙方協議。對一般交換而言，「信函聯繫」是最佳的交換議定方式，如圖書館、大學和學術研究機構之間多採用之。若是國家和國家之間的交換關係，則可訂立政府雙邊協定（intergovernmental bilateral agreements），甚至國際間共同的交換問題，牽涉到兩國以上，則可制定多邊公約。[40]另有文化協定（the cultural conventions），原爲各國關於文化事宜的約定，但可於其中附加出版品交換相關條款[41]。爲了區分一般交換關係與國家之間的交換關係，通常將信函聯繫的議定方式稱爲「非正式交換協定」；國家之間的政府雙邊協定、多邊公約、和文化協定稱爲「正式交換協定」。

(一)「非正式」與「正式」的交換協定

　　1.在國際交換實務中，大多數協議是屬於「非正式交換協定」。相對於「正式交換協定」，這些協議的圖書館和學術機構有獨立能力主導交換事務的進行，原則上與政府間的協定分開，不過是不應脫離政府政策之外的。政府對教育、科學和文化政策的態度，亦能爲交換創造環境。這樣的協議，有幾項優點：(1)是雙方進行合作和確定職能的最簡單途徑；(2) 因爲不需要特殊的形式和複雜的程序，締結方便；(3) 修正方便；(4) 在各方面建立具體聯繫。

　　2.「正式交換協定」包括政府雙邊協定、多邊公約和文化協定三種形式。一般而言，政府雙邊協定多數關於官方出版品的交換，與多邊公約相較有兩個優點：(1)締結協定較簡單而快速，且可根據需要和要求，選擇交換對象；它的形式和內容可適用於

個別情況。(2)交換資料的種類和範圍可事先確定,對交換中心的經費預估有明確標準。

　　相對於非正式交換協定,其特點如下:(1)通常以官方出版品的普通參考資料爲交換主題;(2)交換範圍包括連續出版品和非連續出版品(單行本);(3)提供交換書名目錄;(4)能隨新的出版品而擴充交換目錄;(5)排除交換的資料有空白表格、函件和保密資料;(6)在預算許可範圍內維持交換平衡;(7)有專門執行的機構,如國家交換中心;(8)傳輸費用多由寄送者負擔;(9)說明和其他協議的關係;(10)使協定付諸實行;(11)對協定無效的宣稱。[42]

(二) 雙邊協定、多邊協定和一般文化協定

　　綜上所述,所有的協議,不論正式或非正式,從議定者的數量來說,可分爲「雙邊協定」和「多邊協定」(二者以上的協定);若從議定形式區分,則可分爲三類:雙邊協定(bilateral agreements)、多邊公約(multilateral conventions)、及一般文化協定(general cultural conventions)。簡要說明如下[43]:

　　1.廣義的雙邊協定是指議定者的數量爲「雙」,因此包含前述的非正式協定和各國政府的正式雙邊協定。一般圖書館、大學、學術研究機構之間,僅需透過信函或備忘錄即可;各國政府的正式雙邊協定應涵括以下幾點:(1)交換內容,包括種類、數量,通常會附上交換清單;(2)執行交換的機構;(3)典藏交換出版品的機構,通常是國家圖書館;(4)寄運交換出版品的費用,多數由寄發國負擔。

　　2.相對於正式雙邊協定而言,多邊公約是指兩個國家以上的政府所共同簽署的條約稱之。若以參加公約國所在的區域範圍

劃分，又可分為「全球國際交換公約」與「區域國際交換公約」。
前者有 1886 年的布魯塞爾公約和 1958 年聯合國教科文組織通過
採行的兩項國際交換公約（詳閱第三章），因為並不限定特定區域
內的國家加入，屬於「全球性」；後者以 1902 年的墨西哥美洲國
家公約（the Inter-American Convention of Mexico City）和布宜諾斯
艾利斯美洲國家公約（the Inter-American Convention of Buenos
Aires）最著名，這兩個公約僅限美洲國家參加，屬於「區域性」。
區域國際交換公約通常是以地理、語言和政治態度接近為基礎，
藉由公約的簽署，使文化上聯合起來，促進簽署國之間的相互瞭
解。[44] 不論是全球性或區域性，多邊公約通常會由各國政府指定
交換中心 [45] 為公約執行機構。

　　3.一般文化協定大多是雙邊協定，或是特定團體間的協議，
如西班牙語系國家於 1953 年訂定的馬德里公約（the Madrid
Convention），以及冷戰時期社會主義國家之間的文化協定。一般
文化協定並非專門為出版品國際交換訂立，而是關於一般文化交
流事務的協議，但其中包括說明出版品交換的條款，然該條款僅
表明交換意願或交換原則，並非明確的交換契約。訂立文化協定
之後，各國會依此另訂交換規則，或直接執行出版品交換。

　　至於社會主義國家的文化協定卻有一點不一樣，他們會將交
換規則納入文化協定中，即有一條款明白規定，各國重要的出版
品必須分送一冊給各兄弟國，而各國必須指定特定機構執行文化
協定，一般多由國家圖書館或州立圖書館負責。

【注釋】

1. 文藝復興（Renaissance）肇始於 1300 年代，結束於 1500 年代末葉
　　與 1600 年代初期，約當歐洲進入宗教改革（Reformation）與宗教

和王朝戰爭之際。它是由中世紀轉變到近代之間的過渡時代。在
這個過渡時代中，西方在文學、藝術與哲學方面大放異彩，是西
洋文化史上成就非凡的時代。參見布林頓、克里斯多夫、吳爾夫
合著，劉景輝譯：〈第四卷　文藝復興、宗教改革〉,《西洋文化史》
（Crane Brinton, John B. Christopher, Robert Lee Wolff：*A History of
Civilization*, 4th edition [Englewood Cliffs, New Jersey：Prentice-Hall,
Inc., 1971]）,〈第四卷　文藝復興、宗教改革〉,（台北：台灣學生書
局，民國 81 年 9 月初版 7 刷）,頁 17。

2. Frans Vanwijngaerden, ed., *Handbook on the International Exchange of
Publications*, 4th edition (Paris：　UNESCO, 1978), p.16.

3. 世界上設立國家圖書館最早的可說起源於 1795 年法國大革命之
後，國民議會將原先屬於王室的皇家圖書館改名為國家圖書館
（Bibliothéque Nationale），一方面蒐集逃亡貴族所遺留的圖書，以
避免國家文獻流失，一方面也顯示圖書館將不再為皇室貴族所獨
享。見曾濟群：〈國家圖書館的組織體制〉,《國立中央圖書館館刊》
新 26 卷第 1 期（民國 82 年 6 月）,頁 11；曾文原參閱王岫（王錫
璋）：〈細述國家圖書館的功能〉,《中國論壇》, 284 期（民國 76 年
7 月 25 日）,頁 44。

4. Laurence J. Kipp, *The International Exchange of Publications*, A
Report of Programs within the United States Government for Exchange
with Latin America, Based upon a Survey Made for the
Interdepartmental Committee on Scientific and Cultural Cooperation,
under Direction of the Library of Congress (Wakefield,
Massachusetts：The Murray Printing Company), p.9；
Dorothy A. Day, *The Exchange of Publications - China and the United
States*, A Dissertation submitted to the Faculty of the Graduate Library

School in Candidacy for the Degree of Master of Arts (Chicago, Illinois：December, 1969), p.6.

5. 同注 2；Laurence J. Kipp（同注 4），頁 9。

6. Robert D. Stevens, *The Role of the Library of Congress in the International Exchange of Official Publications – A Brief History*, (Washington：The Library of Congress, 1953),p.2；Laurence J. Kipp（同注 4），頁 9；Dorothy A. Day（同注 4），頁 3-4。

7. 公約名稱的翻譯，依據中國第二歷史檔案館編：《中華民國史檔案資料匯編》 第三輯 文化,（南京：江蘇古籍出版社,1991 年 6 月），頁 463、465。

8. 彼得‧金澤爾：〈聯合國教科文組織關於現有出版物國際交換協約的實際效果的研究報告〉,收入《第 47 屆國際圖書館協會聯合會大會論文譯文集》（ 北京：中國科學院圖書館,1982 年),頁 151。

9. 同注 2,頁 63-64。

10.Laurence J. Kipp（同注 4）,頁 9-10；Dorothy A. Day（同注 4）,頁 16-19。

11.同前注；Robert D. Stevens（同注 6）,頁 3-7。

12.Robert D. Stevens（同注 6）,頁 3-7。

13.同注 2,頁 17。

14.同前注；Robert D. Stevens（同注 6）,頁 8-9。

15.http://www.150.si.edu/siarch/guide/intro.htm。

16.http://www.150.si.edu/chap1/one.htm,詳盡介紹詹姆士‧司密遜的生平及為何選擇美國為遺產捐贈對象。

17.http://www.150.si.edu/smithexb/smittime.htm。

18.http://www.150.si.edu/chap1/one.htm。

19.http://www.150.si.edu/smithexb/sitime.htm。

20.同注 15。

21.http://www.si.edu/organiza/offices/archive/ihd/jhp/index.htm，詳閱亨
　利教授的生平介紹。

22.同注 15。

23.Dorothy A. Day（同注 4），頁 20-22。

24.同注 2，頁 17-18；同注 6，頁 10-11。

25.同前注。

26.Dorothy A. Day（同注 4），頁 2。

27.同注 2，頁 13。

28.周文駿:〈第五章 文獻交流工作〉,《文獻交流引論》（北京：書目
　文獻出版社，1986 年 7 月），頁 84-85。

29.周慶山編著:〈第八章 國際文獻傳播〉,《文獻傳播學》（北京：書
　目文獻出版社，1997 年 4 月），頁 256。

30.同注 2，頁 14-15。

31.Vladimir　Popov,　"The　Multilateral　UNESCO　Exchange
　Conventions(1958) and Their International Significance," in *Studies in
　the International Exchange of Publications*, Peter Genzel, ed.,
　(München：New York etc.: IFLA, 1981) , p.28.

32.同注 29，頁 260。

33.(1)**灰色文獻的沿革**：灰色文獻這個術語，最早出現在本世紀 70 年
　　代，至 70 年代末才引起西方各國的重視。1978 年 12 月，由歐
　　洲共同體和大英圖書館外借部(BLLD)聯合主持，召開關於灰色
　　文獻的會議，建議各國指定專門機構來收集灰色文獻、建立灰
　　色文獻資料庫，以提高其利用率。一年後，歐洲共同體制定一
　　項計畫，有關灰色文獻的發現、鑑別、收藏和利用，並擬建立
　　一個文獻資料庫，能經由歐洲 DIANE 資訊系統進行檢索。80 年

代初，由英國圖書館外借部、法國核子研究中心和德國（指原
來的西德）情況中心等機構合作，正式組建「歐洲灰色文獻資
訊系統」（SIGLE），對灰色文獻的發展起了推波助瀾的作用。而
亞洲各國對灰色文獻的開發利用起步較晚，以日本發展較快，
至 80 年代中期，才陸續建立了具檢索功能的各類型灰色文獻資
料庫。

(2)**灰色文獻的定義**：依據國際圖書館協會聯合會（IFLA）於第 49
屆年會（1983）上對其解釋如下：「所謂『灰色文獻』，是指那
些內容複雜、信息量大、形式多樣、出版迅速、通過正規渠道
無法得到的文獻資料。由於它一般不正式通報和標價，但又照
常發行流通，故又被稱做『半版文獻』、『非常規文獻』和『難
得文獻』。」

(3)**灰色文獻種類**：種類繁多，主要有以下幾種：內部刊物、 內部
技術報告、不出版的學位論文、會議資料、翻譯手稿、商業廣
告，其他如政府文書、工作文件及政府機構編寫的調研報告等，
都屬於灰色文獻的範疇。

　　參見鄭丹：〈"灰色文獻"淺談〉，《圖書館雜誌》1997 年第 2 期，
頁 24-25。（按：筆者摘引並「重順」文句；另原文用「數據庫」
和「情報系統」，本文分別改用「資料庫」和「資訊系統」。）

34.關於計算交換平衡的方式，參閱本章〈第三節 出版品國際交換的
原則與議定方式〉。

35.Peter Genzel, "The Efficiency of Collective Consignments," in *The
International Exchange of Publications - Proceedings of the European
Conference held in Vienna from 24-29 April 1972*, Maria J. Schiltman
ed., (München: IFLA, 1973) , p.76-77；同註 2，頁 15。

36.同註 2，頁 20。

37.Peter Genzel（同注 45），頁 74-75。

38.Peter Genzel（同注 45），頁 76；同注 2，頁 20。

39.同注 2，頁 20。

40.在國際公法上，國家之間以「條約」（treaty）作爲彼此協定或承諾
的依據。條約有各種形式：agreement, arrangement, convention,
declaraton, exchange of notes, general act, modus vivendi, procès-
verbal, protocal, or statute. 一般而言，雙邊協定採用下列形式：
treaty, agreement, exchange of notes or modus vivend（依其重要性及
正式程度排序）；多邊協定採用以下形式：treaty, convention。
R.G.Feltham, "International law and practice" in *Diplomatic Handbook*,
3rd edition, 1980, p.87.（台北：中央圖書出版社發行，民國 73 年）。

　　爲求「雙邊」與「多邊」協定區別，本文將 " bilateral agreement"
翻譯爲「雙邊協定」，"convention" 翻譯爲「多邊公約」，惟"cultural
convention" 翻譯爲「文化協定」。

41.同注 2，頁 29-30。

42.同注 8，頁 154-155。

43.同注 2，頁 61、67。

44.同注 8，頁 151。

45.參閱第三章〈第一節 交換中心的功能〉。

第三章　出版品國際交換的一般運作

第一節　交換中心的功能

國際間首次提出設立交換中心構想的是 1886 年布魯塞爾公約（The Brussels Conventions），但當時的概念完全是屬於國家交換中心（national exchange centers），乃由政府設立或指定辦理出版品國際交換的組織或機構。到了 1958 年聯合國教科文組織（UNESCO：United Nations Educational, Scientific and Cultural Organization，簡稱「聯教組織」）通過採行的兩項交換公約（以下合稱「聯教組織交換公約」）：出版品國際交換公約（Convention 1: Convention Concerning the International Exchange of Publications）和 官方出版品與公牘國際交換公約（Convention 2: Convention Concerning the Exchange of Official Publications and Government Documents Between States），重申國家交換中心存在的必要，並擴大其功能，同時也將這些功能擴及其他文教組織，共同執行國際交換[1]。

現代的交換中心大致分為兩種：第一種是為所有圖書館與交換機構服務的交換中心，名稱不一，如國家或國際交換中心（national or international exchange centers）、交換服務（exchange services）、交換局（exchange bureau）等；第二種是為大的國立圖書館系統服務，如國家研究院（national academies）或大的研究機構圖書館。因為二者的功能與活動類似，我們將其統稱為交換中心（exchange centers），而不僅僅稱為國家交換中心，如此才能涵蓋上述兩種性質的機構。[2]

　　依聯教組織交換公約之出版品國際交換公約，第三條將交換中心功能衍生爲五大項 [3]，分別說明如下 [4]：

一、協助國內機構與國外進行交換

1.提供交換資訊

　　此乃交換中心最重要的工作，讓國內外各機構知道可以進行交換的對象有哪些，以便由各機構直接聯繫交換。交換中心可分別編製國內、國外學術機構名錄，或是準備重要的參考工具書，如 *The World of Learning*、*Index Generalis*、*Minerva*、*Handbook on International Exchange of Publications* 等，提供交換資訊，協助交換的進行。

2.協助交換出版品的寄發

　　交換中心可擔任國內外出版品的轉運中心，爲國內學術機構代寄出版品至國外，並作爲國外出版品的收受中心，再轉寄給國內機構，或者協助各機構直接運送出版品。

3.擔任複本交換中心

　　交換中心往往可利用庫存複本進行交換，這在過期刊物補缺方面常有所助益。此外當圖書館因經費不足，或是外匯管制等因素無法購買新書時，可利用複本進行交換，作爲取得出版品的替代方式。[5]

二、直接辦理交換

　　只要有足夠的出版品來源，就可直接和其他國家交換中心或圖書館進行交換。一般而言，出版品來源有幾種，如著作權出版品的呈繳、圖書館複本、多餘書刊、購買的書籍，以及研究機構贈送等。由交換中心辦理直接交換與其他圖書館間的自行個別交換並不衝突，二者應該相輔相成。

三、辦理政府出版品交換

　　依據聯教組織交換公約之官方出版品與公牘國際交換公約，政府
出版品交換的主體是國家，故由政府依國家政策設立或指定交換中
心。從實務方面來看，政府通常會授權給國家圖書館或州立圖書館，
與他國相對機構進行交換。因此，政府出版品交換與一般交換不同，
後者可以用一般書信協議，而前者必須由政府主管機關授權。[6]

四、交換工作的協調

　　交換中心應與其他圖書館和學術機構合作。隨著世界經濟與科技
的快速發展，資訊交流更形重要。由於許多出版品並不能經由購買獲
得，交換中心自是責無旁貸應設法取得。此外，政府出版品多不以營
利為目的，故出版發行時很少刊登商業性質的廣告，因此採訪與徵集
不如商業出版品便利，再加上印製的數量有限，唯有透過國際交換取
得，方乃最便捷之管道。[7] 綜合來看，交換中心與圖書館等學術機構
應協調整合出版品國際交換工作，凡適合圖書館直接交換者，由圖書
館逕行辦理，而適合交換中心統籌辦理者，則由交換中心負責。如此
既是分工也是合作，方能達到相輔相成的效果。

五、其他活動

　　交換中心還有許多其他工作項目，例如交換書目的編印、提交有
關交換的統計資料給聯教組織，與各國交換中心及聯教組織合作等。
主要是目的是促進國際交換活動的進行。

　　至於交換中心究竟該是一獨立機構？抑或附屬於其他機構？關於
此點，由於各國情況不一，不必嚴格規定。但若交換中心是獨立機構，
最好隸屬行政部會或政府機構直接控管；如果是附屬於其他機構，可
以只是某個機關的一個部門，或是附屬於國家圖書館。[8]

第二節　交換出版品的類型

　　若從出版品國際交換發展的歷史來看，由早先圖書館間的手稿交換與大學論文交換 [9]，後來發展出國際公約的想法，先後制訂了布魯塞爾公約和聯教組織交換公約。不論布魯塞爾公約，或是聯教組織交換公約，二者的交換範圍均包括政府出版品和一般學術著作的交換，尤其是聯教組織交換公約，還將政府出版品與一般出版品分列於兩項公約來規範，對交換出版品的定義更為周全。[10] 以現代的角度詮釋，也就是指公開發行的出版品，舉凡教育、法律、科技、文化與資訊性質，出版型態不拘，包括圖書、期刊、報紙、微縮資料、地圖、音樂作品、盲人點字書及現代科技產物之電子出版品等皆屬之，只有基於特殊理由，如道德或政治因素而未公開發行者，不列入國際交換。[11]

　　針對出版品國際交換的意義與特點（參閱第二章第二節），歸納交換出版品的範圍，可分為不同類型，說明如下 [12]：

一、學術機構出版品

　　何謂「學術機構出版品」？狹義來說，指學術機構直接發行的出版品；廣義來說，凡附屬於學術機構的其他機構的出版品亦屬之。這類出版品的主要交換對象是學術機構本身，或是彼此的圖書館，有時也可委託鄰近的研究圖書館負責。因此就廣義來說，國家或國立圖書館、大學或市立圖書館以及學術機構本身的圖書館，均可從事這類出版品的交換。

二、專業學會出版品

　　專業學會通常沒有自己的圖書館，一般而言，出版品只寄給會員。由於學會的經費主要來自會費收入，以及其他單位的貢獻，人力亦非

常有限，因此這類出版品的交換，建議用「交互訂購」（subscription-for-subscription）方式，可委託國家或國立圖書館、大學或市立圖書館代行。「交互訂購」的方式，不僅便於取得出版品，對學會亦是一種支持。專業學會出版品的交換應注意發揮「互惠」、「慷慨」的精神，不一定要講求精確平衡。

三、大學出版品

狹義的大學出版品，指由大學或個別學院直接發行的出版品；廣義的大學出版品，包括附屬於大學的各科學機構所發行者，如圖書、期刊、研究報告等。大學出版品的主幹是「學位論文」，運用於交換的方式通常有三種：第一、拍攝微卷／微片，第二、將摘要印行於年報上，提供有興趣者交換，第三、將論文刊登於專刊或期刊上。

此類出版品的的交換對象主要是大學圖書館，通常圖書館設有交換部門，負責全校的出版品交換工作。然而各學院若有自己的圖書館時，也可經由學院圖書館直接進行交換。此外，有時可於圖書市場上購得這類出版品，此時國立(家)圖書館則可採購，以便與其他圖書館交換。國立(家)圖書館通常和大學圖書館不同，設有特定部門處理交換事宜。由於大學出版品的交換與專業學會出版品性質類似，故亦建議採用「交互訂購」，或等量交換的方式，但嚴格要求完全平衡。

四、研究機構圖書館或合作組織的出版品

此種性質出版品與學術機構出版品、專業學會出版品類似，通常無法於圖書市場購得，唯有透過交換。一般由機構本身的圖書館進行交換，或是委託地區圖書館辦理。

五、政府機構出版品

從文獻資料的角度來看，政府出版品相當重要，對社會科學和行

政管理領域的研究尤然。可先從四方面瞭解其資料價值：[13]

1.**政治價值**：發行政府出版品的主要目的，原本是為法令的宣傳與解釋，主要有議會文件、政府公報、法律或行政命令等，這些資料的流通有利於庶政的推行與改革。

2.**學術價值**：舉凡書目、索引、提要、指南，以及各種形式的科學技術資料處理和報導等，均賦有加速現代科學與技術研究的效應；各種報告、統計、年報、通訊、手冊、白皮書等，也蘊涵了資訊傳播的功能。

3.**社會價值**：各國政府、國際組織所進行的區域研究和報導，對促進各地區經濟開發和文化交流，有強烈的刺激作用，同時更是最具權威的資料。其中關於社會、人文的研究，可幫助人類彼此間的相互瞭解。

4.**史料價值**：政府出版品由最具資格的權威機構編著、出版和發行，其內容多屬原始資料，在史料編纂上，是最可信賴的資料。大部份國家不論是否集中出版，均會設置集中處理政府出版品交換的辦理機構。

布魯塞爾公約和聯教組織交換公約之官方出版品與公牘國際交換公約，均是特別為政府出版品交換而訂定，綜合二者對其定義與交換目的來看，舉凡中央、聯邦、地方政府及其附屬機構的出版品均屬交換範圍，公共法律組織、機構、基金會等的出版品亦可納入。政府出版品最好能單獨印製交換目錄，否則應於一般交換目錄上註明官書。由於這類出版品交換不易取得平衡，尤其是大國的出版品較多，因此小國可利用其他出版品加強補充，以利交換平衡。

六、國際組織出版品

通常國際組織出版品的分佈方法有三種，一則藉圖書市場販售，

通常各會員國內會有一獨家代理商，或者由國際組織主動寄給繳交會費的會員及寄存圖書館，除此之外，只能藉由國際交換了。

國際組織分爲官方組織（IGOs）和非官方組織（NGOs）。爲促進國際和平，增加合作與經驗的交流，二次世界大戰之後，國際組織增加。官方組織的代表爲聯合國（the United Nations），有諸多重要的出版品。這類出版品的交換對象和前述不同，通常爲國際組織或國家圖書館。官方組織的交換須簽訂正式協議，一旦簽訂，方式與其他組織無異；非官方組織的交換方式與一般組織相同。

七、複本和餘本

對交換而言，其實「複本」和「餘本」的意義相同，但若一定要加以區分，複本（duplicate）是指第二本以上相同的書，因重覆採購或由其他機構主動贈送的書；餘本（surplusage）是即將淘汰的書，常因館藏空間有限所致。此類出版品的交換，有助於圖書館的補缺或汰換破損書刊，尤其是開發中國家新成立的圖書館，補充館藏特別有用。

然而複本和餘本交換存在的時機，通常是交換雙方有「相互利益」。依據美國西北大學（Northwestern University）的一項調查研究結果顯示，圖書館複本交換的成本與投入的人力，遠超過其所能獲得的利益；不論是準備複本的交換書單，或是接受者審閱書單、挑選複本，都是相當高的成本。因此研究者發現這樣的法則：「*當人力資源豐富，但採訪經費缺乏時，交換即隨之而起；反之，當人力資源不足，而採買經費相對豐富時，交換即受限。*」[14]

第三節　交換組織與運作原則

一、通論

　　談及交換組織，全世界並無統一的標準模式。國際圖書館協會聯盟（IFLA：International Federation of Library Associations and Institutions，以下稱 IFLA）的出版品交換委員會（Committee on the Exchange of Publications）曾力倡標準模式，但遭各國排拒，因各國有不同的習慣和程序。原則上，交換應著重在不易購買的書籍，如學術機構和政府機構出版品，因此雖然交換可視爲書籍採訪的一種管道，但二者的實際作業程序並不相同，因此最好有單獨的部門或機構處理交換事宜，才能和採購有所區別，同時兼顧自己和交換對象的利益。[15]

　　無論交換組織採取何種模式，實際的運作內容均涵括三大工作項目：書信聯繫、出版品的處理，以及包裝寄發[16]。分別簡要說明如下：

（一）書信聯繫

　　一般圖書館、大學、學術機構之間的交換，以「信函」爲最快速而有效的協議方式[17]。首先尋求建交的信函內容，應包含三項資訊：主動尋求建交的圖書館希望收到的出版品，能提供交換的出版品，建議平衡交換的方式。而回覆交換的信函，除了附上從對方書單中所挑選的結果，也應附上自己的交換書單。如果雙方對以上三方面達成共識，則雙方同意函足以視爲交換協議。[18]

　　由於交換運作有固定的程序，諸多聯繫事項亦是固定的，因此可先製作特定內容與格式的通函，以免每次起稿的麻煩。其次，由於圖書和期刊的性質不同，最好將聯繫工作分開，較爲便利。綜合歸納交換書信內容，概分爲四類如下：

1.**交換書單**：建交函中說明可提供交換的出版品，若屬期刊，一經雙方同意則應定期寄發。關於交換書單，最好能定期製作，按字母排序，或以主題分類均可，而圖書和期刊應該分開列單，如果書籍數量夠多，最好依類別分製書單。[19] 依據 IFLA 於 1975 年提出的交換書單格式，應有書單號，並應清楚列明於每頁書單上。書單上每本書要有個別序號，若是圖書按類別分列，則每類書應分別列序號。此外還須註明圖書分配方式 [20] 與回覆截止日期，最後附建議欄給對方提供意見。[21]

2.**索取新書**：有時交換對象需要的書未列於交換書單上，必須特別提出，此時則可利用「索書單」聯繫。IFLA 建議標準的索書單，乃一式三聯或三份（可用複寫），一由索書者存，二由收信者存，三由收信者回覆時使用。索書單也要註明索取日期，如果第一次索書單未得到回覆，則後續發出的索書單，除註明第一次索取的日期外，應逐次註明發信日期。[22]

3.**期刊催缺與補缺**：期刊催補是期刊交換常發生的情況。所謂「催缺」是指應該收到的期刊卻未收到，故通知交換單位，要求補寄。這種情況通常是由於郵寄過程的延遲，甚至遺失。另「補缺」是因原期刊破損或遺失，希望能汰換或補全。基於催補期刊頻繁，所以可用製式表格單聯繫以簡化工作。

4.**期刊各種事宜通知**：期刊是連續出版品，應定期寄發，除了前項催補問題外，還有停刊、更改刊名或期刊合併等相關事宜，均應主動通知交換單位，以使對方能正確記錄，避免產生催補事宜等後續工作的困擾。凡此種種聯繫，也可用製式通函簡化工作。

(二) 出版品的處理

1.**一般原則**：出版品的處理是一項繁重的工作，類似圖書館對於

書刊的點收、登錄、編目到閱覽、流通之程序。既是名為交換，必然有送出去和換回來的出版品需要處理，因此不論是收集國內出版品寄到國外，或是收到國外寄來的出版品，均需清楚記錄來源、書刊名、數量及去向。以往這些資料會登錄於卡片上，現在則多由電腦代勞。

　　若將出版品處理的流程予以系統化分析，則可清處楚瞭解其脈絡。首先必須詳細記錄交換對象基本資料，包括正確的機構名稱、地址、聯絡人等，如此才能列印郵寄地址名條，以及便於日常書信聯繫。再以交換單位為主軸，依出版品流向將處理程序分為兩方面：一是收集國內出版品寄給交換單位，二是收到交換所得出版品的處理，二者均依圖書、期刊分開記錄。

　　2.交換期刊處理：通常期刊交換是在一開始確定交換關係時就先商議好，因此可先將期刊刊名記錄下來。若是同意寄給國外交換的期刊，要註明寄給那些機構，等包裝寄發時才知該寄往何處；若是國外機構提供的交換期刊，也應註明來源，日後按收到的卷期號登錄即可，如果發覺有期刊脫漏情況，則可依來源機構去函補缺。

　　3.交換圖書處理：一般圖書交換的作法，多數經由交換書單。即由交換機構準備好可供交換的圖書，每隔一段時日製作成交換書單，先寄給交換對象挑選，再依各機構回覆結果，進行出版品的分配。至於書單內容，有賴平日圖書的收集，並清楚記錄書名、作者、出版社、出版年月等基本書目資料，以及可供交換的數量。

　　出版品的分配不是件容易的事，因為一份書單寄給所有的交換對象，每個交換機構所挑選的結果不同，但出版品的數量有限，不可能滿足每個機構的所有需求，故常有同一種出版品不夠分配給所有挑選機構的情形。因此，交換書單上必須先說明「分配原則」，等書單回覆截止，再依已設定好的分配原則加以處理。常被採用的圖書分配原則有下列三項：

(1)考慮雙方交換的平衡；

(2)依回覆的先後順序分配；

(3)依交換機構的館藏特色分配。

實際分配原則依各單位有所不同。

除了提供交換書單外，有時各機構也會主動寄贈書籍，此時多是考慮對方的館藏特色與交換的平衡關係。

至於收到交換所得圖書的處理較單純，只要清楚登記來源、書名、卷期和數量即可，登錄完畢後，移送圖書館接續典藏程序即可。

4.寄發謝函：通常完成出版品的點收登錄之後，均會寄發謝函，一方面告知對方已經收到出版品，另一方面禮貌性表達感謝之意，確定雙方確實履行交換協議。謝函的寄發亦可製作成通函，或是將對方寄書通知影印，直接於影印通知上註記謝意，有時對方的寄書通知採一式多份，類似 IFLA 建議的標準索書單，只要將「回覆聯」勾選逐覆即可，相當方便。

5.庫存管理：鑑於上述出版品的處理，每間隔一段時日才有移送寄發的動作，因此暫存空間是必要的，再加上圖書雖常不夠分配，但也會有某些圖書分配不完的情形，所以「庫存管理」非常重要。另外還有交換書單回覆太遲，已超過處理期限，此時僅能就庫存所餘分配寄發了。

庫存書籍可以用複本和餘本 [23] 的方式再處理一次，對新的交換單位、新成立的圖書館或經費不足的圖書館而言，這是很好的館藏來源。

(三) 包裝寄發

包裝寄發工作因組織模式不同，而有不同的處理方式。有些圖書館因為交換規模不大，而且是寄發圖書館本身的出版品，所以會委託印刷廠直接寄發，或者有些圖書館會委由出版商或書店代理。然而大

部份情形是由圖書館自己處理，雇用員工負責包裝寄發事宜。寄發同一交換單位的出版品最好能集中包裹，但應定期處理且勿間隔太久，尤其是期刊，最多勿超過四星期。[24]

綜合前述實際運作的主要工作，可歸納重點原則如下：[25]

1.記錄交換對象基本資料：

不僅是所有工作的基礎，同時應印製交換機構名錄，除便於日常工作查詢外，亦提供國內各機構利用。

2.製作通函格式，簡化聯絡工作：

IFLA 致力於推動各種聯繫的標準格式，但各機構亦可自行設計適用於組織運作的通函。

3.通信紀錄歸檔管理：

交換運作中，常需查考以往的通信紀錄，方能接續辦理，故應將通信紀錄依國家、城市或交換機構等分類歸檔，便於管理使用。

4.交換期刊「收」、「發」必須登錄清楚：

期刊乃連續性質，一開始基本資料就必須清楚記錄，日後收發卷期亦然，如此才能應付催補缺或其他各項與期刊有關事宜的聯繫。

5.收發紀錄應歸檔管理：

不論圖書或期刊的「收」與「寄」，除登錄清楚，應將紀錄按交換機構等分類歸檔，便於查考。

6.預備庫存空間：

不論是平日書刊處理的暫存空間，或是出版品處理完畢後的庫存管理，均需相當空間與書架等硬體設備，方能完善管理。

7.製作統計報告：

交換資訊的統計分析有助於瞭解交換實況，作為研擬改進之道的參考，因此可設計各類交換統計報告。最普通的統計是交換平衡的統計。IFLA 雖曾建議標準格式，但今日看來，並不適用，建議各交換

機構依所需自行設計，並將圖書和期刊分開統計。

二、交換出版品的集中轉運

本章第一節談論交換中心功能時，提及一項功能是「可擔任國內外出版品的轉運中心」。這種「轉運中心」的概念由布魯塞爾公約開始，規定「**締約國應各在其國內設立一交換局，以便行使職務**」[26]，當時的交換局就是「交換中心」，但僅能代為「收受」與「轉運」出版品，不能有主動行為。[27] 然而後來從實務上發覺，由交換中心集中轉運的經濟效益不如各交換機構之間直接郵遞，因此以下擬就交換出版品集中轉運的經濟效益分析說明。

經由交換中心集中轉運國內的出版品，確有其優點：第一、有些國家規定，只有交換中心享有關稅和郵寄的優惠，個別圖書館是無法享有的；第二、集中轉運以集中方式包裹郵件，比各機構的個別包裝牢固安全。第三、對國內從事交換的圖書館好處最大，不僅可以節省勞力和運送成本，而且可以省去研究關稅和進出口規則等通關手續的麻煩。然而在整體效益上，集中轉運的總成本較高，處理所需時間較常，對於必須講求時效的資料，如科學文獻與期刊，容易造成延遲，甚至變成過時資訊，此乃最為人詬病的缺點。[28] 直到 1970 年，IFLA 在莫斯科召開大會，由出版品國際交換委員會主席 Dr. István Gombocz 首次提出對集中轉運效益的質疑。後來東德的交換中心對此問題進行研究調查，由 Peter Genzel 帶領四位圖書館學大學畢業生，利用五個星期完成。該研究成果發表於 1972 年 IFLA 召開的出版品國際交換會議，認為集中轉運的經濟效益低，建議各機構採取直接郵遞方式。以下說明該項研究調查作為佐證。[29]

(一) 研究方式

以東德的國家交換中心為主要研究對象。該中心附屬於德意志圖

書館 （the German State Library），協助國內 68 所圖書館集中轉運交換
出版品。研究內容是爲了比較「集中轉運」和「直接郵遞」的成本差
異，因此必須先瞭解這兩種處理方式的路徑，始能得知其所涵蓋的成
本範圍。

　　「**集中轉運**」的主要路徑：國內交換機構（處理並送交出版品）→
交換中心（處理並集中轉運）→ 國外收受機構；

　　「**直接郵遞**」的主要路徑：國內交換機構（處理並直接郵遞出版品）
→ 國外收受機構。

　　由國際交換實務得知，並非每個國家都有國家交換中心，統籌出
版品的集中運送，而是由各交換機構直接處理 [30]，因此「國外收受機
構」有兩種：國家交換中心或是個別交換機構。如果是前者，接下來
的路徑，是將出版品再轉寄給個別交換機構。

　　綜言之，集中轉運所涵蓋的成本分三類：(1)由國內交換機構處理，
再送交出版品給交換中心所承擔的成本，以"A"表示。(2)由交換中心
處理，再集中轉運出版品到國外收受機構的成本，以"B"表示。(3)國
外收受機構若爲國家交換中心，則還有將出版品轉寄至個別交換機構
的成本，以"C"表示。其中第二項成本"B"，又可依收受機構細分爲二：
若是收受機構爲國家交換中心，則該項成本以"Ia"表示；若是由個別
交換機構直接收受，則該項成本以"Ib"表示。爲了與「直接郵遞」比
較，將上述成本概念類比，則國內交換機構直接寄給國外國家交換中
心的成本以"IIa"表示，直接寄給國外交換機構的成本以"IIb"表示。以
簡圖表示如下：

1.集中轉運圖示

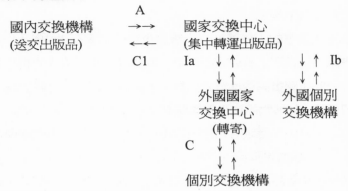

2.直接郵遞圖示

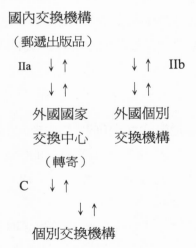

以上的成本內容包括工作人員薪資、包裝材料成本、運送及郵遞出版品的費用。其中國家交換中心集中轉運出版品到國外所需人力，以總工時的 70%計算；收到國外出版品轉寄國內機構的人力，以總工時的 30%計。因此，薪資成本計算方式如下：以〔該工作項目所需人

力佔總工時的比率 x 總薪資〕，至於總薪資金額的估算與實際金額的誤差是正負 10%。

　　該研究調查的「母體」原本應爲東德的國家交換中心和國內 68 所圖書館，但實際上總成本的估算，並非統計所有機構的相關數據，而是將 68 所圖書館依性質分三類：大學圖書館、中央研究圖書館、其他圖書館（如博物館或學術機構等），自各類圖書館中取樣 5 所交換出版品數量多且穩定者爲代表，再以〔5 所代表圖書館處理的出版品數量 ÷ 該類圖書館處理的出版品數量〕得一百分比，以〔五所代表圖書館所花費的成本 ÷ 上述百分比〕，得知該類圖書館的總成本，最後將三類圖書館成本相加，即得全部 68 所圖書館的總成本。由於當時並未真正進行「直接郵遞」，因此直接郵遞的成本必須以「虛擬實況」方式計算，易言之，依據東德國家交換中心對本研究範圍的出版品處理紀錄，假設以印刷品郵件寄達目的地，按其重量計算所需的郵資。

(二) 研究內容

　　以上述成本估算方法，出發地與目的地相同，需處理的出版品數量相等，比較四段路徑的「集中轉運」和「直接郵遞」的成本。相關數據依照 1968、1969、1970 年的出版品處理紀錄，再以 1971 年東德的郵資費率「虛擬實況」計算直接郵遞成本。必須說明的是，「集中轉運」和「直接郵遞」的主要運送方式不同；前者將個別郵件收集整理，以水運運送，後者將個別郵件直接郵寄目的地。因此僅管 1971 年郵遞印刷品費用降價，而水運費不變，但統計的出版品基礎相同，比較值結果不受影響。

　　依上述記錄，從東德國家交換中心寄發的郵件量有 70,151 件，其中 35,639 件送到外國國家交換中心，34,512 件運送給個別交換機

構，郵件數大約各二分之一。爲使簡明易懂，以下將各段路徑成本以代號列式比較。

1. **首先比較兩種方式的總成本：**

$$I：II ＝ （A+B+C）：II$$
$$＝ [A+(Ia+C)+Ib]：[(IIa+C)+IIb]$$
$$＝ 100：84.8$$

【說明】集中轉運總成本：直接郵遞總成本 ＝ 100：84.8，即集中轉運總成本約爲直接郵遞總成本的 1.18 倍。

2. **比較由國內交換機構處理，並送達外國國家交換中心的成本：**

$$（A+Ia）：IIa = 100：94.3$$

【說明】若只計算總郵件量的一半，由國內交換機構送達出版品至國家交換中心，則集中轉運成本約爲直接郵遞成本的 1.06 倍。

3. **將第二項成本，加上自外國國家交換中心轉寄給個別交換機構的成本：**

$$[(A+Ia)+C]：[IIa+C] = 100：75.1$$

【說明】若將本項比值與第二項相較，很明顯得知，自國家交換中心轉寄給國內交換機構的成本頗高，因爲加上該成本後，集中轉運成本約爲直接郵遞成本的 1.33 倍，比原來未加上轉寄成本時的比值 1.06 倍高。

4. **與前三項路徑相同但做「逆向統計」：**

路徑方向是自國外寄給東德國家交換中心，統計比較集中轉運和直接郵遞的成本。

$$[(Ia+C1)+Ib]：(IIa+IIb) = 100：76.8$$

【說明】若以外國寄給東德國家交換中心的出版品紀錄統計，1968 年到 1970 年共收到來自 11 個國家、241 個書箱，共 19,914

　　　　　件郵包。以此估算集中轉運和直接郵遞的成本，後者所需僅
　　　　　約爲前者的四分之三。

(三) 結論──由國家交換中心集中轉運不符合經濟效益

　　綜合以上統計比值得知，不論計算哪一段路徑的成本，集中轉運
所需均較直接郵遞多，不符合經濟效益。

　　除了以上的比值之外，該研究更進一步做兩項「假設統計」。第
一項是假設所有進行交換的國家，都依據 1957 年萬國郵政聯盟
（UPU：Universal Post Union）決議[31]，降低印刷品郵遞關稅 50%。因
爲上述統計數據乃依實際處理紀錄計算，當時許多國家並未依萬國郵
政聯盟的決議降低關稅。如果以上述紀錄爲基礎，所有國家均降低關
稅 50%，則第三項比值變爲 100：69.7，即直接郵遞的成本更低。此
乃因爲對集中轉運成本影響較大的是鐵路和船運費用，如果這兩項費
用不降低，集中轉運成本很難降低，再加上郵遞關稅下降，則二者成
本差距更大。第二項假設統計是更改運送周期。原本每四星期集中轉
運一次，如果改爲每二星期一次，結果 [二星期集中轉運一次的成本：
四星期集中轉運一次的成本] ＝ 100：88.5，**顯示周期越短，成本越高**。

　　由研究結果發現，由國家交換中心「集中轉運」確實不如各機構
「直接郵遞」經濟，以往支持國家交換中心存在集中轉運功能，實有
其歷史背景，但隨時代變遷與國際情勢的轉變，集中轉運是否仍屬必
要，實有待商榷。

【注釋】

1. 參見出版品國際交換公約第三條「交換服務」與官方出版品與公牘國際
　　交換公約第四條「國家交換當局」；詳閱第四章〈第三節 聯合國教科文
　　組織交換公約〉之公約內容解析。

2. Frans Vanwijngaerden, ed., *Handbook on the International Exchange of Publications*, 4th edition (Paris: UNESCO, 1978), p.93-94。

3. 參閱〈附錄二 出版品國際交換公約〉條文和第四章〈第四節 全球國際交換公約之比較〉的「二、聯教組織交換公約與布魯塞爾公約與之比較」的第 4 點,頁 97。

4. 同注 2,頁 95-106。

5. 參閱第二章〈第二節 出版品國際交換的意義〉之「二、出版品國際交換的特點」,頁 39-41。

6. 參閱第二章〈第三節 出版品國際交換原則與議定方式〉之「二、出版品國際交換議定方式」,頁 43-44。

7. 同注 5。

8. 同注 2,頁 94。

9. 參閱第二章〈第一節 出版品國際交換的歷史概況〉,頁 29-32。

10. 同注 2;彼得‧金澤爾:〈聯合國教科文組織關於現有出版物國際交換協約的實際效果的研究報告〉,收入《第 47 屆國際圖書館協會聯合會論文譯文集》(北京:中國科學院圖書館,1982)。

11. 同注 2,頁 13。

12. 同注 2,頁 21-33。

13. 張東哲,〈研究官書處理問題首先應有的基本認識〉,收入《政府出版品管理及利用文獻選輯》(台北:國立中央圖書館,民國 79 年 5 月);原刊載於《教育資料科學月刊》1 卷 1 期 (民國 59 年 3 月)。

14. Dorothy A. Day, *The Exchange of Publications - China and the United States*, A Dissertation submitted to the Faculty of the Graduate Library School in Candidacy for the Degree of Master of Arts (Chicago, Illinois:December, 1969), p.6-7。

15. 同注 2,頁 38。

16.同注 2，頁 15。

17.同注 2，頁 20。

18.同注 2，頁 39-40。

19.同前注。

20.因為交換圖書數量與交換單位挑選所需總量不一定相同，常有不夠分配的情形，因此須先說明圖書分配的優先順序，例如按書單挑選回覆的先後順序。

21.A. Allardyce, "A Recommended Format for International Exchange Lists of Publications," in *Studies in the International Exchange of Publications*, Peter Genzel, ed., (München; New York etc.: IFLA, 1981), p.73-74.

22.同注 2，頁 40-42。

23.複本（duplicate）是指第二本以上相同的書，因重覆採購或由其他機構主動贈送的書；餘本（surplusage）是即將淘汰的書，常因館藏空間有限所致。見〈第二節　交換出版品的類型〉，頁 53。

24.同注 2，頁 42-44。

25.同注 2，頁 44-46。

26.見中國第二歷史檔案館編：《中華民國史檔案資料匯編》　第三輯　文化（南京：江蘇古籍出版社，1991 年 6 月），布魯塞爾公約條文第 1 條，頁 464。

27.布魯塞爾公約條文第七條：「各交換局以官方資格為締約國對於學界及文藝與科學社團等之媒介，從事接收轉送各國出版品。惟似此辦理須知各交換局之職務僅限於將各種互換出版品自由轉送。但關於此項轉送不能有何主動行為。」(同上注)

28.同注 2，頁 96；Peter Genzel, "The Efficiency of Collective Consignments," in *The International Exchange of Publications - Proceedings of the European Conference held in Vienna from 24-29 April 1972*, Maria J. Schiltman ed.,

(München: IFLA, 1973), p.72 -73。

29.依據 Peter Genzel 文（同上注）之內容，整理重點並改寫。

30.參閱本章〈第一節 交換中心的功能〉之「二、直接辦理交換」，頁 52。

31.1874 年 10 月 9 日在瑞士伯恩舉行的第一次國際郵政會議，決定成立 UPU，
嗣後改稱爲萬國郵政聯盟。1947 年成爲聯合國專門機構。成立主旨：促
進各國於彼此郵政區域內得享受郵件的往還交通。主要工作在促進國際
郵務及郵資管理的改善。協助各國政府革新及加速郵件處理程序。總部
設在瑞士伯恩。會員國 169 國。（見中央通訊社編：《中央社世界年鑑
一九九四》*World Almanac 1994* [台北：中央通訊社，1994 年]，頁 621。）

第四章 出版品國際交換相關公約

第一節 國際交換公約概述

一、全球國際交換公約

出版品國際交換源起於圖書館、大學和學術機構之間，原本只是一種「非官方協議」的「直接交換默契」，也是最有效的方式[1]，但出版品國際交換實務非常繁瑣[2]，再加上各國有不同的法律規定，如關稅、行政限制等問題，必須個別磋商解決，徒增工作的困難與煩擾。隨著國際交換日益蓬勃，各國意識到應制定全球出版品交換規則，使交換方式、內容與數量、交換機構的權利義務等有共通的標準，希望能使已存的交換關係運作更順暢，也讓將來預備開發出版品交換的國家有標準可循。因此 1880 年代興起訂定國際公約的想法，由美國國會圖書館發起，於 1886 年制定完成第一個出版品國際交換公約——布魯塞爾公約（The Brussels Conventions）。[3]

布魯塞爾公約包括兩項公約：「國際交換公牘、科學、文藝出版品公約」（Convention A for the International Exchange of Official Documents, Scientific and Literary Publications）和「國際快捷交換官報與議院紀錄及文牘公約」(Convention B for the Immediate Exchange of Official Journals, Public Parliamentary Annals and Documents)。[4] 然而第一次訂定國際交換公約，畢竟過於理想化，認為各國的交換活動必須「基於合約的責任」，規定過於嚴格，忽略了各國參與的自由意願，因此推行效果不彰。第二次世界大戰之後，國際關係改變甚大，布魯塞爾公約有不符適用之

困難，國際間遂有另訂新公約的意願，故由聯合國教科文組織發起，經多年的討論和籌備，終於在 1958 年，由聯合國教科文組織（UNESCO：United Nations Educational, Scientific and Cultural Organization，簡稱「聯教組織」）第十屆大會通過兩項公約：「出版品國際交換公約」（Convention 1: Convention Concerning the International Exchange of Publications）和「官方出版品與公牘國際交換公約」（Convention 2: Convention Concerning the Exchange of Official Publications and Government Documents Between States），希望能適用於戰後新時代。聯教組織通過的兩項公約為現代出版品國際交換奠定基礎，是唯一得到全球公認的國際協議[5]。它被視為圖書館間交換合作的一個共同法則，以及共同享有的特許證，是迄今為止最後制定的多邊國際交換公約。[6]（按：為行文方便，合稱該兩項公約為「聯教組織交換公約」。）

二、區域國際交換公約和一般文化協定

至目前為止，除了上述全球國際交換公約之外，還有一些多邊協定，但僅屬於區域國際交換公約或一般文化協定[7]，著名者概述如下[8]：

(一) 區域國際交換公約

區域國際交換公約有 1902 年墨西哥美洲國家公約（the Inter-American Convention of Mexico City）和 1936 年布宜諾斯艾利斯美洲國家公約（the Inter-American Convention of Buenos Aires），二者均可視為布魯塞爾公約的繼續和補編，不過純屬區域性質，簽署國家為泛美聯盟成員國。其宗旨是以地理、語言和政治態度接近為基礎，促進簽署國之間的相互瞭解，使他們在文化上聯合起來。原則上兩公約依據布魯塞爾公約，再酌予增刪條款而成。[9]

1.墨西哥美洲國家公約

該公約所定義的官方出版品範圍，比布魯塞爾公約精確而周延，

包括統計文獻、地理資料和其他出版品，但與布魯塞爾公約所不同之處，是未對一般出版品的交換加以規定。主要的缺點有二：

    (1)條款規定多為抽象理論，多數國家不易執行；

    (2)以各簽約國的公使館或領事館為執行交換的機構，並未建立國家交換中心。[10]

2.布宜諾斯艾利斯美洲國家公約

    該公約對官方出版品的定義，不如布魯塞爾公約明確，且範圍較窄，但相對於墨西哥美洲國家公約，它包括非官方的科學文獻，甚至包括照相版本。此外亦談到由國家圖書館或官方圖書館設立專門部門，與其他締約國聯繫，並鼓勵協議直接交換。

    布宜諾斯艾利斯公約的效果未如眾所期待，除了有墨西哥公約的缺點外，還存在一些問題：

    (1)既未有任何國家立法實現公約，亦未有國家機構負責交換活動的協調；

    (2)缺乏可供交換使用的目錄；

    (3)缺乏足夠訓練有素的工作人員；

    (4)經濟來源不足；

    (5)郵資和海關設備不充分。[11]

(二) 文化協定

    一般文化協定大多是雙邊協定，或是特定團體間的協議，但並非專門為出版品國際交換訂立，而是關於一般文化交流事務的協議，其中包括說明出版品交換的條款，著名的有 1945 年阿拉伯聯盟公約（The Arab League Convention）和 1953 年的馬德里公約（The Madrid Convention），屬於多邊文化協定。前者由阿拉伯國家共同協定，後者屬於西班牙語系國家的協定。[12]

三、國際交換公約的意義

在出版品國際交換實務中，圖書館或研究機構彼此間的雙邊協議是最直接有效的方式，而政府雙邊協定又較國際多邊公約實際，然國際交換公約具有四項非常重要的意義[13]，不容忽視：

第一、制定了國際交換準則；

第二、在交換領域中，促使政府間擴大合作的意願；

第三、雙邊協議多依據國際交換公約而來，採其中最重要的條款；

第四、對加強教育、科學、文化領域的國際合作，貢獻良多。

由於國際交換公約的意義非凡，以下各節擬探究布魯塞爾公約與聯教組織交換公約的內容，並進行比較研究。

第二節 布魯塞爾公約

一、公約的制定與內容

布魯塞爾公約的制定背景已如前述，乃希望藉由全球出版品交換規則的訂定，解決各國共同面臨的問題，讓既有的交換成為正式的國際關係，並能拓展至尚未發展國際交換的國家。於是由美國國會圖書館發起，在布魯塞爾公約正式成立前，共召開了三次國際籌備會議。第一次是 1877 年的會前會議，商討初步構想；第二次的預備會議，於 1880 年 8 月 21 日至 26 日召開，由各國代表擬定草約，並將草約送交各國政府確認；最後於 1883 年 4 月 10 日至 14 日召開第三次會議，完成草約修正。[14]

1886 年 3 月 15 日制定完成布魯塞爾公約（The Brussels Conventions），包括兩項公約：「國際交換公牘、科學、文藝出版品公約」（Convention A for the International Exchange of Official Documents,

Scientific and Literary Publications，以下稱「第一公約」）和「國際快捷交換官報與議院紀錄及文牘公約」（Convention B for the Immediate Exchange of Official Journals, Public Parliamentary Annals and Documents，以下稱「第二公約」）。[15]內容分別說明如下：

第一公約條文共計十條，由內容可知，其對官方出版品採廣義定義（第二條），範圍包括「為立法或行政而由各國自行印行的公牘，以及由各國政府命令發行或由政府出資印製之著作。」負責交換任務的組織是「交換局」(第一條)，除了代表政府直接辦理出版品的交換運送之外（第五條），也可作為締約國內學術機構和科學文教組織的「國際交換轉運中心」，然權限僅止於將原互換的出版品「轉運」，不能有任何主動行為（第七條）。除此之外，交換局的工作還包括編印交換目錄、洽定交換出版品的份數、出版品的包裝與運送。後來各國訂定雙邊協定時多以此公約為基礎，如設立交換中心、印製交換目錄、由寄發者負擔運費，以及為學術機構轉運出版品等。[16]

第二公約條文共三條，第一條可視為第一公約對交換出版品範圍（第二條）的補充，而且規定官報、議院紀錄及文牘必須於出版後立即送交一份給其他締約國國會；此乃第一公約所未規定的。何以該公約特別強調「立即」送交給他國「國會」呢？由國際交換實務可知，出版品多經由一段時日收集，再整批包裝運送[17]，但各國若有新的法律、政策等，多記載於官報、議院紀錄及文牘，就資訊傳播角度來看，應儘速公布，因此第二公約特別規定「官報暨議院紀錄文書等，一出版時迅即各檢一份寄交各締約國國會。」乃基於時效考量。至於第二條與第一公約之第九條同，言明參加該公約必須經由外交途徑，由比利時政府正式通知，始生效力；第三條和第一公約之第十條同，說明公約效期至少十年，若無其中一國政府宣布退出，效力將繼續維持。

二、執行結果

　　布魯塞爾公約的執行結果，可分由參加國家以及公約的特點（優點與缺點）兩方面說明之。

（一）參加的國家

　　布魯塞爾公約自 1886 年正式成立後，實際上參加的國家不多。第一公約共有 21 國加入，其中 8 國為公約起草國：比利時（Belgium）、巴西（Brazil）、義大利（Italy）、葡萄牙（Portugal）、塞爾維亞（Serbia）、西班牙（Spain）、瑞士（Switzerland）和美國（the United States of America），後來陸續加入公約的 13 國有：烏拉圭（Uruguay,1889）、阿根廷（Argentina,1889）、巴拉圭（Paraguay,1889）、捷克（Czechoslovakia,1919）、波蘭（Poland,1920-21）、羅馬尼亞（Romania,1923）、多明尼加（Dominican Republic,1923）、匈牙利（Hungary,1923）、拉脫維亞（Latvia,1924）、但澤（Danzig,1924）、中國（China,1925）、埃及（Egypt,1925）、伊朗（Iran）。批准加入第二公約者更少，只有 16 個：比利時、巴西、中國、捷克、但澤、多明尼加、埃及、匈牙利、拉脫維亞、波蘭、葡萄牙、羅馬尼亞、塞爾維亞、西班牙、 美國、烏拉圭。以上加入第二公約的 16 個國家，同時也參加第一項公約，故知只參加第一公約者乃義大利、瑞士、阿根廷、伊朗和巴拉圭。[18]

（二）公約的特點（優點與缺點）

　　顯而易見的，布魯塞爾公約的執行結果未如預期，但其之所以有名，在於它獨創的思想——藉由簽訂公約，以有序而非放任自由的狀態，將交換活動分散到每一個國家。按照這樣的理想，每個簽約國不必考慮個別意外和不正常的情況，在權利平等基礎上與其他國家進行出版品交換。其主要優點有六：

(1)有助於宣傳和創造一個出版品國際交換的網路；

(2)建立一個直接負責交換工作的機構──交換局，樹立「國家交換中心」概念；

(3)爲以往含混不清的「官方文獻」下定義；

(4)以出版品交換目錄及續編作爲交流的媒介；

(5)規定運輸方法和運費；

(6)官報、議院紀錄與文牘的即時發送。

除此之外，該公約還鼓勵各國學術團體間交換科學與文藝出版品，由交換局爲媒介，轉發寄送交換資料。[19] 因此，布魯塞爾公約可立即見到的效果有三：

第一、讓出版品國際交換成爲有組織的計畫；

第二、提供各國交換局法定權力，執行國際交換；

第三、參照美國司密遜學院的國際交換服務模式，符合經驗理性的標準。[20]

然而布魯塞爾公約執行效果不彰，遭人詬病的主要原因如下：

1.**公約規定過嚴，締約國責任過重**：依據公約內容，各締約國的交換對象是<u>所有</u>其他締約國，而交換內容是<u>全部</u>該國政府出版品，實際是一項沈重的負擔。

2.**未考慮交換出版品的數量差異，各國不易取得平衡**：各國政府發行出版品情況不一，實不宜以同一規定限制，如大國的出版量較豐，即使小國家真能做到交換「全部」官方出版品，雙方亦難達到平衡，更何況諸多國家未能確實履行公約，致使多數國家不滿交換結果。

3.**對官方出版品的定義過廣，且官方出版品收集困難**：公約對官方出版品的定義很廣，但又未明文賦予交換局收集的權力，加上各國未設立官方出版品部門，致使官方出版品收集不易。

4.**交換局功能不足**：公約中規定，交換局作爲國內學術機構與國

外交換的「轉運中心」，且未能有主動行為，嚴重限制交換局功能，
致使無法促進國際交換的發展。

5.**關稅優惠問題未能解決**：公約中未規定締約國有義務促進出版
品交換、加強運送，因此對交換服務使用的郵政和關稅優惠等，未有
相應規定。

6.**未考慮未來發展，對公約予以適時修正**：立約當時，各國政府
的活動相當有限，但隨時代演進，出版活動與國際科技文化合作的蓬
勃發展，大量科學出版品及各種新型的著作形式和通訊載體等，布魯
塞爾公約均未考慮到，而公約中又無條款允許適時修正公約，結果使
公約內容難以配合實際交換情況的變化，顯得不合時宜。[21]

　　以上這些缺失，使得諸多大國未簽署加入，如法國、德國、英國，
因而布魯塞爾公約的全球意義相形失色，即使是加入的國家，也未能
完全履行公約規定。儘管布魯塞爾公約的執行成效並不理想，但它是
首次訂定的國際交換協定，為後來的國際交換發展樹立基礎，一些國
家的雙邊協定或區域交換公約（1902 年的墨西哥美洲國家公約和 1936 年
的布宜諾斯艾利斯美洲國家公約，已如前述。）均依循其模式，布魯塞
爾公約的歷史意義不容忽視。

第三節　聯合國教科文組織交換公約

一、公約的制定緣由與經過

　　由於布魯塞爾公約過度理想化，未為全球普遍接受，加上第二次
世界大戰結束後，國際關係變化甚大，布魯塞爾公約有不適用之情況，
主要有三方面：

　　第一、原公約對官方出版品的定義，不符合戰後的實際情況；

第二、交換局的權能應予擴充，負責更廣義的國際交換；

第三、交換轉運、郵費與關稅等問題，應重新檢討。[22]

1950 年代，各國針對上述理由興起另訂新公約的想法，但對新公約的內容，各國意見不一，綜合來看可分為兩派：一派希望用更明確的文字，加強締約國的責任，並賦予交換中心新工作，如編印書目、記錄交換資料、負責特殊交換等，有捷克、法國、義大利、波蘭、蘇聯等國屬之；另一派主張放寬嚴格的條文約束，最好附加允許各國依意願自由行動的說明。最後於 1954 年 12 月，經第八屆聯教組織大會同意，授權秘書長籌備新公約的制定。

聯教組織首先於 1956 年 2 月舉行一次專家會議，建議新公約的制定由聯教組織發起。該建議案於 1956 年 11 月新德里的第九屆大會通過採納，於是秘書長開始著手草約的擬定。1957 年 7 月，由秘書處準備了會前報告和草約初稿各一份，寄發給各會員國審閱，1958 年初再歸納各國意見，完成最後報告及草約修正。最後於 1958 年 5 月 28 日至 6 月 7 日，在布魯塞爾召開技術與法律專家會議，制定兩項公約草約：出版品國際交換公約（Convention 1: Convention Concerning the International Exchange of Publications）和官方出版品與公牘國際交換公約（Convention 2: Convention Concerning the Exchange of Official Publications and Government Documents Between States）。這兩項公約草約由同年在巴黎召開的第十屆聯教組織大會通過，開放給各會員批准參加。第一項公約於 1961 年 11 月 23 日正式生效；第二項公約於 1961 年 5 月 30 日正式生效。[23]

二、公約的內容

出版品國際交換公約為一般國際交換協定；官方出版品與公牘國際交換公約是為官方出版品國際交換而特別訂定的。聯教組織交換公

約完全整合交換實況，涵括官方出版品和非官方出版品的交換規定，不僅條文內容富有彈性，且將一般科學與藝文出版品和官方出版品的交換分開，由兩項公約分別規範，此乃史無前例的作法，實一大進步也。[24]以下詳加解析公約內容。

(一) 出版品國際交換公約 [25]

共計 21 條，分析公約內容，可歸納如下各項說明：

1.**促進交換**：第一條開宗明義揭示了公約的目標，明確規範締約國政府有責任促進出版品國際交換，不論是政府機關或非官方機構間的交換。但該條款並未明訂交換方式，而是保留權利給各國政府自行決定。顯而易見的，該公約賦予締約國政府執行出版品國際交換的重要責任；易言之，國際交換如何發展端賴締約國政府的態度而定。

2.**交換內容**：第二條說明交換內容，依出版者不同，分為一般科學與藝文出版品及政府出版品兩類，前者類型於該條第一項第一款列舉出來，後者則於官方出版品與公牘國際交換公約的第二條予以定義。值得注意者，一般科學與藝文出版品的範圍甚廣，只要具有學術或文化交流價值，亦可購買出版市場的書籍交換，不過交換所得不得販售，才能符合第一條所稱的「非營利性質」。另外，機密文件及未公開的資料並不在交換範圍之內。

3.**國家交換中心的設立**：國際間首次提出國家交換中心 [26] 構想者乃布魯塞爾公約；該公約第一條明訂「**締約國應各在其國內設立一交換局，以便行使職務**」。出版品國際交換與布魯塞爾公約的規定不同，並不強制設立國家交換中心，其第三條第一項：「**締約國得授權國家交換服務組織或中央交換機關下列功能**」，說明國家交換中心的功能，第二項則附帶說明這些功能也可授權其他機構執行，此乃因為出版品國際交換公約的適用範圍，除政府機關外，還包括非官方的教科文組

織，爲促進實際交換效果，讓各機構有權執行條文所列功能，且直接
進行交換是無庸置疑的。若從第一條條文來看，既然交換方式保留給
各國決定，那麼國家交換中心設立與否、如何設立等，亦應由各國決
定。因此，第三條條文僅對交換中心功能加以說明，並不強制由單一
機構執行這些功能。

　　4.從事交換的主體：綜合第一條和第四條條文可知，政府機關、
非營利性質的專業學會、實驗室、文化機構等，均屬於從事交換的主
體，而各交換主體可直接進行出版品交換，或藉由國家交換中心進行。

　　5.解決關稅問題：公約第五條至第七條，明確規定運輸費用的承
擔、運輸費率優惠以及關稅豁免等問題。

　　6.國際交換協調：締約國的主要責任「促進出版品國際交換」已
如第 1 點所述，爲達此目標，不僅增加從事國際交換的機構，並且擴
大交換中心的功能，不再只是運送資料，還應提供資訊與建議，促進
交換關係的建立，同時鼓勵複本交換，而不只是布魯塞爾公約中的「轉
運中心」，真正達到協調國際交換的功能。

　　此外，締約國每年應製作交換統計年報，提供給聯教組織研究。
本公約允許締約國另訂雙邊協定，作爲本公約的補充（第十二條），但
副本送交給聯教組織。聯教組織獲得上述資訊後，除要製成研究報告
出版外，同時應提供技術協助或解決問題的方案。凡此種種，均希望
藉良好的國際協調，避免重蹈布魯塞爾公約的覆轍。[27]

(二) 官方出版品與公牘國際交換公約 [28]

　　共計 22 條。結構與內容和出版品國際交換公約類似，條文第六
條之前的差異較大。

　　第一條首先說明官方出版品交換的基礎，由締約國「依其意願」
及「互惠原則」自行選擇交換對象。第二條第一項雖對官方出版品與

公牘加以定義，但僅為「引導」性質，實際交換內容由雙方議定（第二條第二項），交換清單和數量亦由雙方議定，且可適時調整（第五條）。由此可知，何謂「互惠原則」，由締約國自行決定，這和布魯塞爾公約截然不同，避免對全部締約國履行「不平衡的全部交換」[29]。第四條「國家交換當局」（National exchange authorities）規定，從事交換的主體一定是官方機構，即只有「國家交換服務組織」或為此目的而指定的「中央交換機關」屬之，可代表締約國執行官方出版品交換；既是代表國家執行交換，故有權取得所需出版品與必要的財力支援。

從第六條開始，各條條文與出版品國際交換公約的第四條至第二十一條大致相同，唯一差異在於兩公約對「雙邊協定」所列條文號不同：出版品國際交換公約列為第十二條，於官方出版品與公牘國際交換公約列為第三條。除此之外，其他項目均相同，不再贅述分析。

三、聯教組織交換公約的效果

聯教組織擬訂的兩項交換公約草約，於 1958 年第十屆大會通過，之後送交由各國批准加入；官方出版品與公牘國際交換公約於 1961 年 5 月 30 日正式生效，出版品國際交換公約於 1961 年 11 月 23 日正式生效。加入出版品國際交換公約的國家有 39 個（見附錄 4），加入官方出版品與公牘國際交換公約的國家也有 39 個，但與前項公約相較，少巴西、馬拉威，多了中非共和國和斯里蘭卡，其餘皆同。

聯教組織交換公約採行近十年後，國際圖書館協會聯盟（IFLA：International Federation of Library Associations and Institutions）的出版品交換委員會（Committee on the Exchange of Publications）與官方出版品委員會（Committee for Official Publications）進行一項問卷調查，希望能瞭解公約的效果，於是在 1971 年 10 月中旬發出問卷。該項調查的寄發對象是 70 個國家的交換中心與中央圖書館，包括批准參加國家中的 34

國和未批准參加者 36 國。結果批准參加公約的國家回覆率是 40%，未批准參加國家的回覆率是 33%。

隔年（1972） 4 月 24 日至 29 日，IFLA 在維也納奧地利大學召開出版品國際交換會議，除了由各國交換專家提出論文研討外，同時討論前項問卷調查。結果發現，未參加公約的國家分爲三類：第一種是滿足現況者，如奧地利、瑞典；第二種是仍舊遲疑者，如比利時、荷蘭；第三種是根本未回覆者，包括許多開發中國家。[30] 若以參加國家的地區分析，發現全球各洲對公約的支持程度差異很大，參加國以歐洲國家爲主（但瑞士、南斯拉夫和葡萄牙雖參加布魯塞爾公約，卻未加入聯教組織交換公約），其他各洲的支持國家並不多，最令人沮喪的是甚少開發中國家參加。[31]

該結果揭示了兩項重點：對國際交換進步而發達的國家而言，放棄批准的唯一理由是，即使沒有任何公約，一切仍舊順暢進行；開發中國家則正好相反，他們既不完全清楚公約的存在和內容，更遑論瞭解加入公約的好處。[32] 綜合歸納各國未加入聯教組織公約的原因，大致有五點 [33]：

1.**宣傳不夠**：藉由聯教組織、IFLA、國家圖書館協會和圖書館通訊刊登公約消息的機會不足，使諸多國家不了解公約內容，尤其是新興國家。

2.**許多國家缺乏國際觀**：許多國家由於經濟不發達，對科學研究與文化活動並不熱衷，認爲取得外國資料並不重要，因此對加入國際交換公約自然缺乏興趣。

3.**低估加入公約的益處** [34]，不了解建立全球國際交換系統對促進教育、文化與科學進步的重要。

4.**布魯塞爾公約失敗的經驗**，導致對國際交換協定不再信任。

5.**交換發展先進國家不重視國際交換公約**，認爲沒有公約並不影

響交換運作，或是有些國家已加入區域國際交換公約，認為已經足夠，不必再加入聯教組織交換公約。

如果比較兩項公約對交換發達國家的影響，從 IFLA 的調查結果也發覺，出版品國際交換公約的效果未如預期，反而是官方出版品與公牘國際交換公約影響較大。因為許多國家依據第三條條文訂立了官方出版品交換雙邊協定，甚至有批准加入的國家隨即增訂新的法規，以便履行公約所規定的責任。由此可見，國家法令規章的配合有助於雙邊協定的執行。至於公約規定，締約國應提交統計年報給聯教組織，形同虛設，確實做到的國家很少，故聯教組織很難瞭解交換實況。[35]

良好國際交換的成效並非加入公約即可達成，實有賴參與交換的國家或機構適當的雙向安排，因此參加國際交換公約只是「基礎」，提供各締約國設立或指定交換機關的法源依據。對於還未發展國際交換的國家而言，有經驗的標準可循。以官方出版品交換來看，既能省去外交途徑簽訂雙邊協定的麻煩，又因公約賦予國家交換中心徵集官方出版品的合法權力，有助於達成理想目標。因此聯教組織甚盼藉由公約拓展「國際交換網路」，讓交換發源地的歐美國家與東方國家之間，能共同從事這項文化交流的工作。[36] 總而言之，聯教組織交換公約的真正效果，在於喚起各國瞭解國際交換的重要，並建立交換服務系統，是繼布魯塞爾公約之後，使國際交換向前邁進的一個重要步驟。

第四節　全球國際交換公約之比較

目前為止，全球國際交換公約的制定只有兩次，第一次是 1886 年的布魯塞爾公約，第二次是 1958 年聯教組織交換公約。本節擬就這兩次的全球國際交換公約進行比較研究。

一、聯教組織兩項交換公約之比較

出版品國際交換公約（以下簡稱第一公約）與官方出版品與公牘國際交換公約（以下簡稱第二公約），不論結構或內容均很類似，然詳細分析，仍有些許不同之處，以下就交換主體、執行交換功能的機構、交換內容、出版品的傳遞、出版品的收集、與既存協定之關係等六點，比較說明。（詳如表 4-1）

(一) 交換主體

第一公約的交換主體有兩類，包括政府機關與其他非營利性質的教科文組織，如圖書館、專業學會等，而締約國政府有責任「鼓勵」交換。反觀第二公約，從事交換的主體是唯一的，必定是國家對國家，由國家交換中心執行交換任務，沒有任何其他非官方機構能得授權辦理，因此政府有權直接控管交換事宜，國家交換中心必須遵循政府機關的相關政策，或與他國簽訂的雙邊協定之規範。

(二) 執行交換功能的機構

第一公約將執行交換功能的機構列於第三條，使用的標題是「交換服務」（Exchange Services）。依其條文，有權執行交換服務的機構分為兩類：國家交換中心和從事交換的機構本身；前者須執行全部的交換功能，後者可執行全部或部分功能。條文中未強制規定政府設置國家交換中心，只說「締約國得授權國家交換服務組織或中央交換機關下列功能……」（The contracting States **may entrust** the national exchange service or where no such national exchange service exists, the central exchange authority or authorities with the following functions... ），若不希望由上述機關集中負責出版品交換，「可授權其他機構執行部分或全部之第一項所列功能。」（……any or all of the functions enumerated in paragraph 1 of the present article **may be entrusted** to other authority or authorities.），英文條文

使用 **"may"** 含有自主涵意。比較第二公約，第四條同樣是關於執行交換功能機構的規定，但使用的標題是「國家交換當局」（National Exchange Authorities）。從條文內容可知，有權代表國家執行官方出版品交換者，只有「國家交換服務組織」或為此目的而指定的「中央交換機關」（即前面所稱的「國家交換中心」），沒有任何其他機構能得授權辦理，而且對於國家交換中心的設置屬於強制性質，由「各締約國之國家交換服務組織或因此目的而指定的中央交換機關應執行交換功能。」（In each Contracting State, the national exchange service or, ...the central authority or authorities designated for the purpose, **shall carry out** the functions of exchange.）及「交換機關於各締約國內負責執行本公約及依據第三條訂定的雙邊協定。」（The exchange authorities **shall be responsible** within each Contracting State for the implementation of the present Convention and of bilateral agreements as referred to in Article 3......）。由英文條文使用 "shall" 而不是 "may" 來看，更能見其差異。

(三) 交換內容

第二公約是專門為官方出版品交換而訂立，故第一公約的出版品範圍較第二公約為廣，包括一般科學與藝文出版品及官方出版品兩類，但依第一公約進行的官方出版品交換絕不影響依第二公約所執行者。易言之，締約國執行官方出版品交換時，應以第二公約為優先。此外，第二公約第五條明訂，由締約國自行決定交換的出版品，但綜觀第一公約，並無類似規定。

(四) 出版品的傳遞

第一公約第四條說明，從事交換的機構之間可直接運送出版品，或經由國家交換中心轉運；第二公約第六條規定，只允許交換機關之間直接運送，或由交換機關指定接受者。二者差異在於有權執行交換

功能的機構不同（參見比較項目 2），第二公約的執行機構只有國家交換中心，所以出版品的運送只能是國家交換中心之間，或由國家交換中心指定官方出版品的接受者，但第一公約的執行機構還包括其他從事交換的機構，故各機構之間可直接運送出版品，或經由國家交換中心轉運。

(五) 出版品的收集

第二公約授予交換機關收集政府出版品的權力，以及執行交換所需要的財力支援（第四條第二項），這是第一公約所沒有的規定。

(六) 與既存協定之關係

第一公約第十一條與第二公約第十三條，均是說明公約與既存協定的關係。前者明訂「**本公約不影響公約生效前各締約國訂立的國際協定。**」後者除了相同的規定外，附加一句「**不可視本公約為既存協定之複本交換。**」強調新公約與以往的雙邊協定無關，即使交換的出版品相同，也不可解釋新公約是以往雙邊協定的複本交換，由此可知官方出版品與公牘國際交換公約的獨立性。

表 4-1 聯合國教科文組織兩項交換公約比較表

項目	出版品國際交換公約（簡稱第一公約）		官方出版品與公牘國際交換公約（簡稱第二公約）	
	條文內容	意 義	條文內容	意 義
交換主體	第一條 出版品交換：締約國依據本公約條款，鼓勵並促進政府機構以及非營利性質之非官方教科文組織的出版品交換。	1.交換主體包括政府機關與其他非營利的教科文組織，如圖書館、專業學會等。 2.締約國政府有責任「鼓勵」交換。	第一條 官方出版品與公牘交換：締約國依據本公約條款，表達基於互惠原則交換官方出版品與公牘的意願。	1.從事交換的主體是國家對國家。 2.締約國政府「依其意願」選擇交換對象。

表 4-1（續 2）

項目	（簡稱第一公約）		（簡稱第二公約）	
	條文內容	意　義	條文內容	意　義
執行交換功能的機構	第三條 交換服務： 1.締約國得授權國家交換服務組織，或無此國家交換服務組織時，得授權中央交換機關下列功能，以促進本公約第一條所列機構間出版品交換之合作與發展：(1)促進出版品國際交換，特別是適當情況下傳遞交換物品。(2)提供國內外團體與機構交換建議與資訊。(3)適時鼓勵複本交換。 2.然而不希望將本公約第一條所列機構間之交換合作與發展集中由國家交換服務組織或中央交換機關負責時，可授權其他機構執行部分或全部之本條第一項所列功能。	1.執行交換服務功能的機構分為兩類： (1)國家交換中心，執行全部的交換功能。 (2)從事交換的機構本身，執行全部或部分功能。 2.未強制規定政府是否設置國家交換中心。	第四條 國家交換當局： 1.各締約國之國家交換服務組織或因此目的而指定的中央交換機關應執行交換功能。	1.只有「國家交換中心」有權代表國家執行出版品交換。 2.強制規定國家交換中心的設置。 **所謂「國家交換中心」定義為「由政府設立或指定辦理出版品國際交換的組織或機構」。

| 交換內容 | 第二條
出版品交換範圍:
1.為達成本公約目的，前條所列機構宜交換且不得轉售之出版品如下:(1)有關教育.法律.科技.文化與資訊性質之出版品,包括圖書.報紙與期刊.地圖與設計圖.版畫.攝影相片.微縮複製.樂譜.盲人點字出版品及其他圖片資料(2) 1958 年 12月 3 日聯合國教科文組織大會採行的〈官方出版品與公牘國際交換公約〉所規範的出版品.
2.本公約絕不影響依據 1958 年12 月 3 日聯教組織教科文組織大會採行的〈官方出版品與公牘國際交換公約〉所執行的交換。
3. 本公約不適用於機密文獻、非公開的通告和其他資料。 | 1.包括一般出版品與政府出版品；機密文件與非公開資訊不包括在內。
2.締約國執行政府出版品交換應以第二公約為優先。
3.僅定義出版品交換範圍，為特別說明交換內容與數量的議訂。 | 第二條
官方出版品與公牘的定義:
為達本公約目的，下列依據全國政府當局命令或經費印製的出版品均屬之：議會文牘、報告、會議紀錄與其他立法文獻；中央、聯邦及地方政府機關印行的行政出版品和報告；國家書目,國家手冊.法令規章,法院判決;所有其他類此出版品.
2.然而締約國於執行本公約時可自行決定交換內容
3.本公約不適用於機密文獻、非公開的通告和其他資料。
第五條
交換出版品的清單和數量:
交換官方出版品與公牘的清單和數量由締約國之交換機關議定；雙方交換機關可適時調整交換清單和數量。 | 1.專門為政府出版品交換訂定的公約。
2.由締約國自行決定交換的政府出版品和數量。 |

表 4-1（續 3）

項目	（簡稱第一公約）		（簡稱第二公約）	
	條文內容	意　義	條文內容	意　義
出版品的傳遞	第四條 傳遞方法： 有關團體與機構之間的傳遞，或直接進行，或經由國家交換服務組織或國家交換當局進行。	從事交換的機構之間可直接傳遞出版品。經由國家交換中心轉運。	第六條 傳遞方式： 出版品可直接傳遞給交換機關或由交換機關指定接受者。列明傳遞內容的方式由雙方交換機關議定。	1.各國國家交換中心之間直接傳遞。 2.由國家交換中心傳遞給他國國家交換中心所指定的接受者。
出版品的收集	（無特別規定）	（無特別規定）	第四條 國家交換當局： 2.交換當局應於適當時在各締約國內負責執行本公約及依據第三條所訂定的雙邊協定。各締約國賦予國家交換服務組織或中央交換機關必要權力取得交換出版品以及足夠財源執行交換功能。	國家交換中心有權徵集政府出版品並尋求財力支援。
與既存協定之關係	第十一條 與既存協定之關係： 本公約不影響公約生效前各締約國訂立的國際協定。	不影響公約生效前已訂立的國際協定。	第十三條 與既存協定之關係： 本公約不影響公約生效前各締約國訂立的國際協定；不可視本公約爲既存協定之複本交換。	比第一公約多一句「不可視本公約爲既存協定之複本交換」，表示即使與其他交換協定的出版品相同，亦非複本交換，而是一新的獨立交換公約。

二、聯教組織交換公約與布魯塞爾公約之比較

　　聯教組織交換公約的制定背景是為了修正布魯塞爾公約的不足，雖然布魯塞爾公約在形式上仍然有效，但實際上應該由聯教組織交換公約取而代之。[37] 因此就兩公約的相同點和相異點列表比較，詳如表4-2(1)、表 4-2(2)；另綜合聯教組織交換公約的特色，與布魯塞爾公約比較，說明如下：

(一) 整合所有交換類型，史無前例

　　聯教組織交換公約的最大特色是整合所有交換類型，將綜合交換協定（包括一般科學與藝文出版品和官方出版品）和特別為了官方出版品交換而訂的協定分開，此乃史無前例的作法，比布魯塞爾公約要周延。[38] 其主旨是為形成一個適用於所有交換關係的國際法定準則，擴大資料交換的範圍，並鼓勵政府機構與非政府機構的交換工作。[39]

(二) 公約條文富彈性，締約國擁有自主權

　　締約國能依其意願自由選擇交換對象，進行官方出版品交換，而實際交換內容，依公約對官方政府出版品所定義的範圍，由交換者自行協議，洽商「互惠原則」。布魯塞爾公約則不然，要求締約國必須對所有其他締約國進行全部官方出版品的交換，既是一項沈重負擔，對出版品豐富的國家而言亦不公平。[40]

(三) 不強制設立國家交換中心

　　布魯塞爾公約之第一公約明訂「締約國應各在其國內設立一交換局，以便行使職務。」（第一條），表示締約國一定要設立交換局，負責國際交換任務，而且是唯一負責國家交換工作的機構。雖然布魯塞爾公約鼓勵一般科學與藝文出版品的交換，但交換局僅能作為此類交換的轉運中心，不能有主動行為。

表 4-2(1) 布魯塞爾公約與聯教組織交換公約相同點比較表

	布魯塞爾公約		聯教組織交換公約	
	意 義	參照條文	意 義	參照條文
交換主體	官方交換為「國家對國家」；由交換局代表執行。	Convention A 第一條、第七條。	官方交換為「國家對國家」；一般交換為「政府機關與非營利教科文組織」。	Convention 1 第三條；Convention 2 第四條。
與既存協定之關係	僅適用於公約成立後的出版品。	Convention A 第八條。	不影響公約生效前的國際協定。	Convention 1 第十一條；Convention 2 第十三條。
運送費用的承擔	原則上由各國負擔送達目的地之費用；海運可協議費用的分攤。	Convention A 第六條。	若由國家交換中心運送則由締約國政府負擔運送至目的地的費用；海運只負擔抵達海關的費用。	Convention 1 第五條；Convention 2 第七條。
交換出版品目錄與數量	各交換局應編製交換出版品目錄，每年更新並定期送交締約國；自行洽定交換出版品的份數。	Convention A 第三條；第四條。	官方出版品與公牘交換清單和數量由交換機關議定，且可適時調整。	Convention 2 第五條。
宣布退出	自批准之日起十年有效，若無其中一國於屆期前六個月宣布退出，則公約繼續有效。	Convention A 第十條。	各締約國可宣告退出公約，退出聲明須書面通知聯教組織秘書長；聯教組織收到退出聲明後十二個月開始生效。	Convention 1 第十八條；Convention 2 第十九條。

表 4-2(2)　布魯塞爾公約與聯教組織交換公約相異點比較表

	布魯塞爾公約		聯教組織交換公約	
	意　義	參照條文	意　義	參照條文
交換範圍	廣義的政府出版品。	Convention A 第 二 條 ； Convention B 第一條。	涵括一般出版品與政府出版品；分別由兩項公約規範。	Convention 1 第二條； Convention 2 第二條。
官書交換內容	交換全部官書；交換局只能洽訂交換份數。	Convention A 第二條、第四條； Convention B 第一條。	締約國自訂「互惠原則」，協議交換內容。	Convention 2 第一條、第二條、第五條。
官書交換對象	(所有其他)全部締約國	綜觀整個公約內容	締約國依其意願自行選擇	Convention 2 第一條。
國家交換中心的設立	一定要設立國家交換中心(交換局)；乃唯一負責國家交換工作的機構。	Convention A 第一條。	一般出版品與政府出版品分開規定；前者可由國家交換中心或其他文教機構負責；後者由國家交換中心執行。有權執行國際交換的機構增多。	Convention 1 第三條； Convention 2 第四條。
交換機構功能	交換局是唯一國家交換中心，且僅能作為非官方機構的「交換轉運中心」。	Convention A 第一條、第七條。	促進出版品國際交換、提供國內外交換建議與資訊、鼓勵複本交換，以及依此衍生的必要功能。	Convention 1 第三條。
官書徵集與財力支援	(無特別規定)	(無特別規定)	賦予國家交換中心權力取得交換官書及財力支援，以執行交換功能。	Convention 2 第四條第二款。

表 4-2(2)（續 2 ）

	布魯塞爾公約		聯教組織交換公約	
	意 義	參照條文	意 義	參照條文
交換責任	集中交換責任於單一交換機構—交換局(國家交換中心)	Convention A 第一條；綜觀整個公約內容。	從事交換的主體增多，分散交換責任。	Convention 1 第三條；Convention 2 第四條。
傳遞方式	官方出版品由交換局「直接運送」，非官方出版品由交換局「轉運」。	Convention A 第五條；第七條。	交換機構之間可「直接運送」，或由國家交換中心「轉運」；官方出版品直接運送給交換機關，或由其指定的收受者。	Convention 1 第四條；Convention 2 第六條。
運輸費用	原則上，包裝與運輸費用由寄發國負擔；若由海運運送，可特別協議各國運輸費用的分攤。	Convention A 第六條。	交換機構之間直接運遞出版品，由寄發者負擔運費，若由國家交換中心轉運，運費由締約國政府負擔；若以海運為運送方式，只負擔抵達海關所需的包裝與運輸費用。	Convention 1 第五條；Convention 2 第七條。
關稅優惠	(無特別規定)	(無特別規定)	交換出版品進出口關稅豁免，並提供最優惠通關措施與設備。	Convention 1 第七條；Convention 2 第九條。
修改協議內容	無條款允許公約內容適時修改	綜觀整個公約內容	允許雙邊協定作為公約補充；交換內容可適時調整；條文明訂公約的修訂。	Convention 1 第十二條、第二十條；Convention 2 第三條、第五條第二十一條。

　　聯教組織交換公約第一公約先以「**締約國得授權國家交換服務組織或中央交換機關下列功能**」（第三條第一項），說明國家交換中心的功能，再以第二項說明可授權其他機構執行這些功能，表示有權辦理綜合國際交換的機構不是唯一的，而國家交換中心設立與否、如何設立亦由各國自行決定。惟官方出版品的交換則由國家交換機構負責。

（四） 交換機構功能擴大

　　依據聯教組織交換公約，國家交換中心或是其他從事交換的教科文組織之功能，均較布魯塞爾公約的規定擴大許多，除了促進出版品國際交換，負責出版品運送，還要提供國內外機構相關的建議與資訊，並適時鼓勵複本交換，不再只是「轉運中心」而已。而且這三項功能規定可視為「引導原則」，於實際執行交換時，依此原則所衍生的必要功能亦屬之。除此之外，提供國家交換中心足夠財力支援，是布魯塞爾公約所沒有的。

（五） 交換責任採分散式

　　聯教組織交換公約之出版品國際交換公約，能從事交換的主體增加了，除國家交換中心外，還有非營利性質的教育、科學、文化機構等，不僅擴大了交換層面，同時從事交換的機構須承擔促進交換的責任，即使是官方出版品與公牘國際交換公約，也有兩類執行交換的機構：「國家交換服務組織」或為此目的而指定的「中央交換機關」。凡此規定，均與布魯塞爾公約集中交換責任於唯一的交換局截然不同。

（六） 解決關稅問題

　　聯教組織交換公約明訂，「各締約國應給予交換機關依本公約執行國際交換的進出口關稅豁免，同時應予最優惠的通關措施和其他設備」（第一公約第七條，第二公約第九條），這是布魯塞爾公約所未能解

決的問題，亦爲該公約遭人詬病的原因之一。

(七) 考慮未來發展，允許公約修訂

聯教組織交換公約允許締約國另訂雙邊協定，作爲公約的補充，或解決因執行公約所衍生的共同問題，而且實際的交換內容（清單和數量）由雙方洽商，並可適時調整，讓公約更具彈性，甚至明訂「公約的修訂」一項（第一公約第二十條，第二公約第二十一條），以適應未來交換環境的變化。[41]

【注釋】

1. 參閱第二章〈第一節 出版品國際交換歷史概況〉，頁 29。
2. 參閱第三章〈第三節 交換組織與運作原則〉，頁 28-63。
3. Vladimir Popov, "The Multilateral UNESCO Exchange Conventions (1958) and Their International Significance," in *Studies in the International Exchange of Publications*, Peter Genzel, ed. (München, IFLA, 1981), p.29-30.
4. 公約名稱的翻譯，依據中國第二歷史檔案館編：《中華民國史檔案資料匯編》第三輯 文化，（南京：江蘇古籍出版社，1991 年 6 月），頁 463-465。
5. 布魯塞爾公約的參加國家不多，嚴格說來，相較於聯教組織交換公約，並未得到「全球公認」。
6. 「多邊國際交換公約」參閱第二章第三節之「二、出版品國際交換議定方式」第二點，頁 44。Frans Vanwijngaerden, ed., *Handbook on the International Exchange of Publications*, 4th edition (Paris: UNESCO, 1978), p.18。
7. 何謂全球國際交換公約、區域國際交換公約及一般文化協定，參閱第二章第三節之「二、出版品國際交換議定方式」，頁 43-45。
8. Frans Vanwijngaerden（同注 6），頁 61-62。

9. 彼得・金澤爾：〈聯合國教科文組織關於現有出版物國際交換協約的實際效果的研究報告〉，收入《第 47 屆國際圖書館協會聯合會大會論文譯文集》(北京：中國科學院圖書館，1982 年 4 月)，頁 151。

10.同前注。

11.同注 9，頁 151。

12.Frans Vanwijngaerden（同注 6），頁 61-62。

13.同注 9，頁 156。

14.Robert D. Stevens, *The Role of the Library of Congress in the International Exchange of Official Publications – A Brief History*, (Washington: The Library of Congress, 1953), p.14-p.16.

15.公約條文（英文版）見 Frans Vanwijngaerden（同注 6），頁 68-70；中文翻譯參見〈附錄一 布魯塞爾公約〉，見《中華民國史檔案資料匯編》，頁 463-465。

16. Frans Vanwijngaerden（同注 6），頁 63。

17.同注 2，，頁 61-62。

18. Frans Vanwijngaerden（同注 6），頁 69-70；嚴格來說，但澤（Danzig）並非「國家」，而是「自由城市」，其歷史背景如下：原名 Gadńsk(格但斯克)，德語作 DANZIG。波蘭中北部格但斯克省省會。位於波羅地海海岸附近，維斯杜拉河河口。997 或 999 年以波蘭城市首見記載。1148 年羅馬教皇訓令中提到格但斯克屬波蘭佛沃茨瓦韋克(Włoclawek)主教管區。1260 年獲自治特許證，後發展成貿易中心。文藝復興時期臻於極盛，成為波羅的海沿岸最繁榮的港口。17 世紀因戰爭經濟陷入停頓並開始衰落。1793 年併入普魯士。1807 年由拿破崙授予自由城市特權。1813-1814 年要求與波蘭重新統一，未果。後併入西普魯士省。1919-1939 年凡爾賽和約規定其為自由城市，由波蘭行使管轄權。1938 年希特勒因要求將格但斯克併入德國遭波蘭拒絕，於 1939 年 9 月對波蘭發動進攻，促成第二次

世界大戰的爆發。大戰中城市遭嚴重破壞。1945 年 3 月歸還波蘭。現已全部重建。(摘自《簡明大英百科全書中文版》第 8 卷 (台北：台灣中華書局，民國 77 年 10 月)，頁 52。

19.同注 9，頁 150。

20.Dorothy A. Day, *The Exchange of Publications - China and the United States*, A Dissertation submitted to the Faculty of the Graduate Library School in Candidacy for the Degree of Master of Arts (Chicago, Illinois：December, 1969), p.27.

21.同注 3，頁 30-31；同注 9，頁 150。

22.I. Gombocz, "Inquiry into the execution and results of UNESCO's Exchange Conventions fourteen years after their adoption," in *The International Exchange of Publications – Proceedings of the European Conference held in Vienna from 24-29 April 1972*, Maria J. Schiltman ed. (München, IFLA, 1973), p.37-38；同注 6，頁 63。

23.同注 6，頁 63-64。

24.同注 3，頁 31；同注 6，頁 64-65。

25.公約條文（英文版）見 Frans Vanwijngaerden（同注 6），頁 70-74；中文翻譯參見〈附錄二 出版品國際交換公約〉。

26.所謂「國家交換中心」，筆者定義爲「由政府設立或指定，辦理出版品國際交換的組織或機構」，因此布魯塞爾公約第一條所稱的「交換局」屬之，聯教組織交換公約之第二公約第四條所稱的「國家交換當局」亦屬之。

27.同注 3，頁 32-34。

28.公約條文（英文版）見 Frans Vanwijngaerden（同注 6），頁 75-79；中文翻譯參見〈附錄三 官方出版品與公牘國際交換公約〉。

29.William Cox, "The New Exchange Conventions," in *UNESCO Bulletin Libraries*, vol. XV no.4（July-August 1961），p.172-173；參閱本章〈第一

節 布魯塞爾公約〉之「二、執行結果」中該公約遭人詬病的原因 1、2，
頁 79。

30.同注 22，頁 37-39、46-47。

31.同注 3，頁 35。

32.同注 6，頁 66。

33.同注 3，頁 36。

34.加入聯教組織交換公約的益處甚多，主要如下：(1) 提升從事國際交換圖
書館的地位。加入公約代表該國宣稱支持國際交換，交換中心的聲望得
以提升，因而得到更多其他國家或國際組織的支持與協助，加強國際交
換，形成良性循環。(2) 國際公約可作爲雙邊協定的依據。(3) 國際公約
有助於圖書館擴展出版品國際交換工作，尤其對原本無法獲得國外資訊
的圖書館更加重要，特別是官方政府出版品的交換。(4) 提供交換中心或
圖書館法定立場，要求行政主管機關立法或財力支持。(5) 依公約製作的
各項資訊與統計報告，使政府明確了解交換工作，並予合理的立法管理。
參閱 Vladimir Popov 文（同注 3）頁 38-40。

35.同注 6，頁 66。

36.William Cox（同注 29），頁 173-174。

37.同注 9。

38.同注 3，頁 31；同注 5，頁 64-65。

39.同注 9，頁 152。

40.參閱本章〈第三節 聯合國教科文組織交換公約〉之公約內容解析。

41.同注 22；William Cox（同注 29），頁 171-172。

第五章　美國出版品國際交換的源起與發展

第一節　源起概說

　　出版品國際交換起源於歐洲，18 世紀末始跨越歐洲傳入美國，開始由美國哲學學會(American Philosophical Society) 與英國倫敦皇家學會（the Royal Society）合作觀察金星的運行，並出版期刊登載研究成果。19 世紀初，位於波士頓的美國藝術與科學研究院 (the American Academy of Arts and Sciences) 加入國際交換行列，與歐洲專業學會交換出版品。[1] 由此可知，美國出版品國際交換源起於專業學會。

　　19 世紀中葉，美國政府才開始官方文獻的交換。[2] 早在 1828 年，國會圖書館即被授權處理多餘複本，其中許多都是關於美國政府文獻的餘本。當時這些餘本分送給國會議員、各州立圖書館與大學圖書館，雖然國會圖書館未有任何回饋，但卻因此騰出館藏空間。1834 年 6 月 19 日，國會通過一項決議：「凡是因政府命令或用政府經費印製的出版品，均應提交 25 份給圖書館聯合委員會，送國會圖書館進行交換，交換所得由國會圖書館存藏。」此乃最早通過由國會圖書館為特殊目的交換官方文獻之國會決議。然而真正促使美國國會正視國際交換問題，並進而發展系統化國際交換計畫者，是法國人亞歷山大‧瓦特馬賀(Alexandre Vattemare)。[3] 瓦特馬賀於 1839 年首次赴美提倡國際交換理念；

美國國會於 1840 年首次通過與官方文獻國際交換有關的聯合決議，同意凡依參眾兩院命令出版或裝訂的國會文獻，均提交 50 本供國際交換。[4] 之後美國在官方文獻交換方面，有許多重要的立法與發展，影響其出版品國際交換的發展，擬於第二節再詳加說明。

繼官方文獻國際交換之後，發展出大學出版品的交換。大學出版品的型態很多種，包括年報、圖書館目錄、專業期刊、專書和論文，其中論文交換起源於 16 世紀文藝復興時期的歐洲，是最古老的大學出版品交換型式。美國大學出版品的交換則始於 19 世紀末，剛開始是由政府作爲文化協定 (cultural agreements) 的一部份，後來才由各大學接辦。[5]

最早爲以上美國出版品國際交換發展建立系統運作模式者，是司密遜學院 (the Smithsonian Institution)。該機構成立於1846年，設有「國際交換服務」部門，原本只是機構本身的交換系統，目的是爲傳播科學新知與出版品，自 1849 年開始，擴大爲美國國內各機關進行交換服務。[6] 服務對象包括各學會、公共組織，以及個人經費出版但無力向國外分發者，同時也接受國內贈書進行國際交換，捐書者可自行決定是否指定出版品接受單位。[7] 司密遜學院不僅每年出版國外交換機構名錄，詳列適於接受美國出版品的國外機構，如果國內機構無法自行選擇出版品交換對象時，司密遜學院也爲他們挑選適當的單位。[8] 1850 年代該交換服務持續成長，使用的經費完全來自機構本身。

儘管司密遜學院爲許多政府機關處理交換事宜，爲個人或私人機構轉運並代收出版品，藉以鼓勵交換，但它終究是半官方機構，直到 1867 年 3 月 2 日，國會通過法案：「凡兩院命令印製的出版品，須提交 50 份給圖書館聯合委員會，經由司密遜學院寄

發國外交換，交換所得存放於國會圖書館。」這才使得司密遜學院正式成為官方文獻交換機構。5 月 16 日由司密遜學院備妥信函，說明這項決議，並調查各國每年所能提供交換的官方文獻種類和數量，同時詢問各國是否由一機構統籌交換工作。該信函交由國務院發給美國派駐外國的代表，向各國政府詢問與美國建立正式出版品交換之意願。多數國家回覆表示贊成，甚至有許多國家未等美國再次通知，就直接將書寄來，但司密遜學院卻等到 1873 年 6 月 18 日才真正開始工作，而第一次是寄發書箱給挪威政府。從 1867 年決議通過，到真正開始寄發，之間相隔了 6 年，主要原因是這段時間內，圖書館聯合委員會未收到任何可送交司密遜學院的文獻，而且 1867 年的決議只是正式授權，但並未撥款補助。一直到 1881 年，美國國會才第一次撥款 3,000 美元給司密遜學院。[9]

　　司密遜學院正式為美國官方出版品交換系統後，從 1874 年底才真正開始有效運作。1875 年 8 月和 9 月，各國在巴黎召開國際會議 (International Congress of Geographical Sciences at Paris)，商討官方文獻與其他出版品自由交換的問題。會中決議，建請各國採行一致的教科文出版品交換系統。司密遜學院立刻向國務卿報告該項決議，並被指定為美國執行該項建議的機構。到了 1880 年，法國、葡萄牙、瑞士、俄羅斯、比利時均完成交換機構的設立。前項國際會議與各國設立交換機構，為 1886 年制定布魯塞爾公約奠定基礎。由於司密遜學院國際交換服務系統的成功，各國代表將其運作模式納入布魯塞爾公約，成為交換局的設計。[10]因此，司密遜學院不僅為美國的國際交換系統，也為現代國際交換系統奠定基礎。

　　美國參加布魯塞爾公約，將司密遜學院的國際交換工作推向

最高點。1888 年 6 月 18 日，美國批准加入布魯塞爾公約(兩項公約均獲批准)，6 月 19 日由克利芙蘭總統 (President Cleveland)正式簽署。自此司密遜學院正式成為美國的國家交換中心。[11] 然依據布魯塞爾公約規定，司密遜學院為國內非官方機構或個人的國際交換服務性質改變，成為出版品「轉運中心」，原交換發起人的身分結束。[12]

第二節　三種不同類型的國際交換

綜觀美國國際交換發展歷史得知，「官方文獻交換」才是美國國會興趣所在，而國會圖書館扮演了重要的角色。[13] 因為國會認為取得外國政府的最新資訊非常必要，且遠比回溯資料重要，故主要興趣在於交換「目前」的外交文獻。這樣的理念，隨後發展成一項計畫，與其他交換計畫不同，常被稱為「正式交換」(official exchange) 或是「條約交換」(treaty exchange)。[14]

條約交換是屬於各國政府之間正式的出版品交換計畫，此外政府各部門還發展另一種型態的交換計畫，稱為「部門交換」(departmental exchanges)。「部門交換」乃因應各政府機關本身的需求而來，雖不似條約交換正式，但成長的理由卻相同 —— 蒐集外國政府資訊。條約交換由國會立法而來，所得存藏於國會圖書館；部門交換依據行政規章即可，所得由各機關留存運用。故部門交換計畫是獨立於司密遜學院的國際交換計畫之外的。[15]

不論是條約交換或是部門交換，都是因應 19 世紀需要而發展出來的，所採行的機制也是 19 世紀的模式，進行了百年之久，不論方法或重要性都沒什麼改變。然而 20 世紀的快速發展對所有機構都產生影響，對國際交換亦然；因為 20 世紀不僅強調「速

度」，尤其是二次世界大戰的破壞，讓資訊交流更顯重要，而出版品交換正是加強資訊交流的管道之一。因此，美國於戰後又發展出另一型態的國際交換，稱為「文化交換」，為國際交換展開新紀元。[16]

以下就這三種交換類型分別說明之。

一、條約交換

條約交換完全是針對政府出版品的交換，其他資料並未納入，其法源依據是國會的立法、美國簽署的多邊或雙邊國際協定，屬於和外國政府之間的正式出版品國際交換關係，因此稱為「條約交換」。例如，美國於 1888 年簽署的布魯塞爾公約，1902 年的墨西哥美洲國家公約、1936 年的布宜諾斯艾利斯公約皆屬之。由於條約交換與國會立法關係密切，因此可回顧國會立法對條約交換有所認識。

由第二章〈第一節 出版品國際交換的歷史概況〉可知，由於亞歷山大‧瓦特馬賀的倡導，美國國會於 1840 年首次通過與官方文獻國際交換有關的聯合決議，但當時並未發展長期的國際交換計畫。隨著瓦特馬賀第二次赴美， 1848 年國會通過另一項法案，準備建立交換機構、籌備交換計畫，但卻因瓦特馬賀巴黎全球國際交換中心的運作失敗，引發美國不滿，終於在 1852 年 8 月 31 日撤銷了 1848 年的法案。之後 15 年，國會圖書館一直未有令人滿意的方式取得外國政府文獻，甚至一度於 1857 年將圖書館的國際交換工作移轉給國務院，直到 1867 年法案通過，才由司密遜學院接管政府交換出版品的寄發，由國會圖書館負責交換所得的典藏，自此兩機構責無旁貸的履行政府出版品交換，真正開始了條約交換計畫。[17]

　　1895 年國會為處理參眾兩院印刷過剩的文獻資料，提供國會圖書館 50 份進行國際交換。1901 年國會通過一項聯合決議，規範公共文獻分配給國會圖書館館藏與國際交換運用。依據該項決議，不論是否由政府印刷局 (GPO ：Government Printing Office) 印製的出版品，均應提交 62 份給國會圖書館，而國會圖書館可要求增加至 100 份。[18] 若與 1867 年的法案相較，交換出版品的範圍擴大了，不再只是國會兩院命令印製的出版品，而是所有的政府出版品，包括非由政府印刷局印製者，而且交換的數量由 50 份增加為 62 份，甚至最多增加為 100 份。該項決議執行了十幾年，至 1925 年 3 月 3 日通過公共文書分配法案（Act for the Distribution of Public Documents），又再度予以修正，其中將國際交換用官方文獻增加至 125 份。[19]

　　1936 年通過一項新法案，撤銷了 1901 年決議和 1925 年法案。依新法案規定，所有政府文獻均須提交 125 份作為國際交換，由司密遜學院負責運送，而國會圖書館可額外要求 25 份。新規定雖然將官方文獻提高至 150 份，但該法案確有其限制之處。以往不論是 1901 年或 1925 年的規定，只說明官方文獻要提供國會圖書館從事國際交換，但 1936 年法特別指出「為確實履行布魯塞爾公約」，分送的方式是「經由司密遜學院」，且「他國政府應回寄該國官方文獻，以便送交國會圖書館。」這樣的規定之下，條約交換變得較無彈性。舉例而言，第一、國會圖書館可額外要求 25 份官方文獻自行運用，可作為國會圖書館與其他機構交換使用，但另 125 份官方文獻僅能與外國政府交換。若考慮擴大與其他機構交換，法律只允許提供 25 份顯然是種限制。第二、國會圖書館安排收入的外國政府文獻只有一份，但美國國內機構希望數量能夠增加，多出來的可成套存放於非政府圖書館，或是補

足國會圖書館館藏的缺漏。然依該法未能收入更多份數，也未規定可存放於國會圖書館以外的地方，更無條款規範多餘複本應置於何處。第三、規定由司密遜學院運送出版品也是一種限制，因為有些書刊內容較具時效，若要發揮較大效果，應允許政府印刷局以其他方式如航空快遞寄發。[20]

二、部門交換

隨著美國政府擴展，增設機關誠屬必然，故相關資訊需求增加，專業圖書館藏更形重要。各機關部門圖書館為了建立專業藏書，致力於發掘所屬領域的資料，對於國外資料的取得，只得訴諸於國際交換了，因而發展出「部門交換」計畫。

各個部門交換計畫雖有不同之處，但基本上是類似的，完全依賴部門的出版品持續交換；一旦新資料出版，立即自動寄給交換機構。交換對象主要是外國政府的相對部門，有些擴及大學、國家圖書館或相同領域的專業學會，範圍更廣的甚至還有透過美國派駐國外官員或外國派駐美國官員之個人聯繫。至於出版品的運送管道有三種：第一、利用司密遜學院的轉運服務。第二、緊急或特殊狀況時可利用外交郵袋，由寄發部門自付郵資，直接航空郵遞或送交船運。第三、交換量少的部門，多採自付郵資方式，直接寄遞，而不等司密遜學院集中運送。因為在司密遜學院經費缺乏期間，集中運送時常延擱，有些圖書館寧願自付船運費用，先行運送。簡言之，部門交換計畫發展無需國會授權或立法，只要依據各部門機關授權的行政規章即可。[21]

在眾多發展部門交換計畫的機構中，特別值得注意的是國會圖書館。國會圖書館一直是美國條約交換計畫的書藏圖書館，隨著國會圖書館發展成國家圖書館，自 1900 年開始更加重視館藏

外國資料，因此設立文獻組 (Division of Documents)，結合參考與
採訪功能，積極推動國際交換，廣泛與外國政府機構、專業學會、
大學、國家圖書館等建立交換協議。[22]

　　文獻組是國會圖書館第一個負有執行國際交換任務的部門，
之後國會圖書館歷經多次的組織重整，終於發展出「交換與贈送」
專責單位，但 1997 年底貝林頓（Dr. James H. Billington）館長完
成的改組行動，又取消了該專責單位，完全併入採訪功能之中。
從組織發展的演變過程，可以尋獲美國國會圖書館國際交換發展
的軌跡，而這些均可謂是隨時代演進需要而延伸的部門交換。關
於國會圖書館的組織演變擬於第七章說明。

三、文化交換

　　文化交換有兩種方式，主要目標都是爲了國家安全而貢獻。

(一) 在國外舉行書展

　　第一種是爲支持政府的外交政策而來，採用的方式是在國外
舉辦書展，展示國內圖書，展覽結束後，依據政府文化資訊交換
計畫安排，捐贈給當地。這種交換活動的結果很顯然與條約交換
及部門交換截然不同，屬於廣義的交換，主要目的是藉由展示美
國文化成就來宣揚美國外交，因而稱爲「文化交換」。這種文化
交換方式，既爲支持外交政策，又和政府文化資訊交換計畫有關，
其歷史淵源必與政府活動及立法有關，值得進一步瞭解。[23]

　　早在 1901 年，美國政府即視國際交換爲凝聚西半球團結的
方式之一，因此 1902 年曾在墨西哥城舉行美洲國家會議，並通
過墨西哥美洲國家公約（the Inter-American Convention of Mexico
City），希望進行美洲國家所有官方文獻交換，並收藏各國有關
歷史、地理和統計的所有著作。後來 1923 年、1933 年、1936 年、

1938 年陸續召開多次美洲國家會議，雖然沒有任何一個國家徹底執行會議結論，但這些會議宣言的精神，著實影響美國對拉丁美洲的外交政策。

1938 年美國總統命令，國務院之下成立美洲國家合作跨部會委員會（the Interdepartmental Committee for Cooperation with the American Republics），1944 年改名爲科學與文化合作跨部會委員會（the Interdepartmental Committee on Scientific & Cultural Cooperation）。由於國務院 1939 年國會同意執行西半球美洲國家之間的技術與知識互惠交換，因此該委員會從三方面強力支持文化交換計畫：第一、從 1942 年開始，財力支援國會圖書館的西班牙資料交換計畫；第二、撥款補助司密遜學院的運費；第三、尋求各種協調與促進交換的方案。第三點促使國會於 1948 年通過「資訊與教育交換法」（The Information and Educational Exchange Act of 1948），同意擴展文化交換計畫於全球各地，特別是出版品交換。在此之前，美國未曾強調西半球以外地區的文化交換活動，自此文化交換進入新紀元。綜言之，由於「資訊與教育交換法」並未限制交換執行的方法及地區，亦未堅持計算收入價值，反而賦予文化交換良好的法律基礎，更代表文化交流成爲美國外交政策的一部分。[24]

(二) 海外訪書專員

談及海外訪書專員的由來，就必須從第二次世界大戰的影響談起。美國政府從二次世界大戰的經驗得知，從戰爭一開始便發現缺乏外國資料可供研究，由此可見以往取得外國書刊的方法有待檢討。尤有甚者，戰爭期間所有正常的商業購書管道和交換管道都陷入混亂的狀態，要獲得資料更加困難，因此聯邦政府只能

利用兩種管道取得資訊：第一、外交服務，第二、成立專為快速獲得外國出版品的跨部門委員會。藉由這兩種方法確實為美國獲得數千種外國書刊，包括報紙、重要期刊、地圖、各種圖表和統計，以及其他戰爭期間所需要的資料。

　　戰後美國政府非常清楚收集研究資料對國家安全的重要，因此除了視交換為外交政策的工具之外，重新評估過去的方法與未來的需求，試圖結合二者，以建立新的交換方法或取得圖書的方式，來滿足研究外國所需資料的要求。

　　首先國務院的採訪與分配部門確定書刊採訪計畫的責任，再分派一些受過專業訓練的官員，透過外交服務，分駐於全球主要的出版中心或地區，積極訪書。這些訪書專員不僅為國務院訪書，也為其他政府機關服務。他們接受政府機關對書刊需求的指示，不論是指定書刊名或採地毯式搜尋。因為訪書專員發現以交換取得資料是最經濟且快速的方式，故儘可能安排以交換方式獲得書刊。此外，他們隨時查核有無任何未確實履行交換協議的外國機構，這對國會圖書館而言尤其重要，因其擔負了國家的條約交換責任。這些訪書專員的努力，確實彌補商業購書與一般交換管道的不足，甚至成功地發掘許多連國內都不知道的資料。[25]

【注釋】

1. 參閱第二章〈第一節 出版品國際交換的歷史概況〉，頁 29-30。

2. Dorothy A. Day, *The Exchange of Publications - China and the United States*, A Dissertation submitted to the Faculty of the Graduate Library School in Candidacy for the Degree of Master of Arts (Chicago, Illinois：December, 1969), p.4-5.

3. Robert D. Stevens, *The Role of the Library of Congress in the*

International Exchange of Official Publications – A Brief History, (Washington: The Library of Congress, 1953), p.2-3.

4. 同注 1，頁 32-33。

5. 同注 2, p.5-6。

6. 同注 3。

7. 同注 2, p.23。

8. Laurence J. Kipp, The International Exchange of Publications, A Report of Programs within the United States Government for Exchange with Latin America, Based upon a Survey Made for the Interdepartmental Committee on Scientific and Cultural Cooperation, under Direction of the Library of Congress (Wakefield, Massachusetts：The Murray Printing Company), p.15-16.

9. 同注 3, p.12-14；同注 2, p.23。

10.同注 8；同注 2, p.12-13；參閱第四章〈第二節 布魯塞爾公約〉，頁 77 和〈附錄一 布魯塞爾公約〉條文，頁 331。

11.同注 3, p.14-16；參閱第四章注 26「國家交換中心」說明。

12.參閱〈附錄一 布魯塞爾公約〉：國際交換公牘、科學、文藝出版品公約 第七條，頁 331。

13.參閱第二章〈第一節 出版品國際交換的歷史概況〉之「二、亞歷山大・瓦特馬賀（Alexandre Vattemare）」介紹，頁 34。

14.同注 8, p.11。

15.同注 8, p.14。

16.同注 8, p.21。

17.同注 2, p.23-24；同注 3, p.8-9；同注 8, p.11-12。

18.同注 8, p.13。

19.同注 2, p.26。

20.同注 8, p.13-14, p.24-25；同注 3, p.31-32。

21.同注 8, p.18-19, p.25-26。

22.同注 8, p.17-18。

23.同注 8, p.22。

24.同注 8, p.22-27，p.34。

25.同注 8, p.21-22，p.34。

第六章　美國國會圖書館的
國際交換組織

第一節　美國國會圖書館

美國國會圖書館（The Library of Congress）是全球知名的重要圖書館，成立於 1800 年，原本只是爲國家立法機構（國會）來服務，然而到了 19 世紀時，發展成爲國家級機構，第二次大戰之後，甚至變成重要的國際智慧寶庫 [1]，與美國國家醫學圖書館（National Library of Medicine）、國家農業圖書館（National Agricultural Library）同爲美國的國家圖書館。

提及國家圖書館一詞，國家醫學圖書館和國家農業圖書館早在 1956 年和 1962 年就分別被冠以「國家」（national）稱謂，而國會圖書館雖早已全面履行國家圖書館功能，但至今未改其名，且隸屬於美國國會的關係一直不變，因此其營運與國會有密切關係。

美國國會是由參議院與眾議院合組而成，參議院的規章及行政委員會（Senate Rules and Administration Committee）和眾議院的行政委員會（House Administration Committee）各推派五名委員組成圖書館聯合委員會，聯合委員會主席由兩委員會主席輪流擔任。凡與國會圖書館有關的各項立法，均須由參、眾兩院的行政委員會提出，重大問題的決策，經由聯合委員會討論同意後，再將意見帶回國會，爭取國會批准，因此國會聯絡與協調工作相當重要。國會圖書館的經費也是由國會同意後撥款。參、眾兩院各有撥款委員會，由國會圖書館館長向撥款委

員會提出預算報告並舉行公聽會後決定。至於國會圖書館館長則由總統提名，經參議院同意後由總統任命。[2]

美國國會圖書館除了為議會圖書館，並為美國國會提供主要的研究服務外，它更具備了國家圖書館的功能，甚至堪稱世界級圖書館，由以下幾點特色可見一斑：它是美國的著作權登記機構，並依法執行出版品呈繳；它是學術研究中心，廣泛典藏全球各種型式的研究資料，語言範圍超過 450 種；共有 22 個閱覽室，開放給高中年齡以上的讀者使用；為國家行政部門與司法機構所依賴的重要政府圖書館；提供盲人與肢體障礙者服務的國家圖書館；是一個卓越的法律圖書館；全球主要的書目資料產品提供者；室內樂的演奏中心；贊助各種展覽以及音樂、文學與文化計畫的推動，範圍擴及全國與全球；圖書館資源維護與保存研究中心；世界最大的地圖、地圖集、音樂作品、動畫影片與電視節目典藏所。[3]

國會圖書館位於國會山莊區內，由三棟建築構成主要館舍。這三棟建築並非同時建構完成，而是隨歷史發展所需，分別於國會圖書館史上的「三位巨人」任內逐步興建完成。被稱為國會圖書館三巨人的館長分別是恩茲韋斯・阮德・史波福特（Ainsworth Rand Spofford, 1825-1908）、赫爾巴特・卜特倫（Herbert Putnam, 1861-1955）、勞倫斯・昆西・孟福德（Lawrence Quincy Mumford, 1903-1982），他們對國會圖書館的發展各有重要建樹與歷史意義。[4] 關於國會圖書館的歷史，有一些可供參考的資料，例如 Charles A. Goodrum 撰寫的 *Treasures of the Library of Congress* 和 John Y. Cole 撰寫的 *JEFFERSON'S LEGACY – A Brief History of the Library of Congress*，於此不擬贅述，僅簡介國會圖書館三巨人的建樹，有助於瞭解國會圖書館是如何由議會圖書館走向國家圖書館，同時對國會圖書館的組織研究有基礎概念。[5]

一、恩茲韋斯・阮德・史波福特，館長任期：1864-1897
（Ainsworth Rand Spofford, 1825-1908）

　　史波福特於 1825 年 9 月 12 日誕生在新罕布夏（New Hampshire）的 Gilmantown。幼時未上學校，在家中私塾就讀，成人後欲進著名的 Amherst College 深造，但因身體虛弱未能如願，成名後該學院頒贈他名譽法學博士學位，表示崇敬。史波福特原為俄亥俄州辛辛那提市（Cincinnati）成功的出版商，其公司為西部經售新英格蘭先驗主義（Transcendentalist）書籍的最大書店。後因財務危機，轉往辛辛那提商務日報（*Cincinnati Daily Commercial*）主持筆政，開始新聞採訪工作。因赴華府採訪林肯總統就職新聞而與國會圖書館館長 John G. Stephenson 結緣，自 1861 年起被聘為國會圖書館副館長，1864 年 12 月 30 日，亞伯拉罕・林肯總統任命他為國會圖書館第六任館長，1897 年自願改為副館長，在新館長楊格（John Russell Young）之下，工作到 1899 年卜特倫就職館長時退休，一共在國會圖書館 38 年。[6]

　　史波福特在職 33 年，從法律和實踐上結合國會圖書館具備立法與國家圖書館兩種功能，這樣決定性的貢獻，使他被視為國會圖書館史上的第一位巨人。其主要貢獻可由以下各點得知：

　　1.出版品的版權登記與出版品呈繳：首先他促使 1865 年修訂版權法，恢復本國出版品必須向國會圖書館呈繳的規定。1870 年通過的大版權法更規定，一切與版權有關、依法須保存的紀錄或其他事物，包括書籍、地圖、圖片、樂譜等，除珍藏外，都應置於國會圖書館控制之下；此外，還可將複本與他館交換增進館藏。因此任何申請版權的出版品，應於出版後 10 天內每一種繳送兩本給國會圖書館，違者受罰。從這時起，美國出版品的版權登記和呈繳業務就集中於國會圖書館，而原本由國務院接受的呈繳本也轉交由國會圖書館典藏。

2.**圖書館藏迅速增加**：1866 年司密遜學院圖書館藏書約四萬冊移送國會圖書館存藏，1867 年國會通過聯合決議，經由司密遜學院國際交換所得之外國出版品，完全由國會圖書館典藏 [7]。另國會准撥十萬元收購 Peter Force 私人所藏美國出版書籍（Americana），包括書籍 22,525 冊，早年期刊 700 種，裝訂成冊，報紙 40,000 本，輿圖 1,000 張。以上這些書刊資料均使國會圖書館藏迅速增加。隨著藏書移送給國會圖書館，司密遜學院圖書館原來爲學術界服務的功能亦轉往國會圖書館，因此國會圖書館延長了開放時間，同時規定凡是交納一定金額保證金，即可使用國會圖書館藏書。這是國會圖書館開放給公眾使用的第一步。

3.**起建新館──傑佛遜大樓**（The Jefferson Building）：由於館藏增加，服務對象和內容擴大，原本位於國會大廈內的空間已不敷使用，自 1871 年開始，史波福特就爲建造一新獨立館舍而努力，歷時 15 年遊說，終於得到國會同意。1886 年動土，蓋了 11 年，於 1897 年 7 月興建完成具文藝復興建築風格的傑佛遜大樓，共耗美金六百萬元，爲世界最大、最貴、最安全的圖書館。

4.**確立國家圖書館功能**：19 世紀末、20 世紀初，美國資本主義迅速發展，經濟實力大增，成爲世界大國，文化教育事業蓬勃發展。史波福特強調國會圖書館要勝過歐洲的國家圖書館；國會圖書館應該是永久的，典藏美國全部思想的寶庫，包括科學的與文藝的知識，且圖書館是一獨立機構，不受任何團體牽制。1876 年成立了美國圖書館協會（ALA：American Library Association），對結合國會圖書館之立法與國家圖書館雙重功能的影響有推波助瀾之效。

由於圖書館界對國會圖書館的期望甚高，盼其能在全國圖書館工作的規範、集中編目、館際互借等方面發揮更大作用，1896 年至 1897 年間，美國圖書館協會在國會圖書館聯合委員會與撥款委員會的公聽

會上，強烈要求將國會圖書館的服務範圍與工作內容擴大，成爲指導全國各種類型圖書館的中心，爲此必須擴增編制、增設機構與增加撥款。雖然 1897 年 12 月撥款委員會通過一項決議，同意「國會圖書館將被稱爲國家圖書館……國會圖書館館長被指定爲國家圖書館館長。」但國會最後拒絕改變國會圖書館名稱，更不願改變其隸屬於國會的關係。然而國會圖書館結合立法與國家圖書館雙重功能卻自此確立，以後歷任館長均按照該模式工作。

二、赫爾巴特・卜特倫，館長任期：1899-1939
（Herbert Putnam, 1861-1955），

卜特倫 1861 年 9 月 20 日生於紐約市。自紐約 Dr. Marse 的 English and Classical School 肄業，後入哈佛大學就讀，1883 年以最優成績畢業，被選爲 Phi Beta Kappa 榮譽學會會員。次年入哥倫比亞大學法學院。1884 年經朋友介紹，到明尼蘇達州的明尼亞波利斯（Minneapolis）私立圖書館（Athenaeum）主持館務，並在該市大學學法。一年後通過考試，成爲執業律師。雖無圖書館訓練，但興趣濃厚，乃棄法而全力投入圖書館事業。1895 年任波士頓公共圖書館（當時爲全國最大的公共圖書館）館長，兩度擔任美國圖書館協會主席，1899 年 3 月被任命爲國會圖書館第八任館長。卜特倫任館長 40 年，是歷屆館長任期最久的一位。

卜特倫任內將國會圖書館擴展成爲世界第一圖書館，功在國家。學識、智慧、魄力兼而有之，成就之大，在美國無人望其項背。其重要貢獻摘要如下：

1.發行圖書館目錄卡片，出版聯合目錄：1901 年開始編目、出版、發行國會圖書館的目錄卡片，引領全國圖書館編目規範的標準化，提高編目品質與減少各館重複編目。此後世界各國紛起效尤。1902 年

開始以卡片目錄為基礎，編制全國聯合目錄。

2.**推出國會圖書館分類法**（Library of Congress Classification）：卜特倫剛接任館長時，國會圖書館仍沿用傑佛遜的 44 大類分類圖書[8]，然實際上該分類法早已不適用，雖然當時美國圖書館界廣泛使用杜威十進分類法，對國會圖書館而言仍嫌不足，因此從 1900 年開始，以布魯克林公共圖書館展開分類法（Expansive Classification）為基礎，以國會圖書館藏實際分布需求研訂新的分類法，終於在 1904 年推出國會圖書館分類法。

3.**推出國會圖書館標題表**（Library of Congress Subject Headings）：1897年開始編制字典式目錄，隨後以此為基礎，將使用過的主題詞累積並擴充更新，於 1909 年至 1914 年間推出綜合大型標題表，即國會圖書館標題表，成為世界上影響最大的標題表。

4.**增設新部門、擴展業務**：國會圖書館加強與全國圖書館聯繫並為全國圖書館服務，於此同時國會開始抱怨其為立法機構的服務不足，為扭轉該情況，卜特倫於 1911 年提出單獨設立立法參考服務部門的建議，1914 年獲國會批准。另在國際交換方面，卜特倫提議設立文獻部門，功能之一乃積極從事出版品國際交換，採訪外國出版品，以補充國會圖書館外文藏書。卜特倫設立的文獻部門是國會圖書館史上第一個與國際交換有關的單位，擬於本章第二節詳細介紹。

5.**首次製作《辦事手冊》**（Manual），**為全國圖書館示範**：1901 年年度報告中附錄 200 頁的《辦事手冊》，將圖書館的組織、設備、收藏與辦事程序詳加說明，為全國圖書館示範，有所依循。

三、勞倫斯・昆西・孟福德，館長任期：1954-1975

（Lawrence Quincy Mumford,1861-1955）

孟福德 1903 年 12 月 11 日生於北卡羅萊納州 Ayden 市。大學二

年級時即在圖書館工作,先爲出納組組長,後生參考與流通部代理主
任。1928 年入哥倫比亞大學圖書館學院進修,一年後得 BLS 學位,
受聘爲紐約公共圖書館參考部助理員,旋調館長室助理,技術組
(Preparation Division)組長。1940 年向紐約館請假,接受國會圖書館
館長阿奇博德‧麥立什(Archibald MacLeish)邀請,赴華盛頓改組該
館內部結構,1942 年完成計畫,受到讚許,館長亦嘆爲奇蹟。1945
年赴俄亥俄州任克利芙蘭公共圖書館(Cleveland Public Library)副館長、
1950 年升任爲館長。他同時擔任美國圖書館協會主席。 1954 年 4 月
22 日由艾森豪總統任命爲國會圖書館第十一任館長,任職 20 年,與
前兩位巨人相比,任職時間最短,但其歷史意義卻不容忽視。

　　1.改善與國會的關係,立法與國家圖書館功能均得加強:國會圖
書館的立法與國家圖書館功能一直是爭論不休的問題,國會一直堅持
國會圖書館是國會的工具和產物,其職責首在滿足國會議員的需求,
若經費與人力許可範圍內,始能拓展其他方面的服務,因此任何爲擴
大全國服務而請求增加撥款均被拒絕,孟福德特別爲此努力改善國會
圖書館與國會的關係。1957 年蘇聯發射人造衛星給予孟福德莫大助
力。當時美國朝野相當震驚,非常擔心美國科學與教育落後蘇聯,因
而促使美國圖書館發展,此後國會通過一些法案,不僅加強國會圖書
館採集全球最新出版品與學術資料,同時也促成了全國採購與編目協
調計畫。

　　國會圖書館在實際上確立了全國圖書館中心地位之後,有人提議
將國會圖書館的立法參考服務部交給國會,版權辦公室也交給其他政
府行政部門管理,而國會圖書館純粹是由總統領導的文化實體,可正
式更名爲國家圖書館。然而孟福德堅決反對,因爲國會一向反對任何
削弱對國會圖書館控制的意見,他認爲任何改變現狀的努力只會使情
況更糟。儘管後來 1966 年 9 月成立的全國圖書館諮詢委員會(National

Advisory Commission on Libraries）曾向總統提出「**承認並加強國會圖書館為國家圖書館的地位**」，尼克森總統建立的全國圖書館與資訊科學委員會（National Commission on Libraries and Information Science）於 1970 年也提出「**國會圖書館應正式命名為國家圖書館**」，但國會對於更名以及將立法與國家圖書館功能分開的主張，始終抱持反對態度，僅承認國會圖書館在事實上已成為美國國家圖書館，甚至於 1970 年 6 月通過改組法案，將國會圖書館的立法參考服務部改名為國會研究服務部，明訂該部門只為國會議員與國會所屬各委員會服務，除資訊諮詢外，側重政策分析與研究，並讓該部門享有獨立的經費預算，行政上享有自主權。

2.**自動化技術的引進**：1961 年由福特基金會資助、圖書館資源委員會支持國會圖書館自動化，開始引進電子計算機技術。1966 年 6 月，國會圖書館開始發行 MARC 書目磁帶，實現計算機編目的理想，隨後又拓展至採訪、流通、參考、諮詢、國際合作各方面，帶動館務發展的巨大變革。

3.**出版品預行編目計畫**（CIP：Cataloging in Publication）：繼 MARC 機讀格式之後，孟福德有採行一快捷編目法。國會圖書館要求出版商先將印書的清樣送一份給該館，館中即刻編目，將草片連同清樣送還出版者，印書時將編目訊息印在該書書名頁的反面，如著者、書名、標題款目、國會分類號、杜威分類號、國際標準書號等項。各圖書館購到書籍後，即可照抄在卡片上，小圖書館連向國會圖書館購買卡片的錢都省下來了。

4.**起造第三座館舍——麥迪遜紀念大廈**：1965 年 10 月詹森總統決定撥款興建國會圖書館第三棟館舍，但至 1971 年 6 月才正式動工，1980 年 4 月建成開館。新館舍命名為詹姆斯·麥迪遜紀念圖書館（James Madison Memorial Building），位於傑佛遜大廈南側，是三棟館舍建築

最大的，其中設置大量現代化電腦設備、通訊設備，與另兩棟大廈隔街相望，地下樓層完全互通，便於工作。每年有研究員、學者和觀光客約兩百萬人造訪國會圖書館，提供數百萬人次的圖書館閱覽服務。

第二節　「從無到有」的國際交換組織

　　美國國會圖書館在 1900 年之前並未設立出版品國際交換專責單位。雖然依據 1867 年法案，由司密遜學院與國會圖書館共同承擔美國官方出版品國際交換的任務，實際上是由政府印刷局（GPO）將出版品送交司密遜學院，每隔一段時間再將出版品集中運送至國外，而國會圖書館只負責交換所得出版品的編目與典藏，至於是否收到外國政府出版品的查核、缺漏補齊與各種聯繫，應由誰負責，於法並未規定。1899 年 4 月，新任館長卜特倫深知，要讓國會圖書館的國際交換計畫更有效果，必須採取積極的態度，加上國會圖書館由立法圖書館逐漸走向國家圖書館，館藏外國資料愈益重要，因此他在審核年度預算（1900 年 7 月至 1901 年 6 月）的公聽會上，提議設立文獻部門，結合參考與採訪功能，將國際交換視為採訪的管道之一，於是 1900年文獻組（Division of Documents）正式成立。

　　依據 1901 年的工作手冊，文獻組主要功能是取得並安排政府出版品供眾使用，同時也說明應依據 1867 年法案和 1901 年的修正，透過司密遜學院的國際交換系統，與國外進行文獻交換。為了加強交換補足缺漏的文獻資料，文獻組第一步是直接與外國政府接洽，藉此的確補充了不少外國政府出版品。此外經由國務院協助，透過美國派駐他國外交人員幫忙，確立已建立的出版品國際交換關係，補充了諸多國家的法令規章報告等頗具價值的出版品，豐富館藏。

　　1925 年至 1929 年是文獻組最積極拓展國際交換的階段，當時由

柴爾斯先生（**Mr. Childs**）擔任主任，將工作重點轉移，由前人的館藏補缺變為積極尋求交換伙伴的合作，從以下統計數字可見一斑：1925年國際交換收入少於 10,000 件，1926 年收入 18,303 件，到了 1930 年收入成長至 35,000 件。柴爾斯先生「親自訪問交換單位」或「聯繫駐外使館的協助」來拓展國際交換。例如，1926 年他親自造訪德國、俄國和拉脫維亞，發現他們的交換工作並非集中由一個機構負責，而且官方出版品沒有目錄及法定取得的管道，能運用的數量相當有限，因此他根據各國不同情況，分別訂立適合的解決之道。再如 1927 年10 月 10 日，土耳其同意透過美國大使館轉運官方出版品，其他還有諸多類此安排，不一一詳述。柴爾斯亦仿效前人作法，透過國務院和美國駐外人員協助，積極建立新的交換關係。總而言之，柴爾斯不論到那兒參訪，總是提倡最新官方出版品目錄的編製，他對國會圖書館的「部門交換」貢獻頗大，其成就可歸納如下：

1. 大力推動國會圖書館出版品國際交換系統的運作。
2. 新增官書交換單位。
3. 加強與美國國務院、各國駐華盛頓使館、美國駐外使館合作，確保各國官書的取得。
4. 提倡呼籲各國重視官方出版品的管理，編製官書目錄；調查各國政府已有的官書目錄，提供國會圖書館員補缺。
5. 任職五年，國會圖書館由國際交換所得數量成長三倍。
6. 奠定後來國會圖書館之國際交換系統的基礎。

　　1929 年柴爾斯轉任編目主任，1930 年代的國際交換運作大致遵循他所訂立的模式，一直到 1933 年柴爾斯又回任文獻組。[9] 然文獻組於 1943 年 7 月因國會圖書館改組而被裁撤。[10] 關於國會圖書館的組織演變，詳見本章第三節。

第三節 國際交換組織的演變

　　一個機構的組織結構可能因必要而調整改變，尤其是一個具活力發展的機構更是無法避免，美國國會圖書館正是如此。在國會圖書館史上，歷任館長有多次不同的組織重整，最顯著的當屬第 9 任館長阿奇博德‧麥立什（Archibald MacLeish）為國會圖書館組織結構樹立了基本格局，以及現任館長（第 13 任）貝林頓（James H. Billington）大規模的改革。本節擬從國會圖書館的組織演變中選擇與國際交換有關部分進行研究。

一、阿奇博德‧麥立什（Archibald MacLeish）樹立國會圖書館組織結構基本格局

　　美國國會圖書館在 1939 年之前，也就是第二位巨人卜特倫退休之前，一直是屬於館長集中領導的型態，以卜特倫為例，當時全館有 36 個部門，全由館長直接領導，各部門主管直接向館長報告。這樣的模式，在一個機構組織規模不大時或許頗有效率，然而當國會圖書館已經發展成國家級圖書館，甚至是世界大館之際，這樣的行政管理方式早已不堪負荷，而且影響效果及效率。因此卜特倫任職 40 年光榮引退之後，繼任者阿奇博德‧麥立什（Archibald MacLeish）首先對國會圖書館組織結構進行重整。

　　麥立什第一步先將各單位功能加以「群組」（grouping），設立行政（Administration）、圖書加工（Processing，即編目部）和參考諮詢（Reference）三大部門（Department），另有兩個行政目的特殊的部門是法律圖書館（the Law Library）和版權辦公室（the Copyright Office）。大架構決定之後，實際的重整工作，不只是將原有單位併入適當的架構之下，同時還就各單位功能重新加以檢討整合，有些予以擴充，有

些將部分功能劃歸給其他更適合的單位，逐步改組後，甚至設立一新的部門——採訪部（the Acquisitions Department），將書籍資料的選擇與取得工作從原屬的參考部（the Reference Department）和圖書加工部（the Processing Department）分離出來。這是國會圖書館首次為集中書籍採訪工作而設立的部門，其中有專門負責交換與贈送的單位。

麥立什自 1939 年到 1945 年任職約 6 年，若與前任館長卜特倫相較，為時甚短，然其組織重整行動自 1939 年至 1944 年 3 月完成，將國會圖書館組織從館長集中領導，改變成依功能劃分為幾個大部 (department)，大部之下設立分部（division），分部之下設組（section），共三個層級的樹狀結構，為後來國會圖書館組織結構樹立了基本格局。以下就麥立什組織重整與國際交換有關部分說明如下：[11]

（一）採訪部未成立前的資料採集工作

1.圖書加工部的登錄分部

(the Accessions Division of the Processing Department)

(1)登錄分部的由來與工作範圍

麥立什未接掌國會圖書館之前，該館並無集中負責館藏發展與資料採訪的部門，資料收集工作是分散在各單位。1940 年 9 月 18 日麥立什發布行政命令 981 號 (General Order No. 981)，設立圖書加工部，包含五個分部，其一是登錄分部 (the Accessions Division)。然而這只是一個初步的行政命令，到了 12 月 23 日發布行政命令 1004 號 (General Order No. 1004)，詳細規範各分部職務內容，其中規定登錄分部的工作如下：「登錄分部擔任圖書館的圖書、散頁及其他資料之購買與收入中心，負責收入因贈送、移轉與呈繳的資料，安排交換，同意購書帳款的簽發，保存購書經費記錄。」這只是資料採訪工作集中的第一步，仍有幾項工作例外，未被納入登錄分部，即期刊和報紙的收集與登錄

由參考部的期刊分部 (the Periodicals Division) 處理,而關於政府出版品的交換仍由參考部的文獻分部(the Document Division)負責。1941 年 11 月 15 日登錄分部之下設立了複本與交換組(the Duplicate and Exchange Section)。參考部的文獻分部於 1942 年 2 月進一步將交換所得政府出版品的登錄工作移交給登錄分部,而一些特殊出版品的蒐集與文獻分部保留的國際交換安排也由登錄分部接管,自此文獻分部只負責資料開發的聯絡與建議,同時加強參考服務。1942 年 5 月 11 日登錄分部擴大工作範圍,將原來的複本與交換組改為一般交換組 (the General Exchange Section),完全接管由交換、呈繳、贈送而來的各種政府出版品登錄。

(2)登錄分部之下的組織

行政命令第 1004 號執行了兩年之後,對實際工作已累積相當經驗,為了讓組織更嚴謹,1942 年 10 月 27 日發布行政命令第 1163 號 (General Order No. 1163),取代原來的第 1004 號。依據這項行政命令,登錄分部之下簡化為三個組:訂購組 (the Order Section)、交換與贈送組 (the Exchange and Gift Section)、期刊記錄組 (the Serial Record Section)。訂購組是由原來的西班牙文組、法律組與一般訂購組 (the Hispanic、Law and General Order Sections) 結合而成;交換與贈送組是由原來的一般交換、文獻交換與贈送組 (the General Exchange、the Document Exchange and Gift Sections) 結合而成。至於期刊記錄組是一個新設立的單位,成為國會圖書館第一個依期刊刊名記錄館藏的單位 (以往國會圖書館只有依據架位列序的期刊資料)。

2.參考部的文獻分部與司密遜分部

(the Document Division and the Smithsonian Division)

參考部之下有兩個與交換有關的分部——文獻分部 (the Document Division) 與司密遜分部 (the Smithsonian Division)。

(1)文獻分部

由本章第二節得知，在麥立什改組之前，文獻分部原本是一獨立單位，是卜特倫為加強國際交換而成立的單位。劃歸為參考部之後，主要負責處理從他國政府或其他官方資源取得的資料，後來在麥立什的改組行動中，逐步將有關交換的責任移轉給圖書加工部登錄分部。

(2)司密遜分部

顧名思義，司密遜分部主要負責處理經由司密遜學院獲得的全球出版品。但隨著 1943 年新成立採訪部，採訪責任完全集中，國際交換工作由採訪部的交換與贈送分部 (the Exchange and Gift Division) 接掌，加上依據 1944 年 3 月 25 日行政命令第 1218 號改組參考部，廢除司密遜分部的運作。[12]

（二）採訪部的成立

1.成立的理由

經過先前的改組，雖然圖書採訪工作已較集中，但仍分屬圖書加工部和參考部，主要由前者負責選書，由後者負責購買與登錄。這樣的安排不僅使整個採訪政策與處理程序不連貫，同時也干擾了參考功能的運作。因此經過一段時日的研究，認為單獨設立一部門將採訪功能分離誠屬必要。

2.行政命令第 1188 號 (General Order No. 1188)

採訪部的成立乃依據 1943 年 6 月 30 日發布的行政命令第 1188號，配合採訪部的成立，圖書加工部和參考部的主要變動如下：

(1)圖書加工部的登錄分部移轉給採訪部，功能併入採訪部組織；期刊記錄組移轉到採訪部，擴大為期刊記錄分部(the Serial Record Division)。

(2)原屬於圖書加工部的購買與登錄搜尋功能，移轉給採訪部的訂

購分部 (the Order Division)以及交換與贈送分部(the Exchange and Gift Division)。

(3)原屬於參考部文獻分部的政府出版品採訪功能移轉給採訪部的交換與贈送分部。在此之前,文獻分部的登錄工作早於 1942 年 2 月移轉給圖書加工部的登錄分部,現隨登錄分部移轉而屬於採訪部功能。

(4)非主動徵求而因著作權呈繳或因贈送與交換而得的資料,由採訪部篩選。[13]

3.採訪部的組織與運作

綜言之,採訪部設主任 (Director) 1 人,領導 11 人於主任辦公室工作。之下設助理主任 (Assistant Director) 兩名,一人(Assistant Director for Operation) 負責協助主任監督管理採訪運作,另一名 (Assistant Director for Planning) 協助規劃未來的館藏需求。

組織方面,第二層級設立三個分部:訂購分部 (the Order Division)、交換與贈送分部 (the Exchange and Gift Division)、期刊記錄分部 (the Serial Record Division)。其中交換與贈送分部有 28 名員工,負責處理依據布魯塞爾公約及其他條約交換所得的政府出版品,依據各種法律條款或官方捐贈來源進行資料的採訪,以及有條件的呈繳與部門間資料的移轉登記。

關於購買書籍方面,設有採訪委員(Acquisitions Committee),主要職責是擔任主任的諮詢,依據館藏發展政策分配購書經費於各個領域,但不必負責實際採買事宜。另外採訪主任也接受其他部門的主題專家(subject specialists)薦書,以使館藏領域分布均衡。

至於非購買的書籍 (約 85%),以往雖有著作權呈繳選書委員會 (Commission for the Selection of Copyright Deposits) 依據書刊名稱挑選過濾,但非經挑選的交換與贈送資料卻無任何檢視規則,因此另外任命

選書官員 (Selection Officer)，依據採訪委員建議、採訪主任與館長同意來檢視篩選該類資料。[14]

二、盧瑟‧哈里遜‧伊凡思（Luther Harris Evans）廢除採訪部

　　1945 年 6 月 29 日盧瑟‧哈里遜‧伊凡思接替阿奇博德‧麥立什爲第十任館長，在此之前，他已擔任國會圖書館的首席助理館長 (Chief Assistant Librarian)與立法參考服務部主任多年。伊凡思任職期間擴大外文圖書資料的採購，使外文藏書迅速增加，並積極參加國際圖書館活動，使國會圖書館成爲國際圖書館協會聯盟（IFLA：International Federation of Library Associations and Institutions）等國際圖書館組織的積極會員。[15] 美國的「文化交換」計畫在此時也已發展至全球，特別是出版品國際交換。[16]

　　關於組織方面，伊凡思改變麥立什的作法，於 1947 年 8 月 6 日將採訪部併入圖書圖書加工部，工作重新分配，交換與贈送變成圖書圖書加工部之下的分部 (the Exchange and Gift Division)。前述伊凡思任職期間外文藏書迅速增加，不論是因爲擴大採購，或是透過交換取得全球出版品，因而促使伊凡思於 1948 年 11 月 5 日將原來交換與贈送分部之下的「交換組」（the Exchange Section）廢除，改依區域劃分四個組：英美交換組（the American and British Exchange Section）、歐洲交換組 (the European Exchange Section)、東方交換組（the Orientalia Exchange Section）、西班牙交換組（the Hispanic Exchange Section）。

　　伊凡思將採訪部撤銷，採訪功能併入圖書加工部的組織型態維持了近三十年，其間不論歷任館長如何調整，交換與贈送分部一直是歸屬於圖書加工部之下，一直到 1978 年布爾斯廷（Daniel J. Boorstin）館長的改組，將圖書加工部改名爲「圖書加工服務」（Processing Service）。

三、丹尼爾・J・布爾斯廷（Daniel J. Boorstin）的改組

國會圖書館第三位巨人卜特倫之後由丹尼爾・J・布爾斯廷繼任為第十二任館長，他於 1978 年進行改組，是自麥立什樹立組織結構基本格局 38 年後較大的改組行動，全館各單位幾乎都受到影響。其改組行動乃經過兩年的研究才開始執行，分四個階段完成，其中和國際交換有關的是第二階段。

第二階段於 6 月 5 日開始，歷時三十幾年的圖書圖書加工部（Processing Department）改名為「圖書加工服務」（Processing Services），原圖書加工部主任（Director）提升為助理館長（Assistant Librarian for Processing Services）。其下一層級分為三部門：採訪與海外運作（Acquisitions and Overseas Operation），編目（Cataloging），編目維護、製作與出版（Catalog Maintenance, Production and Publications），各設主任一名（Director）。交換與贈送乃再下一層級，歸屬於採訪與海外運作。[17] 如圖 6-1。[18]

整體來看，布爾斯廷對組織的調整，第一層級除了原來的行政、圖書加工、參考、國會研究服務、法律圖書館、著作權辦公室之外，增加了「國家計畫」（National Program），分別由兩位副館長（the Associate Librarian）、三位助理館長（the Assistant Librarian）、國會研究服務部主任、法律圖書館館長領導。「部」（department）的稱謂不再使用。[19]

四、詹姆士・H・貝林頓（James H. Billington）的改組

詹姆士・H・貝林頓於 1987 年春由雷根總統任命為國會圖書館第十三任館長。就職後貝林頓多次提出國會圖書館應該同時從兩個方面努力。第一、要使國會圖書館的資源更廣泛地為美國社會各界所用；第二、要更深入地使這些資源轉化為知識，昇華為智慧。[20]

貝林頓對國會圖書館組織做了大幅度調整，雖然基本格局仍在，

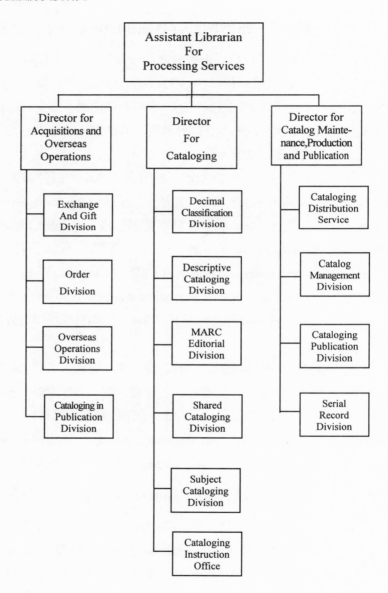

圖 6-1：美國國會圖書館「圖書加工服務」組織分工圖 (1978 年)

但名稱和內容均有所變動。此次改組歷時多年，至 1997 年 10 月左右甫算大致底定。新的組織大架構如圖 6-2。[21]

由圖 6-2 可知，貝林頓將國會圖書館功能整合成五大部份：法律圖書館 (Law Library)、著作權辦公室 (Copyright Office)、國會研究服務 (Congressional Research Service)、圖書館服務 (Library Services)、以及支援服務 (Support Services)。前三者與過去組織類似，後二者由其他技術功能整合而成。綜合來看，第一層組織較以往精簡。

「交換與贈送」(Exchange and Gift Division)自 1943 年成立以來，不論國會圖書館組織如何調整，其歸屬的部門名稱如何改變，一直是屬於採訪功能下的單位，而「交換與贈送」從 1948 年以來依「區域」劃分成各組的原則也沒有改變 [22]，即使貝林頓上任後未改組完成之前依舊如此。以下簡單檢視其改組過程。

在貝林頓的改組過程中，採訪部門改名為「採訪與支援服務」(Acquisitions and Support Services)，屬於第一層級圖書館服務（Library Services）之下，截至 1997 年 6 月為止，採訪與支援服務之下設有 8 個單位，如圖 6-3。

交換與贈送(Exchange and Gift Division) 是其中一個單位，其下分為 8 個組：[23]

1. 美洲與大英交換贈送組(American and British Exchange and Gift Section)
2. 亞洲交換贈送組 (Asia Exchange and Gift Section)
3. 歐洲交換贈送組 (European Asia Exchange and Gift Section)
4. 西班牙採訪組 (Hispanic Acquisitions Section)
5. 文獻蒐集組 (Documents Expedition Section)
6. 聯邦文獻組 (Federal Documents Section)
7. 收錄移轉組 (Receiving and Routing Section)

圖 6-2：美國國會圖書館組織圖（目前）

Organization of the Library of Congress

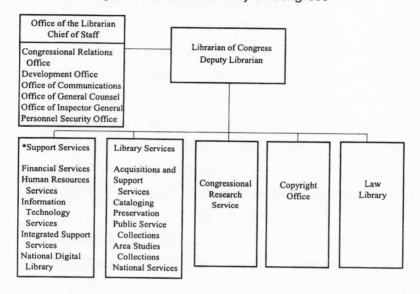

圖 6-3：採訪與支援服務組織簡圖（1997 年 6 月）

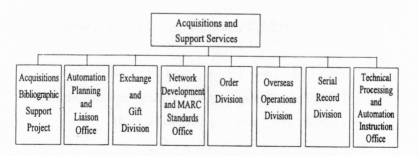

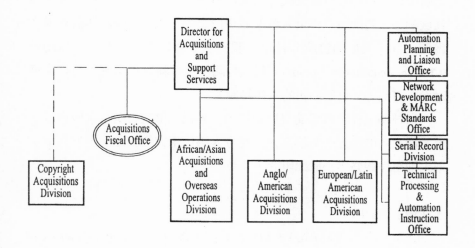

圖 6-4：採訪與支援服務組織簡圖（目前）

8. 州政府文獻組 (State Documents Section)

然而上述的採訪與支援服務組織結構至 1997 年 10 月有所改變，如圖 6-4。[24]

由圖 6-4 可知，除了保留 4 個單位：自動化規劃與聯絡（Automation Planning and Liaison Office）、網路發展與機讀格式標準（Network Development & MARC Standards Office）、期刊記錄（Serial Record Division）、技術處理與自動化引導（Technical Processing & Automation Instruction Office），其他單位合併成 3 個以「區域」劃分的單位，即亞非採訪與海外運作(African/Asian Acquisitions and Overseas Operations Division)、英美採訪 (Anglo/American Acquisitions Division)、歐洲與拉丁

美洲採訪 (European/Latin American Acquisitions Division)。換言之，改組之前，以採訪來源分為交換與贈送、訂購、海外運作，改組之後，以區域劃分，將前述工作併入各區域單位之內。以亞非採訪與海外運作為例，其下又依語言劃分各組，關於中文資料收集設有中文採訪組 (Chinese Acquisitions Section)，凡是有關中文資料收集事宜，包括交換贈送、訂購等，均屬該組的工作範圍。[25]

　　貝林頓上任至今已逾 11 個年頭，其組織重整可謂是突破傳統，重新樹立新的型態，規模之大，至今人事仍未完全安定。至於其改組效果則有待觀察，不於此研究。

【注釋】

1. John Y. Cole, *JEFFERSON'S LEGACY — A Brief History of the Library of Congress,* (Washington, D.C.: The Library of Congress, 1993), p.11.

2. 邵文杰：〈美利堅合眾國的國家圖書館〉，收入邵文杰等編著：《北京圖書館與俄美等國家圖書館》乙書（北京：書目文獻出版社，1994 年 12 月），頁 116-117。

3. 同注 1，頁 12。

4. 同注 2，頁 104–113。

5. 同上注，國會圖書館三巨人的建樹主要依據邵文杰之：〈美利堅合眾國的國家圖書館〉（同注 2）及嚴文郁：《美國國會圖書館名人略傳》（台北：文史哲出版社，民國 87 年 10 月），摘要重點並重新整理撰寫。

6. 嚴文郁（同注 5），頁 15-16；以下卜特倫、孟福德小傳同此書之頁 171-172、頁 278-279。

7. 參閱第二章〈第一節 出版品國際交換的歷史概況〉，頁 37 和第五章〈第二節 三種不同類型的國際交換〉之「一、條約交換」，頁 107。

8. 在推出國會圖書館分類法之前，國會圖書館一直使用傑佛遜的 44 大類分

類圖書，此乃源自其歷史發展，簡述如下：1813 年美軍襲擊加拿大首府約克(現爲多倫多)，焚燬加拿大議會大廈和議會圖書館。1814 年 8 月英軍爲了報復入侵，華盛頓的國會大廈被焚燬，國會圖書館館藏大多付之一炬。同年 9 月，前總統傑佛遜致函國會，願將其全部藏書售給國會圖書館。10 月，兩院圖書館聯合委員會同意以 23,950 美元購入傑佛遜的 6,487 冊藏書。國會圖書館遂以此爲基礎重建館藏。故後來國會圖書館一直沿用傑佛遜的圖書分類，直到推出國會圖書館分類法。（參閱邵文杰文（同注 2）

9. *Annual Report of the Librarian of Congress 1943*, (Washington: United States Government Printing Office, 1944), p.13-20.

10. Robert D. Stevens, *The Role of the Library of Congress in the International Exchange of Official Publications – A Brief History*, (Washington: The Library of Congress, 1953), p.17-p.31.

11. 關於麥立什組織重整研究乃綜合 *Annual Report of the Librarian of Congress 1942, 1943, 1944, 1945*，整理相關重點，重新組織撰寫。

12. Archibald MacLeish, "The Reorganization of the Library of Congress, 1939-44," in *Annual Report of the Librarian of Congress 1945* - Annex I, (Washington: United States Government Printing Office, 1946), p.116-118.

13. 同前注 p.126。

14. 同注 12；*Annual Report of the Librarian of Congress 1944*, (Washington: United States Government Printing Office, 1945), p.15-17。

15. 同注 9, p.109-110；*Annual Report of the Librarian of Congress 1946*, (Washington: United States Government Printing Office, 1947)。

16. 參閱第五章〈第二節 三種不同類型的國際交換〉之「三、文化交換」，頁 110-111。

17. *Annual Report of the Librarian of Congress 1978*, (Washington: United States

Government Printing Office, 1979), p.120。

18.同上注, p.1-2。

19.同注 16。

20.同注 9, p.115。

21.美國國會圖書館亞非採訪與海外運作部之中文採訪組組長蔡武雄博士（Dr. David W. Tsai ： Head, Chinese Acquisitions Section, African/Asian Acquisitions & Overseas Operations Division）於 1998 年 1 月 20 日到我國國家圖書館訪問，提供最新「國會圖書館組織圖」及「採訪與支援服務組織圖」各一份，並對改組後的中文採訪組運作加以解說。

22.參閱本章〈第三節 國際交換組織的演變〉之「一、(二)採訪部的成立」與「二、盧瑟· 哈里遜· 伊凡思（Luther Harris Evans）」廢除採訪部的研究，頁 128-130。

23.參閱 1997 年 6 月「國會圖書館電話錄」(LIBRARY OF CONGRESS - TELEPHONE DIRECTORY, JUNE 1997)。

24.同注 20。

25.同注 20。

第七章　美國政府出版品管理

第一節　通　論

「政府出版品」（government publications）有一些常見的同義詞彙，如官方出版品（official publications）、官方文獻（official documents）、政府文獻（government documents）等，是出版品國際交換中很重要的資源。從國際交換發展的歷史來看，第一個全球國際交換公約──布魯塞爾公約，主要就是規範政府出版品的交換，第二個全球國際交換公約──聯教組織交換公約，特別為政府出版品國際交換訂定了「官方出版品與公牘國際交換公約」[1]，故政府出版品在國際交換中的重要性可見一斑。

政府出版品的發行與商業出版品不同，雖然有部分可經由公開行銷管道購買，但有許多非賣品，或未公開銷售之出版品，則無法購得，因此「國際交換」遂成為最便捷的獲得渠道。既然如此，各國的國家交換中心（按：通常由國家交換中心承擔政府出版品交換的任務）能否確實收集政府出版品，深深影響國際交換的效果。但政府出版品的收集，又與各國的政府出版品管理制度有關。因此，研究政府出版品管理制度，實乃出版品國際交換研究之重要環節。然在探討政府出版品管理制度之前，似應先瞭解政府出版品的意義。

一、政府出版品的定義

目前各國對政府出版品尚無一致定義。中國古代由政府編

撰、刊行或收藏的書籍稱「官書」，現代政府出版品常被稱為「官方出版品」，是指國際政府組織（如聯合國）和各國政府機關所出版的文件資料。政府出版品大致分為兩大類：一類是行政文獻（包括立法、司法文獻），主要有各項政策、條例、命令、法令、規章制度、國會或議會紀錄、議案、決議、聽證記錄、司法資料、法律、外交文書、公報及調查統計資料等，主要涉及政治、法律、經濟等方面；另一類是科學技術文獻，主要是由政府出版的科技研究報告、調查考察報告和技術政策、標準、專利文獻、公開後的科技檔案等。[2] 簡言之，涵括所有政府施政與活動的紀錄。

在美國，政府出版品亦稱政府文件（Government documents），係指經政府授權或用政府費用印行之出版品。就出版品性質而言，可分為行政機關出版品，如國務院的白皮書；立法機關出版品，如國會通過的條約；司法機關出版品，如法院判決書。根據美國圖書館協會政府出版品委員會（GODORT ：The Government Documents Round Table of the American Library Association）於 1977 年所下的定義：「政府出版品或政府文獻，係指任何一種由政府機構發行，或為政府機構發行之圖書、連續出版品或非書資料，如聯邦政府、州政府、地方政府、各國政府及國際組織的出版品。」國際組織係由各國或各國代表組成，如聯合國（UN）、美洲國家組織 （OAS）以及伊利流域盆地委員會（Erie Basin Commission）。從當代資訊傳播方式來看，政府早已廣泛使用電子媒體或網路資源，而政府資訊系統的檢索與利用，正逐漸取代傳統書本式政府出版品，故應將「政府資訊」納入政府出版品的同義詞彙中。[3]

若從政府出版品的發行角度來看，有些國家設有專門出版機構集中管理，如英國的皇家出版局（HMSO），美國的政府印刷局（GPO）等，由這些機構發行的出版品，自屬政府出版品。但其

他未設立專門出版機構的國家，則多由政府部門編輯，委託印刷廠印製出版，或指定出版社出版。另外有一種較模糊而難以定義的情況，如政府委託一些基金會、專業學會等，進行研究出版，或由政府資助學術機構出版學術著作，此類出版品是否屬於政府出版品，則看法不一。[4]

二、政府出版品的流通

政府出版品的產生已成為政府機構每日運作的一部份，以便達成法定的任務或服務社會大眾。美、英、法、日等國，每年的政府出版品多達幾萬件，並且還在逐年增加，數量相當可觀。這些出版品所涵蓋的主題範圍相當廣闊，包括法律、經濟、貿易、軍事、科學、工程技術、農業、醫藥衛生等；出版形式多樣化，常見的有報告、公報、通報和通訊、文件匯編、會議錄、統計資料、圖表、地名詞典、官員名錄、國家機關指南、政府工作手冊、地圖與地圖集等，除了傳統印刷型態的圖書、期刊、小冊子之外，還有各種載體的非書資料型態[5]，甚至網路資訊檢索系統。

政府出版品數量多，內容廣泛，資料可靠，是重要的資訊來源；圖書館肩負保存資料與提供服務的任務，該如何獲得呢？通常有三種管道：第一、透過「寄存圖書館制度」：由政府選定一些圖書館，免費提供政府出版品，再由這些圖書館依一定標準將資料加工、維護並保存，提供民眾利用；第二、透過「國際交換」：並非所有的圖書館都適合或願意成為寄存圖書館，此時國際交換便是獲得外國政府出版品的另一渠道；第三、經由傳統的採購方式：現代政府資訊管理多編印目錄、索引、通訊或書目，作為選擇政府出版品的參考書，其中若是註明可價購取得者，則可運用傳統採購方法。

三、國際組織的政府出版品寄存

　　談及寄存圖書館制度，除了各國自有不同之道外，在國際組織方面也有許多寄存圖書館計畫，但和一般各國的寄存計畫不同。以聯合國爲例，在全球約有 300 個寄存圖書館，但各館必需支付年費。這些圖書館會收到傳布聯合國消息活動的出版品、支援各會員國工作的出版品，以及區域委員會在該地所發行的資料。除了聯合國本身，其附屬國際組織也有其他寄存圖書館計畫。例如，聯合國教科文組織（UNESCO）有一廣泛的寄存圖書館制度，可蒐藏全部的出版品；世界糧農組織 （FAO）的寄存圖書館已超過 90 個國家；世界衛生組織（WHO）限定每個國家只能有一所寄存圖書館；歐洲經濟委員會(EEC ：European Economic Commission)設有寄存圖書館與歐洲文獻處理中心（ European Documentation Centers），前者多是公共圖書館，分散各地，俾利群眾就近使用，後者則設在開辦歐洲研究課程的各大專院校，此與一般寄存圖書館制度略有不同。[6]

第二節　美國政府印刷局(GPO)

一、引介

　　許多先進國家都建立了政府出版品統一管理制度，如美國、英國、加拿大等，其中以美國最早建立，爲此制度扮演核心角色的是「政府印刷局」(GPO ：Government Printing Office)。

　　政府印刷局未成立以前，出版品的印製由各屆國會自行招商辦理，品質良莠不齊，令人不滿，因此 1818 年時，一國會委員會建議設立政府印刷局，目的是「爲國會及政府各部門快速印製

統一、正確且精美的出版品。」然而該項建議並未立即奏效，一直延遲至 1860 年 6 月 23 日，國會才通過一項印刷法案（The Printing Act of June 23, 1860〈12 Stat. 118〉）[7]，由國會兩院、行政與司法部門、訴訟法院共同授權統一的機構，負責政府出版品的印刷與裝訂。因此誕生了政府印刷局，於 1861 年 3 月 4 日林肯總統就職當天正式開幕運作。

政府印刷局隸屬國會管轄，提供國會即時服務，因此國會設有印刷聯合委員會（JCP：the Joint Committee on Printing），擔任政府印刷局的「領導團」（a Board of Directors of the GPO），其組織與職權編入美國法典第 44 號（Title 44，United States Code）。該委員會由參議員三人（參議院法規與行政委員會主席及委員二人）、眾議院三人（眾議院管理委員會主席及委員二人）組成，地位甚高。政府印刷局的最高行政領導人是政府印刷局局長（the Public Printer），由總統提名，經參議院同意後任命。局長是為對印刷與裝訂業務之專精人士，負責推動該局之各項業務。另置副局長一人，由局長指派合適人選任用之，主要襄助局長推動各項業務及監管該局大樓之正常營運。當局長無法視事時，由副局長暫代其職務，直至覓用新任局長為止。[8]

美國政府出版品包括行政、立法、司法三大部門所出版者，均由政府印刷局統一印刷、裝訂與分發，可由政府印刷局自行印製或發包製作。這樣的業務量相當龐大，因此政府印刷局除設有總印製廠外，另於芝加哥、紐約、舊金山及丹佛，設立分支機構，協助辦理部分事宜。然而統一印製的作法也有例外，美國法典第 44 號中規定：「國會印刷聯合委員會認為緊急或其他原因必須在他處印刷者」及「國會印刷聯合委員會批准由各部會印刷廠自行承印者」，皆不受統一印製規定約束。前述例外允許各部會自設

印刷廠，唯設備（都屬較小型設備）的採購，必須先經國會印刷聯合委員會核准，且承印的出版品類型，應先經呈報核准。另政府印刷局對各部會自行承印亦有補充規定：「單頁 5000 份以下，或多頁多份之總數不超過 25000 頁。」簡言之，正式的、大型的出版品都須交予政府印刷局承辦，而各部會只能印製小型印件或經專案核准的印件。由此可知，所謂「非政府印刷局的政府出版品」即指各部會自行印製者。

以往政府印刷局為國會發行的出版品數量最多，遠超過行政部門所出版者；行政部門的出版品主要在國會休會期間印製。但這種情況到了 1990 年代完全改變，行政部門的出版品數量遽增，與國會的出版品數量相較，比值是 "6：1"，若與司法機構相比較，比值則是 "300：1"，然該比率尚不包括大量非政府印刷局的出版品。

在出版品的型態方面，傳統紙本與電子資料出版品（如光碟）皆有。1988 年國會科技評估辦公室（OTA：the Congressional Office of Technology Assessment）針對「未來政府資訊傳遞是紙本或電子型態」發表了三點看法：

1. 1-3 年內，紙本仍舊需要，電子資料激增，但只是政府資訊發行總量的一小部份。

2. 3-5 年內，紙本需求減少，開始進入電子資訊時代，許多聯邦資訊必須以電子型態發行。

3. 5-10 年內，某些類型資料已不太需要紙本型式，但傳統的政府圖書、報告等仍舊需要；電子資料是主要的資訊型態。[9]

時至今日來檢視一下 10 年前的觀點，果然實現。美國寄存圖書館傳統收到的政府出版品，原本以紙本型式為主，到了 1977

年開始收到微縮片（microfiche）。「光碟」（CD-ROM）此一媒體於
1980 年代出現，1988 年美國製作出第一片光碟型式的政府出版
品：Census Test Disk No.2，此後以光碟型式出版的美國政府出版
品日漸增多。以美國地區寄存圖書館（regional depositories）為例，
1991/92 年收到 129 片光碟，1992/93 收到 162 片光碟，1993/94
年收到 210 片光碟，1994/95 年驟生至 302 片光碟。1995/96 預
計單一題名 *Digital Orthophoto Quadrangle Data-Doos*，將以 3500
片光碟發行。[10] 再以我國國家圖書館由國際交換收到的美國政府
出版品佐證，1980 年代除紙本外，開始收入大量的微片，1990
年代開始收入光碟，尤其近年收入的光碟數量激增，如 1996 年
收入 231 片，1997 年收入 278 片，而 1998 年前半年卻已收入 564
片，超過 1997 年一整年收入的兩倍。[11] 由此可知，以光碟型式
發行政府出版品是一種趨勢。

二、官書監（Office of the Superintendent of Documents）

　　從政府印刷局的組織來看，「官書監」與政府出版品的管理
最密切。官書監的前身是「公共文獻總監」（Superintendent of Public
Documents），依據 1869 年 3 月 3 日通過的法案〈15 Stat. 292〉
成立，原屬內政部，總理官方出版品的分配。到了 1895 年，通
過一項「印刷法案」（the Printing Act of 1895 〈28 Stat.601〉），將
公共文獻總監移轉由政府印刷局管轄，更名為「官書監」
（SuDocs：Superintendent of Documents），並擴充權能，包括書目
控制與政府出版品的銷售。

　　官書監在組織方面，下轄六個部門：文獻銷售服務（documents
sales service）、資訊傳播政策（information dissemination policy）、電
子資訊傳播（office of electronic information dissemination）、行銷

（office of marketing）、技術支援（technical support group）、圖書館
計畫服務（library programs service），其中最吸引圖書館員和資訊
專家們者當屬「圖書館計畫服務」。圖書館計畫服務下有三個分
支（divisions）：圖書館（the library division）、寄存服務（depository
services）、寄存分發（depository distribution）。圖書館分支下有編
目單位（cataloging branch）；寄存服務之下涵括一般行政
（administration）、加工處理（processing）和郵寄（mailing）。整個
組織的最基層是「小組」（section），包括編目、採訪、微縮控制、
加工處理、庫存控制、查核寄發與補缺。

官書監還負責六項主要的計畫：政府印刷局查檢服務（GPO
Access）、銷售、編目與政府資料索引、依法寄發特定的政府出
版品給國會和行政機關、寄存圖書館計畫、國際交換計畫。[12]

第三節　美國寄存圖書館制度

美國政府出版品的管理有一項重要措施，即寄存圖書館制
度，主要目的是使政府出版品能免費供民眾利用，正式的名稱是
「聯邦寄存圖書館計畫」（FDLP：the Federal Depository Library
Program），該計畫一直是近 150 年來傳布聯邦政府資訊的基本方
法。凡與寄存圖書館有關的立法，主要編入在美國法典第 44 號
第 19 章。

聯邦寄存圖書館計畫的執行單位是政府印刷局官書監所屬部
門「圖書館計畫服務」（LPS：Library Programs Service）。該部門扮
演寄存圖書館與政府間的中介角色，目前的工作是將每年大約
21,000,000 種政府出版品分類，分發給約 1,400 所寄存圖書館，
再由寄存圖書館提供必要的空間與設備，便利民眾免費使用。[13]

一、寄存制度之源起

　　政府出版品的寄存作法可遠溯至美國立國之初，最早的十二屆國會即授權加印參、眾兩院議事錄，分送給行政機關、州議會及議員。第十三屆國會第二次會期中（1813 年 12 月 27 日），通過一項決議，凡是政府出版品要送 200 份給各州、學術機構與歷史學會。至 1840 年 7 月 20 日及 1844 年 4 月 30 日的聯合決議通過，將出版品提高到 300 份。[14]

　　目前寄存制度的基礎是 1857 年和 1858 年的國會決議奠定的。在此之前，國會議事錄和國會文獻均寄存於國會圖書館，並由其分發運用，另外有 250 份送交國務院，由國務院分送給大專院校及學術機構。到了 1857 年和 1858 年，這樣的安排有了轉變，國會決議所有政府出版品分送工作移交由內政部秘書處統籌辦理，分送對象除原來的大專院校，增加公共圖書館、教科文機構和公共協會等，同時各選區的國會議員與託管區代表，亦可指定贈送對象。

　　1859 年另一項法案〈11 Stat.379〉進一步擴充內政部秘書處的職能，規定「凡依法為政府印製或購買的出版品，均由內政部秘書處安排、保存與分送，但為了國會或行政部門特殊用途印製或購買者除外」。同時該法案要求內政部秘書處保存所有收、發政府出版品的統計資料；各州參議員可指定寄送的圖書館，以使各選區機會均等。[15]

　　總結上述歷史，政府印刷局於 1861 年開幕之初，只是集中官方出版品的統一印刷與裝訂，並未負責分發；分發業務由內政部秘書處統籌辦理。1869 年內政部設立公共文獻總監，掌理分配官方出版品給寄存圖書館和其他可依法取得出版品的政府機

構。1895 年印刷法案又將公共文獻總監移轉至政府印刷局，並更名為「官書監」，自此政府印刷局才開始承擔官方出版品的分發業務。[16] 換言之，在政府印刷局成立之前，美國早已發展出政府出版品寄存制度的雛形；1895 年的印刷法案對現在寄存制度運作有重要歷史意義。

二、政府印刷局（GPO）成立後的重要立法

(一) 1895 年的印刷法

如前所述，1895 年的印刷法案（the Printing Act of 1895 〈28 Stat.601〉）使寄存圖書館制度有了歷史轉變。該法案整合以往與官方出版品之印刷、裝訂、與分發有關的法律，並由政府印刷局自內政部接管負責出版品分發的單位，更名為官書監，才開始承擔官方出版品分發責任。

該法律另外的重要改變有二，一是增加分送寄存圖書館的出版品種類，二是修改增補許多重要規定，如「所有送給寄存圖書館或其他圖書館的政府出版品，均應免費供眾使用。」這是與寄存有關的法令中首次提出「免費供眾使用」的規定。[17]

(二) 1962 年的寄存圖書館法

1895 年到 1962 年之間陸續有一些關於 1895 年印刷法的修正，主要是增加寄存圖書館的類型，以擴大民眾對政府出版品的利用。1962 年時通過寄存圖書館法案〈82 Stat. 1282〉，不僅整合了 1895 年到 1962 年間的修正法，同時對寄存圖書館規定有重要的改變：

1. 各選區代表與議員指定的寄存圖書館，增加為兩個。
2. 聯邦寄存圖書館的類型增加，包括行政部會、軍事學院，

及行政部會中之主要局、處與其他獨立機構等均屬之。

3. 增加非政府印刷局印製的出版品，用以擴充寄存資料的種類。

4. 各州最多可指定兩個「地區寄存圖書館」（regional libraries or regional depositories），因此「選擇寄存圖書館」（selective depositories）只負責典藏寄存資料五年。

上述各項改變以第 4 點最受圖書館員歡迎，因為在此之前，所有寄存圖書館必須永久典藏所有寄存出版品，這對圖書館管理而言真是不堪負荷。

1962 年寄存圖書館法通過後，寄存圖書館分為「地區寄存圖書館」與「選擇寄存圖書館」；前者接受全部因寄存計畫而來的出版品，且必須永久保存，並在該地區提供館際借閱、參考服務，以及協助處理選擇寄存圖書館所淘汰的政府出版品，而後者只接受經由圖書館挑選的官方出版品，保存五年後即可淘汰。[18]

(三) 1962 年後增加兩類法定的寄存圖書館

1962 年之後，美國法典第 44 號 19 章又有兩次修正，增加了兩類依法指定的寄存圖書館：

1. 1972 年通過，各州最高法院列入聯邦寄存計畫。

2. 1978 年立法授權，政府印刷局長可依法律學校請求，指定其為寄存圖書館，修正原來「一地區未有足夠的寄存圖書館服務，始能設立新的寄存圖書館」之規定。[19]

三、寄存的指定與終止

(一) 寄存的指定

指定寄存圖書館之相關法規，見美國法典第 44 號 19 章 1905

款，並依據 the *Designation Handbook for Federal Depository Libraries* 予以擴充。指定新的寄存圖書館有兩種方式：國會指定（a congressional designation）和依法指定（a "by-law" designation）。

　　1.**國會指定**：若欲由國會指定為寄存圖書館，必須符合各地區寄存圖書館法定最高限額規定（如：各州最多可指定兩個地區寄存圖書館），因此，圖書館若欲尋求國會指定，首先必須確認該地區的寄存圖書館尚有餘額，接著諮詢現有的地區寄存圖書館，有關寄存地位的好處、成本與責任等事宜，然後寫信給州立圖書館館長，請求他的評鑑和推薦。州立圖書館館長收信之後，將會同地區寄存圖書館（有時州立圖書館即為地區寄存圖書館）、其他圖書館和專業協會共同諮商，決定是否向主管該地區的參議員推薦。若是決定推薦，參議員於收信之後，遂可據以去函向政府印刷局官書監指定。

　　2.**依法指定**：依法指定的程序較簡單，只需直接寫信給官書監，說明符合美國法典第 44 號 19 章的那幾款標準即可。

（二）寄存的終止

　　終止寄存圖書館地位也有兩種方式：寄存圖書館主動放棄，或由官書監依法定原因終止寄存地位。

　　1.**寄存圖書館主動放棄**：被指定的寄存圖書館有權主動放棄其寄存地位，只需寫信給官書監，說明放棄的原因和生效日期即可。政府印刷局受理後，將分別去函聲請放棄寄存的圖書館與同屬一區的地區寄存圖書館，通知原寄存出版品之移轉事宜。雖然放棄寄存的圖書館於聲請時可列明欲保留的出版品，但地區寄存圖書館有權決定其所需的寄存出版品予以接收，並指示剩餘出版品的處置。

2.**官書監依法定原因終止寄存地位**：官書監終止寄存的法定原因，通常與圖書館主動放棄的原因相同，大致如下：

(1)寄存出版品鮮為讀者利用；

(2)缺乏專業館員或足夠的館員；

(3)參加寄存計畫是一種財力負擔。

終止寄存的圖書館名單，定期登於 *The Technical Supplement to Administrative Notes* 之 *"Update to A Directory of U.S. Government Depository Libraries"* 一欄。[20]

四、寄存督察計畫（Inspection Program）

1970 年代中期，政府印刷局正式開始寄存督察計畫，由該局聘用全職的督察員（inspector），每五年對寄存圖書館進行一次正式的督察。基本上正式的督察約須花一整天時間，整個督察過程的最後半小時，由督察員與圖書館館長或代表會晤，此外還有主要館員亦應備詢。

督察制度的主要目的，是確定寄存圖書館履行責任，主要目標是檢討寄存制度的優缺點。督察評估的標準如下：館藏發展、書目控制、維護、人力資源、硬體設備、公共服務、合作努力、地區服務等項。依此標準，若有嚴重缺失的寄存圖書館將列入複查名單。

除每五年一次的正式督察之外，另每兩年進行一項問卷調查（the Biennial Survey），凡參與聯邦寄存計畫的圖書館均需配合回覆。問卷調查內容會隨寄存計畫發展所需而設計，例如 1995 年的問卷共 12 頁，首次調查政府印刷局網路查檢服務（GPO Access）、光碟產品(CD-ROM)的使用能力，以及網際網路的使用等問題。[21]

五、寄存圖書館評議會（the Depository Library Council）

寄存圖書館評議會於 1972 年成立，恰正好與美國圖書館學會（ALA：American Libraries Association）的政府出版品委員會（GODORT：The Government Documents Round Table of the American Library Association）同年成立。評議會由 15 位圖書館學家組成，由政府印刷局局長任命，依據 1975 年採行的憲章與法律運作，提供政府印刷局建議與實際協助。評議會每年開會兩次，會議結論刊登於聯邦公報（the Federal Register），而會議記錄（含委員會的全部建議）則出版為 *Administrative Notes*。雖然理論上評議委員會是代表寄存圖書館對政府印刷局提出建議，但寄存圖書館可不受委員會的建議和決議限制。[22]

六、目前寄存制度的缺點

構成目前寄存制度系統的成員有二：一邊是少數的「地區寄存圖書館」（regional libraries or regional depositories），另一邊是多數的「選擇寄存圖書館」（selective depositories）；其中大半是由國會指定寄存的學術圖書館，依法指定為寄存的行政部門圖書館、法律學校、各州最高法院等相對較少。

該制度的主要缺點是各地區之寄存圖書館數目不一，主要原因與國會指定有關。依據 1962 年的法案，國會指定寄存圖書館的上限增加為兩個，而圖書館一旦被指定為寄存，就一直保有這樣的地位，除非其自動放棄，或被官書監除名。然而美國憲法允許每 10 年進行人口統計並重劃選區，結果產生各選區之寄存圖書館數量不平均，常有同一選區有三個以上的寄存圖書館，而另一選區卻連一個也沒有。[23]

第四節　網路時代的政府印刷局
與寄存圖書館的角色

　　1895 年的印刷法案奠定了目前寄存圖書館制度的基礎。依該法案指示，官書監必須「收入並管理所有政府機關的多餘文獻；予以分類編目；監督分配與販售；每月及每年出版文獻索引；提供圖書館與一般民眾典藏大量的政府出版品。」前述大量的政府出版品，百年來以「紙本」為主要型式，一世紀之後，紙本仍舊印製，但卻多了微片、磁片、磁帶、光碟，及線上檢索（online）等方式。儘管政府機關仍繼續製作地圖及視聽資料（前者大量分發給寄存圖書館，後者以付費方式租借或販賣），但隨科技突飛猛進，尤其網路技術一日千里，以電子資料形式發行出版品與檢索政府資訊，將會是下一世紀的主流。[24]

　　政府資訊政策與網路科技結合，促使政府資訊由產生、傳布到使用與以往不同，已轉變成「直接連貫」模式。表面上看來，「直接連貫」模式似乎不再需要政府印刷局與寄存圖書館作為傳統的中介者。本節擬從新的傳布使用模式著手，探討政府印刷局與寄存圖書館的角色。[25]

一、傳統模式的主要精神

　　聯邦政府資訊尚未採用網際網路為主要傳布管道之前，聯邦寄存圖書館計畫 (FDLP) 主要是根據美國法典第 44 號 19 章的規定，其模式是由政府印刷局 (GPO) 擔任集中出版分發的管理者，以紙本或微卷為各政府機構出版資訊，再由該局統一分發給各州的寄存圖書館，而寄存圖書館有義務保存這些資料，並且免費提供民眾查閱。該項政策目的，是要讓每個人不受地域限制而有同

等機會免費取得政府資訊，此乃符合民主社會的基本要求條件。亦即「政府資訊公開，讓人民能平等而免費取得」是美國法典第44號19章的主要精神；依此精神建立的聯邦資訊傳播模式，政府印刷局與寄存圖書館成為政府資訊與人民之間的良好媒介。[26]

二、網路科技對聯邦寄存圖書館計畫的影響

(一) 衝擊聯邦寄存圖書館計畫的領導地位

網際網路興起，對聯邦寄存圖書館計畫最大的衝擊，似乎是使其領導政府出版品管理的中央地位沒落，主要原因有二：

1.**降低政府印刷局與寄存圖書館中介角色的必要**：由於網際網路的出現，聯邦政府機關可以非常容易將資料傳輸到網路上，再透過 WWW 或 GOPHER 等介面發布。以往民眾如要查檢政府資訊，必須親自到寄存圖書館，然現在透過網際網路，只要家中備有電腦與數據機，即可輕易上網查檢資訊，不必再前往寄存圖書館。如此一來，寄存圖書館的功能受到衝擊，政府印刷局與寄存圖書館擔任中介角色的必要性降低。[27]

2.**傳統法令無法規範網路資源**：依美國法典第44號19章規定，經由聯邦寄存圖書館計畫來傳布的政府資訊是「以個別文件方式出版的資訊」（"informational matter which is published as an individual document"），但何謂「以個別文件方式出版的資訊」，對行政部門而言卻有不同的解釋。例如，負責引導行政部門資訊政策的預算管理局（OMB ：Office of Management and Budget） 認為，該法並不適用於電子資訊資源（包括網路資源），因為這些資訊並非以「個別文件」出版。由於這樣的解釋，使得政府機關傳布電子資訊時，得以規避傳統的聯邦寄存圖書館計畫規範，如此一來，更加劇聯邦寄存圖書館計畫地位的沒落。[28]

(二) 因應衝擊的新法令——公共法律（Public Law)103-40

1.新法令產生的背景

(1)聯邦政府機關廣泛使用網路傳布資訊：促使聯邦政府機關使用網路傳布資訊的動力，主要來自政黨倡導。例如，副總統高爾（Albert Gore）任參議員時便推動立法，建立「國家研究與教育網路」(NREN ：National Research and Educational Network)，並發展「資訊高速公路」（information super highway）的概念；眾議院議長金瑞契（Newt Gingrich）提倡「電子民主」（electronic democracy），要求透過網際網路，提供民眾查檢所有政府立法資訊的便捷管道。[29]

(2)「GPO/2001：新世紀的視野」：因應網際網路的衝擊，政府印刷局在 1991 年提出「GPO/2001：新世紀的視野」(GPO/2001：Vision for a new millennium)，整體檢視資訊科技對 GPO 之宗旨、資源、使用者需求所產生的影響，製成策略規劃，以期達成設定的目標，可謂是 GPO 的白皮書。其中提到未來 GPO 的宗旨是：「協助國會與聯邦機構，以符合成本效益的方式，製作資訊產品及服務，使人民能快速有效利用。」由此可看出 GPO 將朝多元化出版方式發展，採用印刷、電子與光碟等不同媒體形式。[30]

(3)面對政府印刷局所受的指摘：長久以來，政府印刷局隸屬國會，集中領導政府資訊製作與分發的作法，一直受到行政系統與私人機構質疑，咸認政府印刷局應從國會管轄移出。此外，政府印刷局一直被認為是過時而低技術營運的機構。對此指摘，政府印刷局於 1991 年提出書面反駁，表示將會從「以功能為基礎的組織」轉型為「以使用者導向為基礎的組織」。就政治與立法運作的角度來說，要改變政府印刷局與國會的隸屬關係並不容

易，需要更強有力的法案支持，實在曠日費時，不如先立法整合
線上服務需求。因此，1993 年 6 月 8 日通過「1993 政府印刷局
電子資訊促進法」（the Government Printing Office Electronic
Information Enhancement Act of 1993），政府印刷局正式進入電子出
版時代。[31]

2.1993 政府印刷局電子資訊促進法

該法案源於參議院提案，係由國會議員羅司（Charlie Rose）
與福特（Wendell Ford）共同努力促成，目的為能在政府印刷局內
建立一項管道，促進民眾查檢聯邦電子資訊。其內容可歸納成四
項重點：

(1)官書監允許並鼓勵聯邦機構自行製作電子資訊資源，稱
為一個「位址」（locator），其內容由各製作機構負責控制維護，
而官書監必須將這些資源製作成電子目錄，並時時維護更新。該
項電子目錄服務稱為「位址服務」（the Locator Service）。

(2)官書監必須提供國會議事錄（the Congressional Record）、
聯邦公報（the Federal Register）及其他出版品之線上檢索系統。

(3)提供聯邦資訊之電子儲存設備（稱為"the Storage Facility"）：
由政府印刷局保留電子檔案一段時間，並提供檢索機制來查詢使
用儲存的檔案資料。

(4) 依各項原則，由政府印刷局的「電子資訊傳播服務辦公
室」（EIDS ：Office of Electronic Information Dissemination Services）
與各聯邦機關合作，共同發展「政府資訊定址服務系統」
（Government Information Locator Service，簡稱 GILS），另由聯邦公
佈欄（FBB ：the Federal Bulletin Board）提供線上訂購出版品、即
時發布新產品消息，以及其他對聯邦資訊需求的服務，並發展各
式電子產品，包括光碟、磁片、磁帶及線上檔案下載功能。

以上四項重點，共同組成政府電子資訊系統的四項元素，統稱爲「政府印刷局檢索服務」（GPO Access）。自此聯邦寄存圖書館計畫進入網際網路新紀元。[32]

三、聯邦寄存圖書館計畫的新面貌

聯邦寄存圖書館計畫因應網路科技的影響，處於轉型階段，從原來以印刷形式的政府出版品爲傳布媒介，轉型成包括傳布電子政府資訊的廣大計畫；亦即聯邦出版環境從集中式（centralized）紙本印製分發，轉變成分散式（decentralized）電子出版傳送。爲此目標，聯邦寄存圖書館計畫必須發展新的方案，而負責執行計畫的官書監圖書館計畫服務（LPS：Library Programs Service）和寄存圖書館均必須配合轉型，以提升寄存圖書館服務的層次。[33] 以下擬由官書監與寄存圖書館的轉型，來探討聯邦寄存圖書館計畫的新面貌。

（一）官書監

1.GPO Access：

「1993 政府印刷局電子資訊促進法」使政府印刷局正式進入電子出版時代，官書監必須隨之轉型爲民眾檢索政府電子資訊的渠道，最主要的方式是透過「政府印刷局檢索服務」（GPO Access）。該項服務自 1994 年 6 月開始，採用 WAIS（Wide Area Information Service）伺服器，其中四項元素已於前說明。「政府印刷局檢索服務」最初推出時，只有寄存圖書館可以免費使用，凡直接連線使用的個人或公司則必須付費，後來官書監之圖書館計畫服務（LPS）發展「閘道圖書館」（Model Gateway Libraries），使用者可透過閘道寄存圖書館連線政府印刷局檢索服務，如此便不需要付費。[34]

　　「閘道圖書館」是一項免費使用政府印刷局檢索服務的新計畫，於 1994 年 10 月發起，凡參與該計畫的寄存圖書館，能夠經由各州或當地的公共網路，免費連線使用政府印刷局的電子資料庫。民眾可以透過電腦連線寄存圖書館，再連線政府印刷局檢索服務，則可免費檢索政府資訊。由於參與計畫的寄存圖書館猶如橋樑，溝通民眾和政府印刷局之間的聯繫，因此稱為「閘道圖書館」。該計畫的目標是希望「各州至少有一個閘道圖書館」。[35]

　　然而透過閘道圖書館即可免費使用政府印刷局檢索服務是很奇怪的作法。試想，如果為了要求民眾親自到寄存圖書館使用網路，有違網路資源共享原則，但若連線閘道圖書館即能免費，那麼誰會利用直接連線的付費方式呢？由此可知「使用付費」的觀念在此毫無用處，於是政府印刷局於 1995 年 12 月正式宣布，取消個人使用須付費的規定，並退還個人尚未使用的費用。停止個人連線使用的收費之後，聯邦寄存圖書館計畫於該方面所負擔的成本，由國會撥款支助。[36]

　　政府印刷局檢索服務除上述措施之外，官書監也不斷努力擴大資料庫的內容，其作法有三：

　　(1)建立電子資料傳布的基礎標準，聯繫整合各政府機關資料庫加入：由於歷史因素，政府印刷局能獲相當比例的政府資訊，但僅限於紙本，至於聯邦政府機關的電子資訊則不易獲得，因此**如何與其他政府機關合作，提供民眾免費使用電子資料，乃圖書館計畫服務的首要工作。**

　　目前關於合作計畫，已有一個範例，即各政府機關間有一協定稱為"the STAT—USA interagency agreement"，寄存圖書館依此協定可利用固定密碼免費取用各機關的資料庫（唯商務部的資料庫例外）。政府印刷局擬以此為基礎，繼續與其他政府機構洽

商，希望能夠全面免費使用各政府機關資料庫。

(2)圖書館計畫服務積極製作光碟或磁片，提供寄存圖書館傳布政府資訊。

(3)政府印刷局透過官書監的全球資訊網站(WWW)，提供三種光碟資料庫檢索功能，藉此減輕寄存圖書館個別維護光碟資料庫的負擔。[37]

2.聯邦寄存圖書館計畫的新方向

在聯邦寄存圖書館計畫轉型過程中，如何能獲得電子資訊傳布的優點，又不會失去傳統紙本服務的價值，是相當重要的課題。為此，圖書館計畫服務於 1995 年夏天設立了「電子過渡幕僚小組」(Electronic Transition Staff)，其任務在於找出過渡到電子環境所需的資訊科技。該小組與「寄存圖書館委員會」(Depository Library Council)合作，草擬一份「聯邦寄存圖書館計畫之電子資訊檢索與傳布服務」政策宣言(Electronic Information Access and Dissemination Services of the FDLP)，基本方針是未來將利用遠距離電子資料取得方式，或是製作電子媒體，以取代傳統用紙本或縮微膠捲保存政府資訊的方法。

因應上述新政策方針，官書監的主要工作方向有三：

(1)負責將紙本式政府出版品轉換成電子傳遞方式，同時符合資訊傳遞目的與使用者需求。經由聯邦寄存圖書館計畫，民眾可免費使用這些資訊，但寄存圖書館必須負擔必要設備、維護設備與網路連線所需要的成本。

(2)建立一套建置與維護電子資料庫的處理程序，並與國家檔案館(NARA ：National Archives and Records Administration)合作，不論是印刷式或電子式出版品，均製成檔案，存置於國家檔案館。

(3)官書監的「通道服務」(Pathway Service)與「政府資訊定

址服務系統」（GILS：Government Information Locator Service），設法收入非官書監所管理的政府機構資料庫位址，提供寄存圖書館與民眾連線使用。當某機關決定取消其網站時，官書監將與其協調取得資料，並由國家檔案館長期保存該項資源。

　　所謂「通道服務」（Pathway Service）是一套政府資訊搜尋引擎，將原本提供政府出版品目錄與索引指南的傳統角色，發展於電子環境中。易言之，「通道服務」是利用各種先進的索引、搜尋與擷取資料的工具，協助民眾快速尋獲所需要的政府資訊。主要以兩種方式提供指引服務：第一、利用「通道索引」（Pathway Indexer），這是一套組合工具，包括三種軟體——WWW 網站的自動搜尋取回軟體（WWW Crawler）、對取回的資料過濾分析並製作成資料庫格式的軟體、資料庫的搜尋引擎軟體，並採用一種開放式系統標準，能和「政府資訊定址服務系統」相容。第二、依照「主題目錄」（subject bibliography），先將政府網站進行分類，使用者可用關鍵字查詢各政府網站所提供的資料內容。[38]

　　綜言之，傳統寄存圖書館計畫與未來發展之比較如表 7-1。[39]

表 7-1：傳統寄存圖書館計畫與未來發展的比較表

項　　　目	傳　　　　　　　統	未　　　　　　　來
著 重 點	出版品	提供服務
服務方式	傳布政府出版品	檢索 GPO 與各政府機關的電子資料庫
傳遞方式	分送寄存圖書館實體產品	使用者以電子連線資料庫
資訊型式	資訊以實體型式記錄	資訊透過網際網路或相關技術線上獲得
FDLP 提供資料的責任	短期的	長期的

(二) 寄存圖書館

　　本節於一開始就提到網路科技衝擊寄存圖書館的傳統角色，似乎使其沒有存在的必要，但實際上寄存圖書館仍有存在必要，只是必須配合聯邦寄存圖書館計畫轉型，最基本得先增添電腦軟硬體配備，方能利用新的電子資訊，繼而逐步轉型成「電子寄存圖書館」。以下就寄存圖書館的四項功能，說明其於網際網路時代的角色。

　　1.從資料的寄存者轉變為資訊網路的閘道與諮詢者：網際網路時代，寄存圖書館仍有其存在必要，理由如下：

　　(1)雖然科技進步促使諸多資訊移植到網路上去，但仍有許多的重要出版品會繼續以紙本、微捲或光碟型式發行，在這些資料沒有上網之前，「寄存圖書館」便是最佳的安置與查詢場所。

　　(2)並非所有民眾都有使用網路的設備和能力，也不見得能隨時連線上網取得資訊，因此最佳的解決之道是借助寄存圖書館之力，圖書館編列預算，添購供民眾上網查詢資料的設備，如此才能符合傳統寄存圖書館計畫的主要精神──讓政府資訊公開，使民眾能有均等機會免費取得資訊。故未來的寄存圖書館角色，將從單純的資料寄存，轉變成為資訊網路的閘道（gateway）與諮詢者。

　　2.寄存圖書館的檔案保存者角色：在傳統的模式下，寄存圖書館是永久保存聯邦政府資訊的場所，特別是對地區寄存圖書館而言。但在網際網路時代，目前並未規定各地區寄存圖書館必須永久保存聯邦政府的網路資訊，那麼政府勢必得研擬政策，決定由誰承擔這項責任。除了寄存圖書館之外，也可能由各機關自行負責，利用政府印刷局的電子資料儲存設備，或是國家檔案紀錄

計畫等。另外還有兩種解決之道：

(1)由政府印刷局拷貝網路上的政府資訊，全部製成光碟片，定期發行，再透過傳統寄存模式，存放於寄存圖書館供民眾使用。

(2)由各政府機關和圖書館（不一定是寄存圖書館）簽約，由圖書館永久保存各機關的網路資訊，並且免費供眾查閱。若要符合民眾有均等機會取得政府資訊的精神，則寄存圖書館是最適合的地方。

3.**透過寄存圖書館分攤網路資源成本**：目前各機關對的傳統政策的解釋，使得政府機關的電子資訊不必透過政府印刷局來發布[40]，那麼究竟該由誰負擔使用網路資訊的成本便成問題。有些政府機構會將這項成本轉嫁，如採取對直接連線使用者收費，或透過寄存圖書館則免費的措施，另外也有由聯邦政府撥款補助，如政府印刷局檢索服務屬之。雖然目前並未規定寄存圖書館必須負擔這方面成本，但若各個圖書館基於預算考量，有的提供網路檢索服務，有的不提供，則有違寄存圖書館計畫的基本原則，對不同地區的民眾造成不公。因此，在未來的網路世紀中，政府政策似有必要效法傳統寄存模式，提供免費取得資訊的服務。

4.**對參考服務的影響**：從表面上看，網路運用使民眾對參考服務與目錄工具的需要降低，但事實上不然，大多數人可能花了許多時間上網，仍然找不到所需要的資料，因此專業參考諮詢人員非常重要，可協助使用者找尋資料，從最基本的網路檢索工具利用，到更高層次的資料處理與擷取。就此而言，圖書館員轉變成操作檢索工具與資訊取用的諮詢者。更重要的是，目前雖已發展出許多網路搜尋引擎，可協助快速尋找資料，但仍舊與專業圖書館員的經驗與直覺無法比擬，因此未來圖書館員更是資料來源指引者，訓練網路使用者如何尋找資料。[41]

四、結論

　　資訊網路時代，政府印刷局與寄存圖書館的角色轉變，對政府印刷局而言，應朝三方面發展：

　　第一、整合政府電子資訊，建立電子資料傳布基礎標準；

　　第二、製作政府資訊電子目錄系統，開發政府資訊檢索服務系統，協助民眾快速尋獲資料；

　　第三、運用各種電子媒體，製作保存政府資訊產品。

　　對寄存圖書館來說，應提供現代電腦設備，由資料寄存者變成網路資源的閘道與諮詢者，進而保存由政府印刷局製作的新型資訊產品，提供民眾使用。

【注釋】

1. 參閱第四章〈第二節　布魯塞爾公約〉，頁 76-77 和〈第三節　聯合國教科文組織交換公約〉，頁 81-84。

2. 參見圖書館學百科全書編委會：《圖書館學百科全書》（北京：中國大百科全書出版社，1993 年 8 月），頁 642-643；邊春光主編：《編輯實用百科全書》（北京：中國書籍出版社，1994 年 12 月），頁 9-10。（按：原書中稱「政府出版物」。）

3. Barbara G. Kile, "The Management and Use of Government Publications" in *Proceedings of Workshop on the Management and Use of Government Publications 1990*, p.3-4。{芭芭拉‧凱爾主講，劉春銀譯：〈政府出版品之管理與利用〉，收入國立中央圖書館閱覽組官書股編：《政府出版品管理及利用研討會論文集》（台北：國立中央圖書館，民國 80 年 12 月），頁 150-151。}

4. 同注 2；〈官方出版物定義〉，收入中國科學院圖書館研究輔導部編：

《第 47 屆國際圖書館協會聯合會大會論文譯文集》（北京：中國
科學院圖書館，1982 年 4 月），頁 168-170。

　　另政府印刷局（GPO）有不同的翻譯，如下：政府印務局（見
胡述兆總編輯，國立編譯館主編：《圖書館學與資訊科學大辭典》（中
冊），（台北：漢美圖書公司，民國 84 年 12 月），頁 998）；美國政
府出版局（見周文駿主編：《圖書館學情報學詞典》（北京：書目文
獻出版社，1991 年 12 月），頁 292。）

5. 同注 2。

6. 同注 3，頁 4-6。

7. 〈12 Stat. 118〉表示刊載於《美國法規匯編》（U.S. Statutes at Large）
12 卷 118 頁（本文以下相同注記方式者類推）。該匯編是美國成文
法的匯編，包括公法、私法及憲法的修訂，現行決議案，總統文告
等。1950 年以前的法規匯編還包括條約。凡法案自提出開始，經
過國會討論通過，到總統批准而成為法律的原始文件，接收入在此
匯編中。每屆國會集成一或二冊，每冊中有索引及內容表，自 1856
年起，增加法規一覽表，並對每一法規之歷史背景加以說明。參閱
《國立中央圖書館館刊》新 13 卷第 1 期（民國 69 年 6 月），頁 2。

8. 劉春銀：〈美國政府印刷局與國家技術資訊服務局之角色與功能探
討〉，《研考雙月刊》第 23 卷第 2 期（民國 88 年 4 月），頁 33。

9. "Chapter 2, Government Printing Office Programs and Services" in
Introduction to United States Government Information Sources, 5th
edition, Joe Morehead, (Englewood, Colorado: Libraries Unlimited,
Inc., 1996)， p.15-17；
甘居正：〈美國政府出版品管理制度〉，收入國立中央圖書館閱覽組
官書股編：《政府出版品管理及利用研討會論文集》（台北：國立中
央圖書館，民國 80 年 12 月），頁 150-151。

10.薛理桂：〈美國寄存圖書館發展趨勢〉,《國家圖書館館刊》86 年第 2 期 (民國 86 年 12 月),頁 93。

11.依據國家圖書館出版品國際交換處的收入資料登錄統計。

12.Joe Morehead (同注 9),頁 18。

13.Maggie Parhamovich Farrell, Ric Davis, Raeann Dossett and Gil Baldwin, "Electronic Initiatives of the Federal Depository Library Program," *Journal of Government Information* (Vol.23 No.4, 1996), p.393；

"Chapter 3, Depository Library System" in *Introduction to United States Government Information Sources*, 5th edition, Joe Morehead, (Englewood, Colorado: Libraries Unlimited, Inc., 1996), p.37-38.

14.Joe Morehead（同注 9）頁 38；Barbara G. Kile（同注 3）,頁 4-5。

15..Joe Morehead（同注 13）頁 38-39。

16.同注 14。

17.同注 16。

18..同注 16。

19.Joe Morehead（同注 13）,頁 39-40。

20.Joe Morehead（同注 13）,頁 40-41。

21.Joe Morehead（同注 13）),頁 41-42。

22.Joe Morehead（同注 13）),頁 42。

23.Barbara G. Kile（同注 3）,頁 4-5。

24."Chapter 1, Public Access in the Electronic Age" in *Introduction to United States Government Information Sources*, 5th edition, Joe Morehead, (Englewood, Colorado: Libraries Unlimited, Inc., 1996), p.1。

25.Duncan M. Aldrich, "Depository Libraries, the Internet, and the 21st

Century," Journal of Government Information（Vol.23 No.4, 1996）, p.381。

26.同上注，頁 382。

27.同注 26，頁 382。。

28.同注 26，頁 383；同注 9，頁 94。

29.同注 26。

30 同注 10，頁 94。

31.同注 24，頁 2。

32.同注 24，頁 1-3。

　關於美國政府資訊定址服務系統（GILS），參閱陳昭珍：〈美國政府資訊電子化與政府資訊定址服務系統（GILS）的建置〉,《研考雙月刊》第 23 卷第 2 期（民國 88 年 4 月），頁 23。

33.Maggie Parhamovich Farrell etc.（同注 13），頁 393。

34.同上注，頁 394-395；同注 10，頁 97。

35.同注 24，頁 3。

36.同上注；Maggie Parhamovich Farrell etc.（同注 13），頁 386。

37.Maggie Parhamovich Farrell etc.（同注 13），頁 395。

38.Maggie Parhamovich Farrell etc.（同注 13），頁 395-399。

39.Maggie Parhamovich Farrell etc.（同注 13），頁 400；同注 10，頁 100。

40.Maggie Parhamovich Farrell etc.（同注 13），頁 383-389。

41.同注 10。

第八章 我國出版品國際交換
的源起與發展

第一節 源起概說 [1]

一、前言

當代對出版品國際交換的理解是「一種國際科學文化合作的
型式，它依據正式的契約或自由協議，有關各方彼此提供印刷品
或其他形式的複印品，以促進各國不同機構之間的思想與科學資
訊自由交流。」[2] 這樣的觀念來自西方國家。若從文獻交流的層
面分析，出版品國際交換只是整個文獻交流渠道的一個組成部
分，是國際文獻資源共享的一種方式，同時又構成縱橫交錯的文
獻傳播網路，故亦屬文獻傳播的重要渠道之一。[3] 因此，若從廣
義的角度探究我國和西方國家的出版品國際交換起源，實可從明
末清初的中西圖書交流談起。[4]

西方國家的科學知識與科學出版品隨傳教士與海上貿易傳入
中國 [5]，始於 16 世紀末，其後 200 年間，一批批傳教士東來，
將基督教 [6] 及西方科學文明傳入，甚至造就了世界近代史上中西
文化交流的高潮。在這段中西文化交流的高潮期中，天主教 [7] 耶
穌會士扮演了重要角色。若進一步分析不同時期來華的傳教士，
其目的和使命則略有不同。最初傳教士東來，實因歐洲早期殖民
國家和受宗教改革打擊的羅馬教廷兩勢力結合，欲利用宗教傳播

來擴大自己的勢力範圍，故最初來華的傳教士基本上只有一個目的：在中國傳播天主教，盡可能讓更多的中國人信奉天主教；文化交流對他們來說，只是一種手段而非目的。然而 17 世紀下半葉以後，來華的法國耶穌會傳教士卻略有不同，儘管傳教依舊是他們的目的，但也同時肩負了文化交流的任務；此時，文化交流既是在中國傳教的手段，也是來華的目的。[8] 上述中西文化交流時正值我國明末清初，其中耶穌會士利瑪竇（Matteo Ricci）[9] 乃溝通中西文化之第一人，貢獻至鉅，而「多攜西書同譯」[10] 一直是利瑪竇的心願，其遺願促成了日後金尼閣（Nicolas Trigault）攜書七千部來華，擬於中國建立圖書館。到了 17 世紀下半葉，法國為進行一項天文觀測計畫，由法國國王路易十四（Louis XIV）派遣一批法國耶穌會士遠赴中國，其中有白晉（Joachim Bouvet），為康熙帝「留京候用」並進講西學，後來以康熙皇帝欽差之名於 1697 年返抵法國，贈送路易十四中文書籍一批，送存於「國王的圖書館」[11]（即法國皇家圖書館，今為法國國家圖書館[12]）。本節擬由四方面著手：耶穌會士來華背景，利瑪竇攜入西書、翻譯及著作的介紹，金尼閣攜書來華始末及內容、數量等的探討，以及白晉贈書始末、數量與是否真為康熙皇帝所贈之書查考，初探明末清初的中西圖書交流。

二、明末耶穌會士來華背景

明末耶穌會士來華源自於歐洲的殖民主義與宗教改革的時代背景，使殖民國家利用「傳教」作為向外擴張勢力的工具，至於傳教的方式又有武力傳教或學術傳教之爭，故耶穌會士來華背景分由「殖民國家與羅馬教廷勢力的結合」以及「武力傳教與學術傳教之爭」兩方面說明之。

(一) 殖民國家與羅馬教廷兩勢力結合

15、16 世紀之交，隨著通往印度新航路的開闢和美洲新大陸的發現 [13]，歐洲一些國家，迅速展開向海外殖民拓展的活動，特別是葡萄牙和西班牙，由於兩國均於 15 世紀末完成了政治統一和中央集權化的過程，具備了向外擴張的條件。通常殖民者採用軍事力量來佔領殖民地，用殘暴的手段掠奪財富，故常遭到被殖民者的反抗，於是在暴力侵犯之餘，必須設法懷柔，主要措施即派出傳教士，促使當地人民信仰天主教。[14]

1517 年 10 月 31 日由奧古斯修丁團（Augustinian Oorder）修士馬丁·路德（Martin Luther，1483~1546）為宗教改革揭幕。[15] 倡導宗教改革的「新教徒」（Protestant）代表的是反對歐洲封建制度的浪潮，在當時具有進步的意義，故為新興的資產階級所支持，在西歐和北美發展勢力，致使羅馬教廷喪失了大部分的地盤。於是羅馬教廷希望透過海外殖民，擴張新的領域並增加影響力，因而積極支持殖民者在殖民地的傳教活動。歐洲封建與宗教統治者兩勢力的結合，使海外傳教事業迅速發展。宗教既是歐洲封建君主的統治工具，也是殖民者手中的征服工具。[16]

殖民主義的葡萄牙將目標瞄準東方，於 1510 年佔領印度果阿，1511 年攻佔麻六甲，一度壟斷了歐洲對東方的貿易。[17] 1522 年（明嘉靖元年）中葡間發生第一次戰事，之後葡萄牙更不斷侵擾中國沿海，包括廣東、浙江、福建，於 1557 年（明嘉靖 36 年）侵佔澳門 [18]。然當時武力進犯尚不足以打開中國大門，而中國的閉關政策又使商業活動受到嚴格限制，故傳教活動更形重要，葡萄牙國王若望三世因而請求羅馬教皇派遣傳教士到東方，於是1540 年首派耶穌會士聖方濟各·沙勿略（Saint François Xavier，

1506.4.7~1552.12.2）前往遠東。[19]

(二) 武力傳教與學術傳教之爭

　　明朝由憲宗（1465~1486）開始實行閉關政策，出海貿易與外國貢市都受到嚴格限制。明代中葉外患嚴重，時有日本倭寇與中國海盜勾結，騷擾東南沿海，因而海禁閉關益嚴。明神宗萬曆（1572~1620）時規定，外商每年只能在廣州近郊通商兩次，且不准居留境內，夜間須返回船上住宿。[20] 商業活動受嚴格控制，傳教活動不易展開自然可想而知。16 世紀 50-80 年代，甚至有傳教士把進入中國傳教比喻爲「登月」，足見其困難程度。[21]

　　由於進入中國傳教困難，使耶穌會內部出現傳教方法之爭，究竟以「武力傳教」？抑或「學術傳教」？持武力傳教意見的代表人物是桑采芝（一譯桑徹斯），他們主張對中國施用武力，並提出領土要求，暴露了配合殖民主義者侵略的野心。另一派主張學術傳教者，認爲到中國係以傳教爲目的，因此必須以身作則，對中國表達善意，同時應學習中國文字，以便與中國的讀書人交談。

　　最早提出學術傳教主張者乃沙勿略，他是耶穌會在遠東傳教事業的奠基人，先後赴印度和日本傳教，經由這些中國的近鄰來瞭解中國。他發現中國極重視學術，故認爲派赴那兒的傳教士應該是聰明而且學問高深者，以便應付種種疑難問題。[22] 他對中國的觀察可由在日本記下的一段文字證明：

> 「中國在日本對岸，多傑出淵博之士，重學術，以讀書為榮。國中積學之士皆有高職，掌大權；日本則仰賴中國為其學術文化之策源地，迥異於此。」[23]

　　沙勿略之後，東方教區視察員范禮安（Alessandro Valignani，1539.2~1606.1.20）[24] 賡續其主張，故安排羅明堅（Michele Ruggieri，

1543~1670.5.11）與利瑪竇在入華前先攻讀漢語，研習中國文化習俗，最後打著「仰慕中國文化」的旗號，終能獲准進入中國。利瑪竇等人入華後，發現所攜入的西洋奇器和談論西洋文化、學術深深吸引中國人，尤其是文人、學者和官吏，因此更確立了學術傳教的基本策略。由利瑪竇的結論可知其對學術傳教的認同：

> 「傳道必須先獲華人之尊重，最善之法，莫若以學術收攬人心，人心即附，信仰必定隨之。」[25]

三、利瑪竇(Matteo Ricci)與中西圖書交流

利瑪竇（1552.10.6~1610.5.11），字西泰，義大利人，1583 年 8 月進入中國（廣州），1601 年在北京創建了河北傳教區，1610 年 5 月 11 日病逝於北京。[26]

利瑪竇為世人頌揚的並非傳教事業，而是他對中西文化交流的貢獻。他乃溝通中西文化之第一人，「西書」和「譯書」是重要的橋樑和媒介，中國因此首次接觸西方科學文明與知識，同時他亦藉譯著和著述向歐洲介紹中國的文明和經典文化。關於利瑪竇在華經歷與事略可參閱其他著作，於此不贅述，僅就攜入西書、譯著及著述三方面說明之。

(一) 由攜入之西書談起

利瑪竇於 1582 年 8 月（明萬曆 10 年）抵達澳門，後來設法從澳門到達廣東肇慶，終於得以踏上中國土地生活與傳教。然其最終目標是上北京晉見皇帝，希望勸服中國皇帝信奉天主，以達成普傳天主教於中國大陸之目的。其歷經萬難，足跡達南昌和南京，再從南京到北京，終得於明萬曆 29 年 (1601)向皇帝上疏貢獻方物。由奏疏中可知貢獻之物含有《天主經》及《萬國圖志》兩種圖書：

「謹以原攜本國土物，所有天主圖像一幅，天母圖像二幅，天主經一本，珍珠鑲十字架一座，報時自鳴鐘二架，萬國圖志一冊，西琴一張等物，敬獻御前。」[27]

《天主經》置於烏木匣中，內有題銘：「天主之理皆在於此，神像附呈。」其書燙金飾花，裝潢精美。《萬國圖志》是利瑪竇於南昌時所編纂的第一部西式圖書，乃依據奧代理烏斯（Abraham Ortelius）所著《地球大觀》（Theatrum Orbis Terrarum）之 1570 年初版所編寫。[28] 當利瑪竇初入中國，於廣東肇慶之時，其教堂「仙花寺」即懸掛一幅世界地圖 [29]，呈現地球是圓的，中國僅為世界的一角，地球上的陸地分五大洲，各洲均有人類生存，這使得「天圓地方，中國居於世界中央」的傳統觀念受到強烈挑戰，當時人民震撼異常。[30] 肇慶知府王泮對此圖甚感興趣，故請利瑪竇將原圖加以放大後刻板刊印，故有《山海輿地圖》王泮刻板，時乃萬曆 12 年（1584）。[31]

「利瑪竇的世界地圖」[32] 影響頗大，自萬曆 12 年至 36 年，除利氏自繪自刻外，國人亦紛紛為之翻刻。簡言之，利瑪竇對開啟中國人的世界觀、地理知識貢獻頗大。[33]

除上述兩部書外，利瑪竇來華時亦攜入八大冊《聖經》（四種語言），全套金邊精裝，置於錦匣內，放在祭台上。中國教徒從外觀即感覺書內包含的是金玉良言，曾要求將《聖經》譯成中文，這是中國近代翻譯《聖經》的最早醞釀。[34] 另從《利瑪竇中國札記》可知，攜入的西書還有天文學書籍：

「馬堂第二次檢查他們的行李時挑出來的東西中，有利瑪竇神父以前在各地蒐集的天文學的全部書籍，準備當皇帝可能要求他改正中國曆書的錯誤時使用。」[35]

(二) 西書與中文經典的翻譯

《幾何原本》是利瑪竇著名的譯著，實由「利瑪竇譯，而徐光啟所筆受也。」[36] 其所據非歐幾里得原本，而是利瑪竇之師「丁先生」（Christophoro Clavius）之 *Euclidis Elementorum libri XV*，然僅譯前 6 卷，且只譯正文。[37] 該書不僅傳播了西方科學文明的理性精神，同時奠定了明末清初振興中國數學的基礎。所以當有人質疑明萬曆帝賜葬利瑪竇時，東閣大學士葉向高答曰：「子見從古來賓，其道德學問，有一如利子者乎？無論其他事，即譯《幾何原本》一本，便宜賜葬地矣。」足見當時評價之高。梁啟超在《中國近三百年學術史》中盛讚此書「字字精金美玉，爲千古不朽之作」。[38]

至於翻譯中文的經典圖書，利瑪竇用拉丁文翻譯四書的部分片斷，於 1593 年寄到義大利，這是中國儒家文化西傳歐洲大陸的開始。[39]

(三) 利瑪竇的著作

利瑪竇瞭解中國極重視學術，更體悟到「所有的宗教教派的發展以及宗教學說的傳播都不是靠口頭，而是靠文字書籍。」以及「任何以中文寫成的書籍都肯定可以進入全國十五個省分而有所獲益。而且，日本人、朝鮮人、交趾支那的居民、琉球人（Leuchians）以及甚至其他國家的人，都能像中國人一樣地閱讀中文，也能看懂這些書。」[40] 因此他成爲第一個研究中國文學的傳教士。

利瑪竇用中文寫成的第一本著作是《交友論》，乃挑選西洋格言與哲人名句，並考量中國人的心理加以編寫，於南昌時獻給建安王。由於該書用歐洲語文和中文寫成，所以更加風行。贛州

有位知縣就中文部分加以重印，流傳於各省，爲利瑪竇贏得廣泛的聲譽。[41] 另撰有《二十五言》，是 25 篇短文，就各種道德問題和控制靈魂罪惡傾向的問題所寫，與《交友論》同屬議論和箴言之類的小冊子。[42]

《天主實義‧二卷》是利瑪竇的宗教哲學代表作，也是天儒合一的開山之作。《天主實義》中所包含的不是聖書的權威，而是從理性自然光明所引出的論點，甚至摘錄古代中國作家之語，意欲使中國讀者接受這部著作，由此可知他技巧地將中國人「尊儒」之心與中國傳統文化結合，納入書中。該書批駁了所有中國宗教教派，但卻運用天主教義闡揚聖哲孔子的思想，故只評論孔子時代(西元前 551~479)之後所發生的事。徐光啓以「易佛補儒」四個字說明該書的內涵，意思是「破除偶像並完善了士大夫的律法」。[43] 利瑪竇另一本中文著作《畸人十篇》，他自己稱爲「悖論」(*paradoxes*)，其中所包含的道德訓誡是中國人前所未聞的。[44]

除中文著作外，利瑪竇對中西文化交流影響最大的是《利瑪竇中國札記》，此書是西方人認識中國的重要著作。這部著作的主要資料是利瑪竇撰寫在中國傳教經驗的手稿，由比利時傳教士金尼閣攜回歐洲，在航程中整理，從義大利文翻譯成拉丁文，並增添一些有關傳教史和利瑪竇本人的內容，附有利瑪竇身後哀榮記述。該書於 1615 年在德國奧格斯堡首次出版，封面題字：

耶穌會利瑪竇神父的基督教遠征中國史

會務記錄卷五

致教皇保羅第五

書中初次精確忠實地描述了中國的朝廷、風俗、法律制度以及新的教務問題

著者同會比利時人尼古拉‧金尼閣。

　　此書出版後，在歐洲不脛而走，之後陸續出現各種文字譯本，計有拉丁文本 4 種，法文本 3 種，德文本、西班牙文本和義大利文本各 1 種。1625 年《普察斯朝聖者叢書》（Purchas His Pilgrims）中收有一英文摘譯本，而完整的英文本是 1942 年由加萊格爾（Louis J. Gallagher）譯出。1978 年另一法文新譯本出版，由貝西爾（George Bessiere）所譯。[45] 至於中譯本，由北京中華書局出版《利瑪竇中國札記》（1983 年 3 月），乃依據美國加萊格爾英譯本（1953 年版）並參考德禮賢[46]的注釋本翻譯而成。

　　《利瑪竇中國札記》一書可從三方面瞭解其內容及史料價值：關於中國基督教史料、明代史料及中西文化交流。若從文化交流方面來說，介紹中國到歐洲實為一大貢獻。他證明馬可波羅所說的 ”Cathay” 和中國是同一個國家，這項發現堪與哥倫布發現新大陸媲美。利瑪竇將中國儒家文化介紹到西方，把在中國所見一切，上至國家政體、下至吃飯用筷等，一一說明，甚至還是最早向歐洲介紹中國的「茶」和「漆」之人。[47]綜言之，這是一部極有價值的著作。

四、金尼閣（Nicolas Trigault）攜書七千部來華

　　金尼閣（1577.3.3~1628.11.14），字四表，比利時人，1610 年12 月 21 日於中國廣東肇慶。在中國期間，到過南京、杭州、北京、南雄、南昌等地，1623 年在開封府創建了河南傳教區，1625年創辦了山西和陝西傳教區。1628 年 11 月 14 日病逝於杭州。

　　金尼閣繼續利瑪竇遺願，希望在中國建立教會圖書館，故有著名史事——金尼閣攜書七千部來華。該批西書來華之時，受「南京教案」波及，滯留澳門，只能靠傳教士隨身攜帶入中國，可惜「帶進者尚未有十之一二」[48]，可知這些書是分批北運，最後是

否全部運達則不得而知。以下就這段歷史的背景及經過，七千部
書的內容、來源、款式及數量加以說明。

(一) 背景及經過

1.龍華民擬建立教會圖書館，派金尼閣返歐募書

利瑪竇生前即非常重視西書的傳入和翻譯，曾以爲中國教會
募集圖書之名，不斷向歐洲教會索書。[49] 利瑪竇病逝後，繼任者
龍華民（Niccoló Longobardi，1565.9.10~1655.12.11）接續其遺願[50]，
希望能在北京建立一所教會圖書館，並藉由翻譯來達成傳教的目
的，金尼閣深知其意義而積極支持：「成立圖書館，乃最縈余懷
者，幾無一事較此更使余念念不忘也。」[51]

金尼閣受龍華民派遣返歐，於 1613 年 2 月 9 日左右以傳教
區司庫身份離開澳門前往羅馬，1614 年 12 月 11 日經由印度、
波斯和埃及而到達羅馬。他從教廷那裡獲許在傳教儀禮中用文言
漢語代替拉丁語（1615 年 3 月 26 日）。[52] 金尼閣返歐掀起支持中
國傳教的熱潮，教會內外人士紛紛捐款，爲中國建立教會圖書館
贈書，此外金尼閣更進行環歐旅行，由鄧玉函[53]陪同金尼閣訪
書，足跡遍及義大利、法國、德國、比利時[54]，所募之書雖以宗
教神學爲大宗，但也有哲學、文學、數學、醫學、法學、天文學
及音樂藝術等。金尼閣精心鑑別，最後選定七千部左右，耗資裝
訂成精裝，帶回中國。[55]

2.南京教案波及，西書滯留澳門

南京教案起因傳教士的「禮儀之爭」。所謂「禮儀」主要指
中國人尊孔、祭祖兩件大事，利瑪竇在世時認爲此純屬民俗，與
宗教無關，故允許中國教徒保留這種習俗，然龍華民繼任後卻認
爲這是迷信，力主嚴禁教徒參加，從此傳教士便對此問題持兩派

意見。由於禮儀之爭給予士大夫反教的口實，特別是主持南京傳教的王豐肅（Alfonso Vagnone，1568.1 [或 1569]~1640 [或 19]），經常聚眾主持禮拜，引起非議，終至 1616 年遭指控，以天主教惑眾、圖謀不軌、有通敵之嫌等罪名被捕，並央及南京教堂的傳教士及中國教徒，甚至牽連到北京的傳教士，最後由明神宗下令，將王丰肅等傳教士共四人驅逐出境，造成著名的「南京教案」。從此西學公開傳播受到嚴重限制，致使 1616 年到 1622 年間，沒有任何一本傳播西學的譯述著作。[56]

金尼閣 1618 年 4 月中旬從里斯本乘船返華，1619 年 7 月 22 日抵達澳門[57]，見到被驅逐的傳教士，才知發生南京教案。受此案波及，七千部西書已很難一次運入中國，只能靠傳教士隨身攜帶入境了。

(二) 關於七千部書的內容、來源、款示、數量

1.七千部書所涉及的學科範圍

金尼閣攜來的七千部書沒有明確的書目記載，若根據金尼閣本人對此事經過的記述[58]，七千部書所涉及的學科範圍甚廣，包括人文類、哲學類、神學類、教義類、醫學、法學、音樂類書以及數學書。甚至除書籍之外，還攜有各項測算儀器與製造儀器之機械。

由方豪撰〈明季西書七千部流入中國考〉的漢文史料查證來看，亦可略探端倪。艾儒略著 《西學凡》，1623 年刻於杭州，楊廷筠弁序其首，曰：「*所稱六科經籍，約略七千餘部，業已航海而來，具在可譯。……*」[59]這說明了七千部書包含「六科」，而「六科」之學是艾儒略 《西學凡》 中主要介紹的內容。 《西學凡》 本身是「*一本歐洲大學所授各學科的課程綱要*」[60]，六

科即文科、理科、醫學、法科、教科、道科，今譯爲修辭學、哲學、醫學、法學、修士學、神學，但今譯爲哲學的理科，與現代所稱的哲學並不等同，而是多種學科的總稱，艾儒略特別指出理科課程分爲五門，即亞里斯多德的邏輯學、自然哲學、形上學、數學和倫理學。[61] 若是從七千部書之第一部譯著 《遠西奇器圖說》[62] 來看，該書屬物理學，亦可輔證七千部書不盡爲宗教書籍。

2.七千部書的來源、款式及數量

七千部書的來源據金尼閣本人記述 [63] 分析得知，自親友處獲贈藏書一批約值兩千金幣，另有教宗之全部贈金與贈書 [64]，及西班牙主教所捐助之五千冊書，此外還有特別購買之書，以及作家和出版家餽贈者不少。[65]

金尼閣將這些書籍重新予以精裝，「所有書籍均以紅皮裝訂，一面有教宗御璽，書名並其他花飾，均燙金。余並盡量設法，使所有書籍均為大本。關於書藏之裝飾，已備有教宗大畫像一幅，作參與彌撒狀，……」[66] 由此可知七千部書外裝款式之精美。

至於金尼閣攜書數量究竟多少，依方豪撰〈明季西書七千部流入中國考〉，列出與此事有關的漢文史料十七事，曰「七千餘部」，但其翻譯金尼閣本人記述此事經過時卻出現「……，及西班牙主教所捐助之五千冊書，……」[67] 並於結論謂：「據金氏遺札，僅西班牙主教所捐者，亦有五千冊，……益以教宗所賜者，他人所贈值二千金幣者，其在七千冊左右，亦灼然之事實。」[68] 究竟這些書該用「部」還是「冊」爲計算單位呢？依方豪之意，「部」似乎與「冊」同義。以現代常用字彙的理解，一「部」書常指同一門類的書，如經、史、子、集四部，或現代所謂的「叢書」，可包含多種不同的書名；另也可能被解讀與「套」同義，則一部書可意指同一題名但分爲多冊的一套書。若以這樣的理解

來解讀，則七千部書似乎是指七千冊之意，可引以下楊廷筠語說明之。楊廷筠於《代疑編》指出這些書「重複者不入，纖細者不入」[69]，旋又撰《代疑續編》云：「…縅帙已七千餘部，每部以單葉之紙夾印細字，在吾中國即一部又是數十部也。」[70] 由前者可推論這些書應無重複書名者，亦即無同一種書有好幾本或好幾套之情形，由後者可推論其所稱之「部」與「冊」之意接近，若綜合二者可推論這些書應不是七千「種」或「套」，而應以「冊」為計算單位較妥。

五、白晉 (Joachim Bouvet)贈書予法王路易十四

白晉（1656.7.8~1730.6.28），字明遠，1687 年 7 月 23 日到達寧波，1688 年 2 月 7 日到達北京，後來為清康熙皇帝（1661~1722）「留京候用」並進講西學。1697 年返抵法國，以康熙之名贈書予法王路易十四（1638~1715），為中法圖書交流史上之重要紀錄。之後返回中國，繼續為中國皇帝服務，1708 年完成著名的《皇輿全覽圖》，對歐洲人認識中國地理，影響頗大。1730 年 6 月 28 日逝世於北京。

白晉以康熙之名致贈的書籍，現仍存藏於法國國家圖書館。然關於此事有幾項疑點尚待討論，如：白晉是否真為康熙皇帝的使者？是否真為康熙皇帝贈書？贈書的數量為何？以下試就白晉赴華源由、以康熙之名贈書經過、贈書數量及是否真為康熙贈書等探討之。

(一) 白晉奉派來華的源由

從明末耶穌會士來華傳教開始，至清初已略具基礎，為擴大影響，進一步推展傳教事業，時已於欽天監任職的傳教士南懷仁於 1678 年 8 月 15 日向全歐洲耶穌會發出呼籲，希望增派耶穌會

士來華。時逢巴黎天文台台長擬定一項計畫，欲派人赴東方進行天文觀測，以取得經緯度和磁偏角的值，該計畫的觀測區域包括中國在內。法國當局接獲該計畫建議，認為派遣耶穌會士一舉數得，一來因多數耶穌會士博學多聞，具科學知識，足以執行該項計畫，二則回應南懷仁的呼籲，故向法王路易十四奏報此事。此時法國已於歐洲建立霸權，路易十四極欲擴大海外勢力，增進與遠東貿易，故對此計畫表示贊同，並下諭與耶穌會具體磋商，未久一份六人名單出爐：洪若翰、白晉、張誠、劉應、李明、塔夏爾，上述六人被任命為「國王的數學家」赴華執行傳教和科學研究雙重任務。

以往來華的傳教士都是以羅馬教廷的名義派遣，按教廷的分配，遠東地區屬葡萄牙「保教權」範圍，故傳教士不論國籍，均由葡萄牙管轄，通常經由里斯本前往中國。然白晉六人卻由法國國王派遣，引起教廷不悅，而法國人也不願從里斯本搭船出發，故此事遭延擱，最後至 1685 年 3 月從法國布勒斯特港啟航，1687年 7 月 23 日到達寧波，經南懷仁協助，1688 年（清康熙 27 年）2 月 7 日到達北京。時逢南懷仁年事已高，康熙帝正擬物色新人接替，故於 2 月 21 日召見白晉一行人，經欽天監官考核後，決定將白晉、張誠留京候用，其餘人赴外地。[71]

(二) 以康熙之名贈送路易十四中文書籍

清初的改曆爭議與湯若望蒙冤一事，促使康熙鑽研中國天文曆算與西洋新法，實證西洋新法較中國舊法精確[72]，並因此引發學習西洋科學的強烈興趣，因此白晉、張誠留後，不僅向康熙皇帝講解天文儀器的原理及用法，一些天文現象的最新解釋，同時也講解西洋數學，後康熙又因一場病而對西方醫學產生興趣，

進而研究。除了較系統地學習天文、數學、醫學知識外，還向傳
教士學習地理、化學、制炮術、測量、樂理和語言等，興趣廣泛，
同時在學習之外，還囑傳教士編著譯書，促進西方科學圖書的翻
譯和傳播，如南懷仁用滿文編譯了《幾何原本》作為康熙皇帝的
教材，白晉、張誠為康熙進講《初等幾何學》、《實用及理論幾何
學》而編譯講稿，康熙特指定兩名內廷官員協助他們，將書譯成
滿文，再從滿文譯成漢文，由康熙親自審訂做序，收入《數理精
蘊》中，又將法國人皮理的《人體解剖學》翻譯成滿文。[73]

　　康熙對於傳教士的「知識服務」甚感滿意，希望能有更多傳
教士來華，故有白晉以康熙「欽差」之名返法，覓尋科學人才來
華一事。白晉於 1693 年（清康熙 32 年）7 月 4 日奉康熙之命返
法，7 月 8 日離開北京[74]，踏上返歐之旅，然行程頗不順利，直
到 1697 年（清康熙 36 年）3 月才回到 9 年前出發的布勒斯特港。
白晉要求法國當局以中國欽差身份接待他，然卻又無法出示證明
文件，依白晉說詞，中國皇帝發給他的證件是向中國地方官員證
明他的欽差身份，在離開中國時已交給地方官員，但法國當局對
此答覆不以為然，儘管白晉開列了一長串可證明他身份者的名
單，仍無法取信於法國當局，理由是中國皇帝若確有誠意與法國
國王交往，至少應讓白晉帶來一封正式信件。白晉雖感失望，卻
只能無奈的接受法國當局將他視為一名歸國傳教士接待。[75]

　　白晉帶去贈送法王路易十四的除了珍貴禮物外，還有一批中
文書籍。該批書籍現存藏於法國國家圖書館，該館正式紀錄為「中
國皇帝贈予國王的書」[76]，該批贈書的數量，一般文獻記載 49
冊或 149 冊皆有[77]，然據法國國家圖書館檔案資料編輯的參考書
記載，該批書籍共計「22 種、45 套、312 冊」[78]。以下就該批贈
書數量及是否為康熙贈書詳加探討。

(三) 白晉贈書的數量及是否為康熙贈書之探討

Monique Cohen 撰 寫 ”*A Point of History: The Chinese books presented to the National Library in Paris by Joachim Bouvet, S.J., in 1697*”一文，從法國國家圖書館的檔案紀錄及所發行的書目著手，至館藏中找出這批書籍，進一步分析書的版本，探討該批書籍究竟是否真為康熙所贈，其結論是：「**該批贈書乃白晉蒐集，借中國皇帝康熙之名贈予法國國王路易十四**」。以下謹就該文查證的資料及論證整理重點，重新撰寫，最後輔以筆者意見，加以探討。

1.白晉贈書數量的考證

依據法國國家圖書館檔案所編著的經典參考書指出，白晉贈書分為兩次[79]：

> 「派赴中國的耶穌會士白晉神父於 5 月 27 日(1697) 送存圖書館中文書籍 41 套。這些書乃由中國皇帝贈予國王。書目詳列如下…」；
>
> 「接著於 6 月 2 日，白晉神父送來以下 4 套書」。

前者的書目清單羅列 18 項(種)，各項均以法文標註「主題」，並且註明各項所含的冊數及套數。上述贈書書目出版時，編者只在各項前增加序號（1-22）。由此檔案紀錄得知，白晉贈書數量為「22 種、45 套、312 冊」。

2.自法國國家圖書館館藏中找出白晉贈書

1739 年一部東方手稿目錄出版，其中「中國書」一章內有 385 項（計 4,081 冊），依其來源分成五小節。第一節標題為「國王圖書館典藏、可能由柏應理及其他耶穌會士帶來的中文書」[80]，共計 66 項 539 冊，其中應含有白晉贈書。事實上這一小節的書目

資料，是法國國家圖書館檔案中一份未曾出版的舊目錄，目前該館仍存有兩份，其中一份為原稿，還附有編者簽名信。然該如何從這份目錄中找出白晉贈送的 22 種書呢？繼續尋找線索如下：

(1)原始目錄的編者常引用白晉記述贈書內容所用的字彙，因此，比對檔案紀錄，不難從該目錄的 66 項中，分辨出白晉贈書的 22 項。

(2)1742 年一本中文字典出版，該字典的附錄是皇家圖書館（按：為符合敘述的年代，故用「皇家圖書館」）中文館藏目錄的新版本。該目錄有一項重要的改進：增加中文題名及新的索書碼，同時依據主題類別分列。這些索書碼一直用到二十世紀初，另一份目錄出版時才改用字母排序建立索引。

(3)一位曾親見這批贈書的人李司特（Lister）描述，「這些書覆以『絲質』外表」。

根據上述線索，原始檔案記錄的 22 種書可以確認找到 19 種，其中有 3 種不見了。第一種是編號 20 《孔子家語》 1 套 2 冊，據說 1707 年圖書館的部分藏書失竊，包括編號 20 和編號 14 《算法統宗》 1 套 6 冊，但後者於 1752 年尋獲歸還，深藍色絲封皮及白絲標籤可確認為原書無誤。至於 《孔子家語》，法國國家圖書館現有中文館藏有此書，但並非白晉贈送的原書。第二種遺失的書是編號 11 《易經》 1 套 8 冊，被認為自 19 世紀即已遺失。第三種是編號 16 《許氏說文》 1 套 6 冊，現存館藏有 2 套，但均蓋有 18 世紀館藏章，而非白晉贈書所蓋印的 17 世紀末正式館藏章，故可辨識非原書。[81]

3.原書版本的考證

分析找出來的 19 種原書，可從三方面考證其版本：

(1)從書上查詢出版者、出版地等線索：這些書絕大部分有

書名頁，少部分有編者蓋印的精緻紅色章戳，有些僅記「本衙藏板」（編號 18 《詩經》，1686）或「金陵藏板」（編號 6 《禮記》，1685），大部分只記載有印刷者：

　　編號 1　《廣輿記》：「世業堂藏板」於書名頁上，「五車樓藏板」於某些書頁上。

　　編號 19　《書經》：「深柳堂藏板」於每一頁內文書頁上。

　　編號 22　《字彙補》：「彙賢齋梓行」於書名頁和內文頁上。

　　編號 5　《大清律》：「白玉堂藏板」於書名頁。

　　編號 8　《性理大全》：「翼聖堂梓行」於書名頁。

　　編號 14　《算法統宗》：「聖益齋梓」於書名頁。

　　編號 21　《月令廣義》：「梅墅石渠閣梓」於書名頁。

　　其他有記載出版地和印刷者如下：

　　編號 12　《本草綱目》：「金閶綠蔭堂，文雅堂藏板」於書名頁。

　　編號 13　《類經》：「金閶童湧泉梓」於書名頁。

　　編號 15　《五經七書》：「金閶十乘樓梓」於書名頁。

　　編號 17　《字彙》：「吳郡寶翰樓」於書名頁。

　　由上可知，這些書的刻板不是來自於金陵（即南京），就是來自於金閶（或稱吳郡，也就是蘇州）。

　　(2)由書的外觀分析：由前述找出原書的線索第三點，據親見過原書的人指出，這些書有「絲質」外表。真正被找出的 19 種原書，已無原始封套，乃被歐洲款式的真皮封套取代（少數屬查理十世時代 [1824-1830]，大部分是菲利普王 [1830-1848] 時代），然因封套的保護，每冊書除最早加註的索書號外，絲質封皮及用以註明中文書名的白絲標籤均完好保留。這些書皮有兩種不同顏色：黃色和藍色 -- 代表中國皇帝的「黃」和法國皇家的「藍」；黃絲有兩款，藍絲則有四款：藍、深藍、中藍、淺藍。

　　顯而易見的，這些書是同時裝訂的，而且蝴蝶頁均是紙質相同的白色厚紙，足見出自於同一家工作坊。

　　(3)與真正帝王版本書籍比較：清初的殿本書籍刻印極精 [82]，紙墨俱佳，其精美程度遠甚於白晉送給法國國王的普通版本，倘若康熙真欲與法國國王往來，就外交而言，似應準備殿本書籍作爲贈送的禮物，而非普通的民間版本，甚至於皇帝的《聖諭》（編號 7）竟缺少書名頁，反而有江蘇省總督序言，查真正的殿本是印製於白色紙張，蓋有皇帝御璽者。由此可見這些書是非常普通的南方版本。

4.從白晉的行程推測其於何處蒐集書籍

　　從上述版本考證推論，白晉贈送的書多屬南京或蘇州刻板，而且是全新的書，似乎是特別爲圖書館而買的禮物。然而他何時買？於何處買？似乎很難得知，不過可從他自述從北京到廣東的行程來推測。[83]

　　康熙於 1693 年 7 月 4 日命白晉返法，白晉於 7 月 8 日下午 6 時離開北京，於 8 月 22 日下達廣東，該期間除 8 月初於江西南昌停留一兩天外，未有其他逗留。其行程主要如下：

　　7 月 13 日山東德鎮；7 月 17 日山東兗州；7 月 20 日江蘇徐州；7 月 31 日江西九江；8 月 3 日江西南昌；8 月 9 日江西吉安；8 月 14 日江西贛州。

　　由上可知，白晉並未經過南京，而且方向是「由東北向西南行」[84]。若是從他接獲命令到出發短短數天之內，買書再重新裝訂似乎是不太可能。事實上他於 8 月 22 日到達廣東，直到 10 月 11 日才搭英國船離開，因此這些書很可能是滯留廣東期間準備的。白晉於自述中曾描述：「廣東是個極易找到各種東西的地方」。另外有一可能，白晉請南京的傳教士幫他買書。但綜觀來說，似

乎以在廣東購買、裝訂的可能性較大。

5.關於白晉贈書誤傳的澄清

白晉贈書的數量應爲「22 種、45 套、312 冊」，而非歷來眾說紛云的 49 冊或 149 冊。若從上述版本考證的角度來看 [85]，這批贈書似乎不是康熙皇帝所贈，白晉是否真爲康熙使者令人質疑，正如法國當局的要求，白晉應出示康熙諭令，或至少有一封康熙皇帝給予法王的正式信函。

試想，若白晉返回法國的主要任務是爲尋覓科學人才，而這些人才須獲得法王同意才能派遣赴中國，倘若他以康熙使者身份晉見法王，必定更有助於達成任務。同時爲了取悅路易十四，白晉深知路易十四常以皇家圖書館爲傲，極欲獲得世界各地的書籍與手稿 [86]，「中國書籍」無疑是很好的禮物，若書籍爲中國皇帝所贈，則意義更加非凡。

然若以白晉未能依法國當局要求出示證明來看，或許康熙真派白晉返法尋覓人才，但是否賦予「欽差」頭銜則未必。儘管白晉是否爲康熙「欽差」，書籍是否爲康熙所贈，均值得懷疑，但這批贈書對中法圖書交流的意義重大，以白晉身爲傳教士，卻能爲中法外交與科學關係的發展盡心盡力，誠乃功不可沒。

六、中西圖書交流源起之啟示

本節僅從耶穌會士來華背景及利瑪竇、金尼閣和白晉三位傳教士之著名代表史事著手，初探中西圖書交流，實爲該段歷史之一小部分。三位傳教士除本文所提之事外，尚有其他重要的貢獻值得探究，如金尼閣對中國語言學的研究頗有貢獻，他的《西儒耳目資》（1626 年），是一部最早試將中文拉丁化的著作；他所譯的《況義》，即《伊索寓言集》（1625 年），是第一部介紹到中國

的西方文學作品。[87]

　　圖書交流是文化交流中重要的一環,而圖書**翻譯**又為具體有效之良方。若非利瑪竇深入瞭解中國文化,確立了學術傳教的基本策略,如何能開啓中西文化交流之門?若非利瑪竇熟練中文的運用,以著述、譯著作為思想與知識傳播的途徑,如何能夠打動人心,使有用之學拓展開來?其心願「多攜西書」乃其遠見,「同譯」更見其智慧。沒有書,遑論譯,猶如巧婦無米可炊;僅有書,未能譯,則書香散發不遠。明清間耶穌會士豐富的譯著正是**翻譯**能促進文化交流的最佳寫照。

　　歷史乃為鑑往知來,從中西圖書交流看出版品國際交換的歷史,可知出版品國際交換的真正意義是為促進知識與文化的交流,好的出版品誠乃推展國際交換的基本要素,如果能輔之以優良譯著,則更能使出版品不受語言限制地在國際間流通,對文化交流裨益良多。以此觀照我國的**翻譯**事業,似乎值得加強推動。

第二節　中美第一次出版品交換

一、前言

　　近代以國際交換公約形式,確立出版品國際交換系統運作模式者,始於 1886 年的布魯塞爾公約(The Brussels Conventions)。然該公約內容中的「交換局」設計,實源自於美國司密遜學院(Smithsonian Institution)之「國際交換服務」的成功。[88]

　　司密遜學院自 1849 年開始,提供協助國內出版品轉寄到國外的服務,並在各國設立服務中心負責分發;服務對象包括:各學會與公共組織,由個人經費出版但無餘寄發國外的著作,同時

也為政府機關處理國際交換事宜。直到 1867 年 3 月 2 日,美國國會通過一項法案,規定「**凡兩院命令印製的各種出版品,必須提交 50 份給圖書館聯合委員會,再由司密遜學院與國外進行交換;交換所得由國會圖書館存藏。**」自此司密遜學院正式成為美國官方文獻的交換機構。[89]

前項法案通過後約兩個月,司密遜學院即備函由國務院轉發駐各國使館,說明此事,並調查能交換的官書種類與數量、負責交換的機構、與美國建立正式交換關係的意願等相關事宜。[90] 在這樣的背景之下,造就了第一次中美「互贈式」交換紀錄。

該段歷史經過,以錢存訓撰文:〈中美書緣〉為經典[91],本節參照該文,擇要整理,撰述於後。

二、第一次中美出版品交換經過

首次中美出版品交換乃先後應美國政府三個不同機構:司密遜學院、農業部、聯邦土地局之要求。首先由司密遜學院於 1867年(清同治 6 年)開始,經由國務院透過駐北京使館行文總理各國事務衙門,希望與中國建立政府出版品交換,但清廷置之未覆。約一年後,美國駐華代辦衛三畏(Samuel Wells Williams)伺機再度向總理衙門提出,並託人從中說項,但最後因認為兩國能互相通曉語言者寥寥無幾,建議從緩辦理。

大約經過半年,美國農業部鑑於中國農產豐富,幾千年來給養了龐大的人口,想借鏡中國的農業資料,故特派薄士敦上校(Col. Charles Poston)為駐華特派員,於 1868 年(清同治 7 年)9 月 29日抵達北京,帶來五穀、蔬菜、豆類種籽,以及書籍若干種,皆有關於美國農業、機械、採礦,地圖及測量太平洋鐵道之報告書,希望能與中國交換同等性質的書籍。當時總理衙門雖原則同意兩

國建立交換關係，但對於此舉是否妥當以及該送何種書籍，未敢擅自作主，擬援引史例辦理，故由史例中找出與俄國互贈書籍一事。此事乃發生於道光 25 年（1845），中國曾賞給俄國住京人士書籍，之後該國備送俄羅斯書籍進呈。恭親王於清同治 7 年 10 月初 4 日上奏此事，稱「**此次美國係先以書籍、穀種備進，與俄國案雖相同，惟先後各異。臣等檢閱美國使臣來函，意重農人蒔種，深望中國換給書籍，詞頗恪公向化，未便拒絕不受。當將書籍穀種，暫在臣衙門收存，一俟內務府覆到，臣等查酌情形，應如何頒賞美國書籍穀種之處，當在請旨遵行。**」[92]

當總理衙門仍靜待諭旨之時，美國國務院又因聯邦土地局之請，再度於 1869 年 3 月 25 日訓令其駐華公使，向中國政府請求道光年間的戶籍調查資料。總理衙門接到此次公函後，未便再推拖，乃決定援贈書俄國前例，以相當書籍及穀種贈還美國。終於在 1869 年 6 月 7 日（即清同治 8 年 4 月 27 日）將購得之書籍種子一併具函致送美國使館，以答謝美國盛意，但美國政府請求的中國戶籍調查資料，係由各省每年造冊，報送戶部存查，並未印行成書，故未能致送。

三、中國回贈美國的書籍與各類種籽

中國回贈美國之物，計有書籍 10 種 934 冊，穀種、花卉、五穀、蔬菜、及豆類種籽共 106 種。書籍有半數為醫、農、算學之類，應係針對美國所贈技術之書答還，另有經解、禮經、小學、性理一類書籍；其他則為花子 50 種、穀子 17 種、豆子 15 種、菜子 24 種。其中書籍備有英文清單，其他則附有詳細名單暨英文翻譯。[93]

該批贈書為美國國會圖書館東方文庫之始，現仍存藏於該

館，裝成 130 函，每函套面貼有白紙書簽，上面印有英文說明：
Presented to the Government of the United States of America by His
Majesty the Emperor of China, June 1869 (1869 年 6 月中國皇帝陛下
贈送美國政府)。

四、第一次中美出版品交換的意義

　　實際上第一次中美出版品交換應視爲「互贈式」交換。美國
司密遜學院請求的初衷，是希望與中國建立長期的政府出版品交
換，但未能如願，而聯邦土地局所需要的中國戶籍資料亦未有斬
獲，然此事卻已播下中美兩國之文化交流種子。36 年之後（1905），
美國再度要求中國建立交換關係，爲中國設立出版品國際交換機
關揭開序幕。

第三節　中國交換機關簡史

一、最早的兩個交換機關

　　中國的出版品國際交換機關之門是由美國所開啓的。1869
年的中美第一次出版品交換之後，雙方未再有進一步出版品交換
行動，直到 1905 年（光緒 30 年），美國再度向中國政府提議建
立交換關係，這才使中美間的出版品交換又見曙光 [94]，因而促使
中國設立第一個交換機關——「換書局」。民國成立後，原於洋
務局之內的換書局改由外交部接手，改設「中美交換書報處」，
成爲中國第二個交換機關。換書局和中美交換書報處雖爲中國最
早的兩個交換機關，但均屬地方性質，且交換對象只限於美國。
以下就這兩個交換機關的成立，分別說明之。

(一) 換書局

美國於 1905 年再次向中國提出建立交換關係之請，表明蒐集世界各國官方文獻的期望，並指派司密遜學院負責，將國會命令出版的文獻運送給各國的國家圖書館，希望各國也將官方文獻寄給司密遜學院，以便轉送存放於美國國會圖書館。此外，美國境內有許多專業機構，指定要將其科學出版品送到中國境內交換，司密遜學院預備承擔人力和船運費用，但只能集中運送到中國指定的港口，至於境內轉運，則由中國自行負責。綜合以上計畫，擬請中國政府指定負責交換事宜的機構，而美國方面即由司密遜學院負責交換聯繫。[95] 此事由江南官府辦理 [96]，雙方商討後由兩江總督周馥指定江寧學務處為「換書總局」，蘇州、上海兩洋務局為「換書分局」，分別辦理中美圖書交換，統以上海洋務局為接收轉寄處，此乃中國出版品國際交換機關之始。[97]

然而換書局的辦理成效不佳，以致多年來司密遜學院寄來交換的官書均下落不明，1908 年（光緒 33）該院遂透過美國駐華公使柔克義（W. W. Rockhill）照會清廷外務部調查而無結果。此事引起上海當局注意，道台梁如浩（留美幼童之一）乃派陳世光為「中美換書委員」，常駐設在洋務局內的中美換書分局，專辦交換事宜，並經外務部照會美方，美國自同年（1908）起，將中國列入接受全套美國政府出版品的名單。[98] 從司密遜學院 1908年報中得知，中國的交換書籍於 1909 年 5 月首次到達美國。[99]

(二) 中美交換書報處

民國成立後，由外交部接辦原洋務局之事務，並在各省設特派員。上海特派員公署雖繼續收受美國寄來的圖書，但未再派人負責交換之事，至民國 9 年（1920）始由上海特派員許沅在公署

內設「中美交換書報處」，清理美國歷年寄來的書籍 159 批，分
別存放於南京中國科學社圖書館和上海總商會圖書館，前者並且
編成「中國科學社圖書館藏美國政府出版品目錄」(*List of the United
States Government Publications in the Science Society of China Library*)。[100]

中美交換書報處爲時不長，民國 14 年 11 月 5 日「出版品國
際交換局」正式成立，11 月 12 日由教育部咨文外交部，請將中
美交換書報處之事務歸併交換局接收，外交部於 11 月 26 日覆函
認可。[101] 中美交換書報處遂走入歷史，中國開始了國家交換機
關的新紀元。

二、出版品國際交換局

出版品國際交換局是中國的國家交換機關之始，爲應加入布
魯塞爾公約而成立。以下分由「我國籌組出版品國際交換局與加
入布魯塞爾公約經過」、「出版品國際交換局官制」和「委託北京
圖書館代行職務」三階段說明之。

(一) 我國籌組出版品國際交換局與加入 布魯塞爾公約經過 [102]

1.出版品國際交換局成立之緣起

布魯塞爾公約於 1886 年在比利時首都布魯塞爾由美國等 8
個公約起草國簽署成立，之後這 8 國正式批准加入該公約。[103]
雖然布魯塞爾公約第 9 條規定「未參與本約之各國得請願加入。
此項加入，應用外交上手續，通知比利時政府，並由比國政府專
知其他各締約國。」[104] 但實際加入的國家並不多。民國 10 年，
國際聯合會行政院依據智育互助委員會之請，通告凡未加入公約
各國，商令加入。[105] 我國於次年（民國 12 年）2 月 26 日，由外
交部咨文教育部徵詢意見，3 月 28 日教育部提出國務會議議決，

由教育部籌備加入，旋以政局不定，遂停止進行此事。

2.**民國 14 年 8 月 6 日議決加入布魯塞爾公約，並設立出版品國際交換局**

國際聯合會智育互助委員會於 1924 年（民國 13 年）7 月召開一專家會議，討論改進國際交換事業之辦法，爰有新公約之擬定（此公約已無形取消），於 11 月 10 日通告各國，以徵詢意見。次年（民國 14 年）3 月 26 日，外交部將原案送交教育部查核，8 月 6 日復由外交部於國務會議提出，當即議決加入，並由教育部設立出版品國際交換局，專任與締約國交換出版品事宜。9 月 14 日國務會議議決，該局經費每月暫定三千元。旋以政費無著，遲至 11 月 5 日始通告成立。

3.**民國 14 年 12 月 22 日聲請加入布魯塞爾公約**

出版品國際交換局正式成立後，由教育部轉咨外交部，請通知比利時政府及國際聯合會，我國已組織出版品國際交換局並聲請正式加入布魯塞爾公約。外交部於 12 月 12 日呈請准予加入布魯塞爾公約，12 月 22 日由駐比公使王景岐正式通知比國政府，復由比國政府函告國際聯合會。民國 15 年（1926）1 月 28 日，比利時函覆王公使，告知中國加入公約之舉，業已轉知其他締約各國。自此我國正式成為布魯塞爾公約的一員。

（二）出版品國際交換局官制

出版品國際交換局於 14 年 8 月 6 日的國務會議議決由教育部設立之後[106]，旋由 8 月 27 日的執政會議遵核出版品國際交換局官制[107]，於 9 月 1 日公布之。[108] 出版品國際交換局官制如下[109]：

第一條　出版品國際交換局直隸於教育部，掌國際交換出版品一切事務。

第二條　國際交換出版品一切事務，應依國際交換公牘、科

學與文藝出版品協約，國際迅速交換官報與議院紀
錄文牘之協約行之。

第三條　出版品國際交換局置左列各職員

局長　一人　簡任

僉事　一人　薦任

主事　四人　委任

第四條　局長綜理本局事務，監督所屬職員。

第五條　僉事主事承局長之命，分理本局事務。

第六條　本局因繕寫文件及襄理雜務，得酌用雇員。

第七條　本局辦事細則，由教育總長以部令定之。

第八條　本官制自公布日施行。

9 月 11 日發布首任出版品國際交換局局長張奚若 [110]。[111]

(三) 委託北京圖書館代行職務

出版品國際交換局（以下簡稱交換局）自接收中美交換書報
處之後，收到美國寄來政府出版品 25 箱，復以加入布魯塞爾公
約，各國陸續寄達之書亦為數不少，故民國 15 年 4 月 2 日及 17
日，分別去函北京圖書館，委請擔任出版品承受機關，凡交換局
收到之出版品，均由該館編目庋藏、公開閱覽。[112] 北京圖書館
並參照美國國會圖書館前例，組織官書部，遴選專員專司其事。

民國 16 年（1927）8 月，奉係重組北京政府，交換局為之停
辦。民國 17 年 8 月 24 日中華民國大學院指令第 803 號，委請北
京圖書館暫管出版品國際交換事宜。(按：大學院即後來的教育部)。
然此令發僅 11 日，旋即於 9 月 4 日由大學院訓令第 624 號，令
出版品國際交換事宜移交中央研究院圖書館。[113] 11 月 17 日教育
部指令第 152 號指示，移交完竣准予備案。[114]（中央研究院接管

後之情況請接續「四、出版品國際交換處」。）

三、大學院時期的出版品國際交換組織

民國 16 年 7 月 4 日國民政府公布「中華民國大學院組織法」，第一條指出大學院「為全國最高學術教育機關，承國民政府之命，管理全國學術及教育行政宜。」其中設有教育行政處（第六條），其下又設「出版品國際交換組」（大學院教育行政處組織條例第二條第五款），有 4 項職掌：關於出版品交換事項；關於修正交換條約之建議事項；關於交換品之分發及保管事項；關於國外出版界之調查事項。

民國 17 年 6 月 13 日，修正中華民國大學院組織法，由大學院設 6 處（第四條），其中有「文化事業處」，該處的 7 項職掌之一（第十條第三款）即為「關於國際出版品交換事項」。[115]

由上述大學院組織條例可知，民國 16 年至 17 年由大學院主掌出版品國際交換，然而實際上的工作卻是由北京圖書館辦理（見前述「二、出版品國際交換局」之「(三)委託北京圖書館代行職務」）。

四、出版品國際交換處

出版品國際交換處的歷史可分幾個時期說明之。

(一) 中央研究院時期（1928.10~1933.4）

民國 17 年中央研究院接手出版品國際交換事宜之後，10 月於上海設立出版品國際交換處（簡稱交換處）。[116] 民國 19 年 3 月 6 日教育部訓令，與國外交換刊物，應予中央研究院出版品國際交換處為正式收發機關。

交換處自成立後，因隸屬中央研究院，所受外界干擾較少，除民國 21 年上海一二八事變期間停頓外，均得以開展工作。但

另一方面，交換處卻因兼辦院內出版委員會全部工作，並為院內各研究所代購圖書儀器等事，以致影響交換工作的進行。此外，交換處僅是出版品的承轉機關，交換所得大量公報、圖書均無法實行編目典藏與公開閱覽，遂預定國立中央圖書館成立後，由其接管交換事宜。[117]

(二) 國立中央圖書館籌備處時期 (1933.4.21~1940.7)

國立中央圖書館籌備處於民國 22 年 4 月 21 日正式開始運作，4 月 24 日教育部核定國立中央圖書館籌備處組織大綱，隔年（民國 23 年）7 月，籌備處接辦出版品國際交換事務，定名為「教育部出版品國際交換處[118]」。民國 26 年 7 月，抗戰軍興，圖書館奉命西遷。民國 27 年 2 月 12 日抵達重慶，借川東師範大禮堂樓屋為辦事處，租上清寺聚興村民房為出版品國際交換處辦事處。由於戰事迫使國外交換品改道海防郵運，遂於 9 月 10 日分設出版品國際交換處辦事處於昆明，以便就近接收。於是昆明辦事處負責國外出版品的「收入」與「分轉」，而重慶辦事處則負責國內各機關出版品的徵集與分寄。民國 28 年 3 月敵機襲重慶，奉命疏散至鄉鎮，留出版品國際交換處於重慶。

(三) 抗戰勝利至政府遷台以前 (1940.8.1~1948)

民國 29 年 7 月奉令結束籌備事宜，8 月 1 日正式成立國立中央圖書館，民國 29 年 10 月 16 日國府公布「國立中央圖書館組織條例」，然出版品國際交換處並未納入該組織，直至民國 34 年 8 月抗戰勝利，10 月修正公布國立中央圖書館組織條例，第 9 條規定：「國立中央圖書館設出版品國際交換處，辦理出版品國際交換事宜，其辦法由教育部擬訂，呈請行政院核定之。」[119] 自此開始，出版品國際交換處才正式隸屬於國立中央圖書館。

民國 35 年 6 月國立中央圖書館總館正式開放閱覽，7 月依據修正後的組織條例成立出版品國際交換處於南京，分設辦事處於上海。7 月 12 日行政院核定組織規程，設國內國外兩組，置主任一人，組長二人，均聘任；幹事 4 至 6 人，委任；並得用雇員 4 至 6 人。[120] 民國 36 年 4 月 19 日行政院核定「國立中央圖書館辦理出版品國際交換事項辦法」（附錄五）。

（四）政府遷台後至今（1949~1999.5）

民國 34 年修正公布的國立中央圖書館組織條例沿用了 50 年之久，其中業務、職掌與組織編制均難以適應現代國家圖書館之需要與發展，幾經努力，遂於民國 85 年 1 月 9 日經立法院三讀通過，修正爲「國家圖書館組織條例」，1 月 31 日總統令公布實施，自此國立中央圖書館易名爲國家圖書館，奠定其國家圖書館地位，組織編制更完備。出版品國際交換工作在新組織條例中更爲明確；第一條開宗明義指出：「國家圖書館隸屬於教育部，掌理關於圖書資料之蒐集、編藏、考訂、參考、閱覽、出版品國際交換、全國圖書館事業之研究與輔導等事宜。」第十條第一項：「本館設出版品國際交換處，置處主任一人，由編纂兼任，辦理出版品國際交換事宜；其辦法由本館擬訂，報請教育部核轉行政院核定。」與民國 34 年的組織條例相較，新法更明確將出版品國際交換列入我國國家圖書館的任務，而辦理出版品國際交換辦法改由實際負責業務的國家圖書館擬定，再報請上層機關核定，更爲合理。原「國立中央圖書館辦理出版品國際交換事項辦法」隨圖書館易名而修訂之，民國 87 年 1 月 19 日行政院核定，2 月 18 日教育部修正發布「國家圖書館辦理出版品國際交換辦法修正條文」。（附錄六）

第四節　各階段交換工作概述

國家交換機關的設立，是中國真正加入全球出版品交換的開始。出版品國際交換局爲時雖僅兩年，但深具時代意義，且有重要的工作成果。之後的出版品國際交換處，由中央研究院成立（民國 17 年 10 月），至劃歸屬國家圖書館的一部分（自國立中央圖書館籌備處開始），已逾 70 年的歷史。此間雖經歷了對日抗戰、政府遷台、退出聯合國等艱辛歲月，然至今仍堅守國際文化交流理念，代表政府辦理出版品國際交換事宜，亦有不少斬獲。本節擬回顧國家交換機關的工作成果，以時代背景分爲各階段敘述之。

一、出版品國際交換局

(一) 調查並出版政府出版品目錄

在此之前無此類調查的專書，復以各政府機關對本機關之出版品均無紀錄，因此進行調查頗感困難，不得已乃委託北京大學圖書部就所藏編一總目，於民國 15 年出版《北京大學圖書部所藏政府出版品目錄》（計 55 頁）。民國 16 年夏天北京大學改組，事務停頓，乃委託北京圖書館接續此事，於民國 16 年 5 月出版重編之政府出版品目錄（計 80 頁），包括清末各機關之出版品。[121]

(二) 與締約國聯繫

民國 15 年初開始與各締約國正式接洽，當年內已與美國、日本、新南威爾斯、西澳大利亞、比利時、義大利、波蘭、瑞士、捷克、烏拉圭、羅馬尼亞等交換書刊，其中以美國出版品最多，且按時寄到，效率最高。

(三) 委託北京圖書館管理交換書刊

北京圖書館自民國 15 年 4 月起接受交換局委託，作爲交換出版品的承受機關，負責編目典藏、公開閱覽，二者關係猶如美國司密遜學院與國會圖書館。該館並參照美國國會圖書館前例，組織官書部，遴選專員專司其事。

中國自 1908 年換書局時代開始，即已列入全套美國政府出版品收受名單，惟交換局接管中美交換書報處之前，書刊多已散佚損壞，不計其數，尤以民國 13 年秋發生蘇浙戰事，所藏書報多被焚燬，蓋一大劫。北京圖書館代管交換書刊後，編目整理，蔚然鉅觀矣。

(四) 接洽總稅務司使書籍順利入關

中美交換書報處時期，美國政府出版品以船運送達後，往往受海關檢查，甚至有置之碼頭多日無人過問者。有鑑於此，交換局於民國 15 年 3 月 17 日與稅務處及總稅務司接洽，請其免驗並指令天津海關代爲接收轉運，4 月 6 日獲得首肯，此後書籍到津，皆由天津海關代爲轉運，極爲便利。

二、出版品國際交換處

出版品國際交換處的工作（以下簡稱交換處）工作可分爲 5 個階段 [122] 說明：

(一) 抗戰以前，民國 17 年至 25 年（1928~1936）

中央研究院成立出版品國際交換處後，重要工作如下 [123]：

1.重新編製政府出版品目錄

之前不論北京大學或北京圖書館所編的目錄，皆僅以館藏政府出版品爲內容，民國 17 年全國統一，實行訓政，政府組織與

行政體系和從前大有不同。交換處自民國 18 年 4 月起，開始調查政府出版品，分中央黨部與省市黨部、中央政府及附屬機關、各省市政府、大學、學術機關等 5 部分編製目錄，19 年先刊行黨部及中央機關部分，內容以各機關定期刊物及與外國有關者為準，其他 3 部分則未出版。原擬每半年印行增刊本，並每年修訂一次，但因經費人員的限制，均未能實現。

2.擴大交換對象

政府出版品方面，至民國 21 年 6 月止，接受中國政府出版品有 18 個國家，其中接受全套者有 7 國及國際聯盟；寄來交換出版品的有 21 國及國際聯盟。當年並預計與 36 個國家交換政府出版品。至於一般圖書刊物，每年寄發的對象多達 80 餘國及地區，遍及全球各地。

3.訂定交換規則

由於交換處是唯一的國內外出版品承轉機構，交換事務漸趨頻繁，故訂定交換規則 18 條，作為辦理依據。

(二) 抗戰期間，民國 26 年至 34 年（1937~1945）

民國 26 年 7 月抗戰軍興， 11 月政府遷移至重慶，隔年 2 月交換處亦遷抵重慶。27 年 9 月日本封鎖海運，一切海外運輸只能假道海防與仰光入口，交換處原打算於仰光設立辦事處，以便處理出版品入口及轉運，但不久此國際路線亦告中斷，經多方努力，最後才得以在昆明成立辦事處，負責接收轉運與分配出版品的工作。

中日戰爭破壞了中國境內的建設，各圖書館館藏遭嚴重毀損與流失自不在話下。值此艱困時期，出版品國際交換為國內圖書館盡力、補充館藏一事，特別值得一提。國內為了各大專院校與

教育單位募集圖書，於民國 27 年 12 月 6 日組織「戰時圖書徵集委員會」，由教育部、外交部、中英文教基金會（Board for the Sino-British Educational and Cultural Endowment Fund）、中華圖書館協會（the Library Association of China）、國民黨中央及交換處各派代表參加，另由學術教育單位聯合推派一名代表共同參與。募得的書籍，依規定分配給戰時學術中心地：重慶、昆明、貴陽、成都等之大專院校，所有費用由委員會的各機構分攤，而書籍轉運工作則由交換處負責。美國圖書館協會（The American Library Association）首先響應，在美國發起支持募書活動。1940 年 2 月 29 日，中國接獲第一批贈書通知，交換處昆明辦事處特別派員赴河內處理轉運事宜，以期書籍能順利運抵中國境內。1940 年間，陸續收到英國、美國、法國、德國、波蘭、匈牙利的贈書。

戰爭期間的交通問題使國際交換活動衰減。當時鐵路運輸受阻，因此，郵局只允許每天郵件量 20 件，交換處雖經特別許可，將上限提高至 25 件，但來自國外的書刊終因運輸效率受阻而產生庫存問題，最後在經費、時間、交通問題、郵政規則及人力缺乏等重重困難限制下，向聯合國提議，將國外書刊暫存於美國司密遜學院與各區域中心，待戰爭結束再行處理，故自 1941 年開始，中國暫時終止出版品國際交換。

由上述歷史可知，交換處在戰爭期間扮演了雙重角色，不只藉經由海外贈書加強國立中央圖書館的館藏，也幫助中國境內其他圖書館館藏重建。[124]

(三) 勝利後至遷台前，民國 34 年至 37 年(1945~1948)

隨著二次世界大戰的結束，遭戰禍國家均需重建，相關資訊顯得格外重要，出版品國際交換遂成為重要的管道，我國自不例

外，司密遜學院也恢復運送出版品到中國。這段期間的重要工作摘要如下：

1.增加美國政府出版品的交換

原本經由交換可獲得兩份全套的美國政府出版品，分別由國立中央圖書館與北平圖書館收藏，而中國政府出版品則送一套給美國國會圖書館。戰後雙方協議，同意各增加一套，中國方面由羅斯福圖書館[125]收藏，美國方面則由國務院接受。

2.協助各國東方學院或大學圖書館充實中文藏書

重要事例如贈送各國各主要大學重要中文圖書 15 箱，贈西澳大學及匈牙利國立博物館四庫珍本各一部[126]，贈義大利東方學院《玄覽堂叢書》[127]正續集各一部，奧地利國家圖書館及美國各主要大學圖書館《玄覽堂叢書續集》14 部等中文出版品達百餘種。

3.協助各國學者與學術機構蒐集資料

各國個人學者或學術機構特別來函指定的資料，如義大利塔契教授索取有關西藏問題的書目，美國書評家吉布需要工程及建築學的書目和書刊，英國東方藝術雜誌社需要中國的藝術書刊等，均由交換處收集後寄發。

4. 編印 *PHILOBIBLON；A Quarterly Review of Chinese Publications*（《書林季刊》）[128]

新書資訊對國際交換工作相當重要。民國 35 年（1926）6 月 *PHILOBIBLON*（《書林季刊》）創刊，譯輯新書選目，並附提要，按期刊載,深受各國圖書館及交換中心的歡迎,可惜因政府遷台,圖書館及國際交換業務暫停,該刊只出版了 6 期,至 2 卷 2 期（1 卷有 4 期）停刊,民國 37 年 12 月國立中央圖書館隨政府遷台,與各國出版品交換暫告中斷。

(四) 遷台復館於南海學園時期，民國43年至75年(1954~1986)

民國 43 年國立中央圖書館在台復館，交換工作隨之恢復。首先發函通知世界各學術機構及圖書館，出版品國際交換準備重新開始，各國多來函慶賀並表示願進行交換，尤其美國國會圖書館得悉此消息後，將 1948 年至 1954 年所堆積應送中國的交換書籍全部運來，原本交換的兩套美國政府出版品，一套仍由國立中央圖書館典藏，而送給北平圖書館的一套改由國立政治大學圖書館接受。

隔年（民國 44 年）館舍遷移至南海路植物園內，司密遜學院恢復自 1950 年來中斷的交換運送。[129] 這個時期圖書館的購書經費並不充裕，經由交換獲得出版品成為外文書籍的重要來源，對圖書館的貢獻不小。[130]

民國 44 年 8 月 11 日至 16 日，國立中央圖書館假台灣省立博物館舉行「日本贈書展覽」，這批書籍共四千餘冊，係由日本亞細亞文化交流出版會於該年春贈送我國，經教育部撥發該館典藏供覽。

民國 58 年 8 月 12 日，為紀念中美圖書交換百年，國立中央圖書館與美國國會圖書館洽定，同時舉辦紀念圖書展覽，以紀念此一中美文化交流盛事，並由我國教育部長與駐華大使馬康衛代表中美兩國舉行圖書互贈儀式。美國國會圖書館於 7 月 8 日舉行特別展覽 62 天，並在 9 月 9 日舉行午宴會，由館長孟福德（Lawrence Quincy Mumford）在席間贈送百年前中美圖書交換的官方文件影印本。[131] 周書楷大使則代表我國贈送明清畫家印鑑詩數十冊，開始第二世紀的中美圖書交換。

以上乃南海學園時期的兩件重要大事。[132]

（五）中山南路新館時期，民國 75 年至今（1986~1999.5）

民國 74 年 11 月國立中央圖書館於中山南路的新館舍（即現址）竣工，75 年 7 月 21 日開始搬遷，9 月 28 日正式啓用，當時是頗具特色的現代化建築，雖然距今已有 12 個年頭了，但相對於南海學園的館舍，圖書館同仁慣稱此爲「新館」，故本文稱民國 75 年至今爲「中山南路新館時期」。

新館時期可謂是致力於圖書館自動化作業時代，但由於出版品國際交換對國家圖書館而言，並非主要基本功能 [133]，在資源有限的情況下，以輕重緩急來區分，此方面是最晚開發的部分。由於交換單位資料的建立是重要基礎，定期問卷調查更是維護資訊正確的必要工作，故於民國 77 年開始，使用電腦建檔管理交換單位資料，然當時限於經費、人力等因素，只能使用個人電腦配合套裝軟體，自行設計簡易的資料庫管理。首次的建檔資料乃透過問卷調查，之後的維護工作則藉由平日書信聯繫隨時更新，期間交換單位持續增加。至民國 82 年底，爲自動化作業系統開發作準備，針對一千多個交換單位發問卷，但因無系統作業環境，個人電腦功能有限，加上問卷回覆情況比預期複雜，該項工作之進行備感艱辛，前後共寄發三次追查函，至民國 84 年 6 月才結束該次調查。然此次經驗對後來系統開發的需求擬訂，助益頗大。

除了利用電腦輔助工作，交換處致力於拓展交換單位，除了透過到訪外賓親自洽談、我國駐外單位推薦外，多由同仁從平日收贈書刊中過濾出合適的單位，主動聯繫，或依據世界國家圖書館名錄發函詢問。近年來新增交換的國家包括：亞塞拜然、克羅埃西亞、捷克、匈牙利、拉脫維亞、馬其頓、俄羅斯、烏克蘭、沙烏地阿拉伯及阿拉伯聯合大公國等東歐、西亞國家，其中重要

單位有：捷克國家圖書館、匈牙利國家研究院、俄羅斯莫斯科國家圖書館、聖彼得堡國家圖書館、烏克蘭國家研究院及阿拉伯聯合大公國國家圖書館、沙國國立法德國王圖書館等。

交換資料方面分爲「輸出」與「收入」兩部分，包含了圖書和期刊，依出版者可分爲政府出版品和一般書刊，而政府出版品交換正是出版品國際交換的特色。在「輸出」書刊方面，主要來源有三：政府出版品徵集、作者贈書、選購優良書刊。在經費拮据的時代，主要依靠政府出版品徵集和作者贈書，但自民國 76年到 80 年經費逐年增加，因顧及交換書刊代表我國出版品水準，一方面增加購買圖書經費，選購優良書刊，另一方面加強對作者贈書之篩選。雖然自 81 年至今，經費年年刪減，但維持交換書刊品質的原則並未改變，因此加強政府出版品交換更顯重要。82年行政院研考會委託國家圖書館（時仍名爲「國立中央圖書館」）辦理政府出版品海外寄存作業辦法，經長時間多次書信往返，終於徵得國外圖書館同意，於 83 年確定 25 個優先寄存單位與 17個部分寄存單位。84 年 3 月開始，隨著官書股「中華民國政府出版品目錄線上系統」與交換處「出版品國際交換資訊管理系統」相繼開發，目前交換處可連線官書股系統的公用目錄查詢，擷取所需書目資料並下載入交換處作業系統，再由交換處發函徵集。這項技術改進，不僅使得資源共享，節省人力，並使得政府出版品取得化被動受贈爲主動徵集。

至於「收入」書刊方面，政府出版品主要來自各國國家圖書館，依來書穩定性與數量排名，前十大者乃日本、美國、德國、俄羅斯、澳洲、英國、智利、新加坡、法國、加拿大。由出版形態分析，近 10 年來微片收入量增多，尤其近三年，美國國會圖書館之官方資料製作成光碟，作爲國際交換，相信此乃國家圖書

館獨有，非他館館藏所及。收入書刊作業自 84 年開始使用電腦系統處理，原本記錄於卡片上的國外期刊基本資料，全數建檔並轉入系統。未來擬配合館藏政策，加強國外書刊之交換。[134]

國家圖書館所擔負的國際交換任務性質是頗特別的，與一般圖書館不同，不論是出版品數量或範圍均較廣大。出版品國際交換處是唯一代表我國在國際間履行出版品交換的機構，可說是國家交換中心，但隨時代進步，不論政策方面或作業方式均需配合調整。尤其交換處開發完成的「出版品國際交換資訊管理系統」，是第一套出版品國際交換電腦作業系統，其經驗值得與圖書館界分享，凡此種種，擬於第九章進一步探討。

【注釋】

1. 本書參考文獻以民國 88 年 5 月之前所發表者為限；本章第一節主要引用筆者撰文：〈談明末清初的中西圖書交流：利瑪竇、金尼閣、白晉之圖書交流代表史事初探〉，《國家圖書館館刊》 88 年第 1 期（民國 88 年 6 月），略有增刪。

2. 摘引自第二章第二節之「一、出版品國際交換的定義」，頁 38-39。

3. 參見第二章第二節之「二、出版品國際交換的特點」，頁 39。

4. 廣義的中西圖書交流應包括與中國以西所有國家的交流，但本文所稱乃「與歐洲的交流」（狹義的中西圖書交流）。以下所稱「中西文化交流」亦同。

5. 本文強調「科學知識與科學出版品」，因為早期基督教的一支「景教」最早傳入中國，當時即有傳書、藏書活動，但屬宗教經文類，參見吳晞：〈傳教士與中國圖書館〉，《圖書情報工作》（增刊15）1992年，頁 199。

6. (1)基督教三次東來：在中國古代歷史上，基督教三次東來，一爲西
元 7 世紀唐太宗時「景教」的傳入至唐武宗時被禁，大約 200 年。
二爲 13 世紀，隨著蒙古人入主中原，景教重新進入中國本部外，
還有從歐洲前來中國的天主教方濟各會傳教士，蒙古人統稱基督
教這兩派爲「也里可溫」，其信徒上至王公大臣，下至黎民百姓。
然元亡明興，基督教傳播再次中斷。三爲 16 世紀末，明朝萬曆
年間，歐洲天主教耶穌會傳教士的來華到清朝雍正年間禁斷天主
教，他們的主要活動時間儘管只有 200 年左右，但他們在傳播西
方科學文化知識，溝通中西文化交流方面起過極爲重要的作用。
見彭斐章主編：《中外圖書交流史》(長沙：湖南教育出版社，1998
年 6 月，《中外文化交流史叢書》，季羨林總主編)，第四章〈明
代中外圖書交流〉，胡先媛編寫，頁 85。

(2)景教：早期基督教的一支，由聶斯脫里於 5 世紀所創。西元 635
年 (貞觀 9 年) 該教派僧侶阿羅本攜經卷從波斯到達長安。唐太
宗對外來宗教採兼容並蓄的政策，因而景教得在中國流傳。西元
845 年 (會昌 5 年) 唐武宗下焚佛詔諭，毀天下佛寺，勒令僧尼
還俗，此舉波及景教，自此景教在中國一蹶不振，終至絕跡。「也
里可溫」蒙古語意爲「有福緣之人」。見陳申如、朱正誼：〈試論
明末清初耶穌會士的歷史作用〉，《中國史研究》 1980 年 2 期，
頁 135。

7. 關於宗教改革可參閱布林頓、克里斯多夫、吳爾夫著，劉景輝譯：
《西洋文化史》(Crane Brinton, John B. Christopher, Robert Lee
Wolff : *A History of Civilization*, 4th edition [Englewood Cliffs, New
Jersey : Prentice-Hall, Inc., 1971])，第四卷 文藝復興、宗教改革 (台
北：台灣學生書局，民國 81 年 9 月初版)，〈第十二章 宗教改革〉，

頁 117-215。筆者僅以閱讀後之理解，對於基督教與天主教之區分簡略說明如下：16 世紀「宗教改革」（Reformation）是對傳統羅馬教廷威權的挑戰，發動宗教改革的各教派「新教徒」（Protestant）咸認爲「自己的信仰才是真正的信仰，他們的教會（非羅馬教會）才是基督及其使徒的真正繼承人」（引自劉景輝書，頁 167）。此後，基督教分爲現在所慣稱的「天主教」與「基督教」；原本以羅馬教會爲中心的信仰稱爲「天主教」，新教徒各派則被視爲「基督教」。

8. 許明龍主編：《中西文化交流先驅》（北京：東方出版社，1993 年 12 月)之前言，頁 2-3。

9. 利瑪竇原名拼法採[法]榮振華著，耿昇譯：《在華耶穌會士列傳及書目補編》（北京：中華書局，1995 年 1 月，《中外關係史名著譯叢》）所記，爲義大利文拼法，因利瑪竇爲義大利人；該書對姓名記錄選擇作者（指各傳教士）在其原書簡中偏愛的那一種寫法，故採用之。以下耶穌會士名皆同；生卒年亦採該書所記。

其他拼法："Mathew Ricci"，見何高濟、王遵仲、李申合譯：《利瑪竇中國札記》（北京：中華書局，1983 年 3 月）之中譯者序言；"Matthaeus Ricci"，見方豪：《中西交通史》（台北：中國文化大學出版部，民國 72 年 12 月新一版)下冊，頁 691。

10.艾儒略（Julius Aleni）著《大西西泰利先生行蹟》曰：「利子以道之廣傳，及朝家重典，俱未可一人獨任。因寄書本國，招一二同志，多攜西書同譯。」可見「多攜西書」來華，實利瑪竇生前宏願。見方豪：〈明季西書七千部流入中國考〉，《方豪六十自定稿》（台北：台灣學生書局總經銷，民國 58 年 6 月），頁 39。

11.(1)關於白晉贈書，自 17 世紀以來，眾人皆謂：「中國皇帝康熙贈予法王路易十四書籍 45(或 49)套，由白晉神父於 1697 年送存國

王圖書館，此乃自 1668 年取得 4 套中文書之後的首次中文書藏。」

(2)前述 1668 年取得中文書一事，乃一項出版品交換計畫，實際應為 16 套書。由此可知在白晉贈書之前，法國已有中文書藏。

參閱 Monique Cohen, "A Point of History: The Chinese books presented to the National Library in Paris by Joachim Bouvet, S.J., in 1697," *Chinese Culture* 31:4 （December 1990），頁 39 及頁 47 之注 1、2。

12. 世界上設立國家圖書館最早的可說起源於 1795 年法國大革命之後，國民議會將原先屬於王室的皇家圖書館改名為國家圖書館（Bibliothéque Nationale），一方面蒐集逃亡貴族所遺留的圖書，以避免國家文獻流失，一方面也顯示圖書館將不再為皇室貴族所獨享。見曾濟群：〈國家圖書館的組織體制〉，《國立中央圖書館館刊》新 26 卷第 1 期（民國 82 年 6 月），頁 11；曾文原參閱王岫（王錫璋），〈細述國家圖書館的功能〉，《中國論壇》 284 期（民國 76 年 7 月 25 日），頁 44。

13. 關於開闢新航路與發現新大陸的歷史，可參閱方豪：《中西交通史》下冊 (台北：中國文化大學出版部，民國 72 年 12 月。新一版)，頁 655-659。

14. 史靜寰：〈談明清之際入華耶穌會士的學術傳教〉，《內蒙古師大學報》 哲學社會科學版 1983 年 3 期，頁 73；陳申如、朱正誼：〈試論明末清初耶穌會士的歷史作用〉，《中國史研究》 1980 年 2 期，1980 年 6 月，頁 135。

15. 參見劉景輝譯書（同注 7），頁 117、120。

16. 同注 14。

17. 當時麻六甲乃東方國際貿易地，印度洋通向太平洋的咽喉。

18. 可參閱方豪書（同注 13）〈第十七章 嘉靖間西人在我國沿海之活動〉，頁 655-659。

19. 耶穌會由西班牙人羅耀拉 (Ignatius Loyola，1494~1556) 於 1534 年所創，1540 年羅馬教皇保羅三世正式批准成立。該會宗旨是對抗宗教改革運動，奪回失去的地盤，維護天主教的威信。兩個主要特徵：第一、對上及絕對地服從，所謂上級是指在羅馬教會組織中上下的次序；第二、對現世一般人所能期待的只能做實際的與中庸的估計。會規強調會士絕對忠於教皇，無條件執行教皇的命令。他們主張不離俗修行，並取消專門的「會服」，以便能在異教徒中進行活動，並透過佈道、興辦學校、擔任封建王侯的懺悔神父等方法，滲入社會和宮廷，維護日趨沒落的封建制度。參閱劉景輝譯書（同注 7），頁 184-194；胡先媛文（同注 6），頁 86；史靜寰文（同注 14），頁 74；陳申如、朱正誼文（同注 14），頁 136。

20. 陳申如、朱正誼文（同注 14），頁 136。

21. 史靜寰文（同注 14），頁 74。

22. 武力傳教與學術傳教兩派圍繞以下幾個問題進行辯論：(1)究竟應如何看待當時中國的對外政策，(2)如何估計西、葡等國在商業貿易所遭受的損失，(3)如何估計中國人對待耶穌會士傳教所持的態度。詳見鄭克晟：〈關於明清之際耶穌會士來華的幾個問題〉，《南開史學》1981 年 2 期，頁 184-188；同注 21。

23. 同注 13，頁 685。

24. 范禮安及以下羅明堅均為義大利人，方豪書（同注 13）頁 691 所記姓名為英文拼法，分別為 Alexander Valignani 和 Michael Ruggieri。

25. 費賴之著，馮承鈞譯：《入華耶穌會士列傳》（上海：商務印書館，

　　民國 27 年 6 月），頁 42。

26.利瑪竇小傳參見[法]榮振華著，耿昇譯：《在華耶穌會士列傳及書
　　目補編》下（北京：中華書局，1995 年 1 月，《中外關係史名著譯
　　叢》），頁 543-544；以下金尼閣、白晉小傳參見同書。

27.(1)徐宗澤：《中國天主教傳教史概論》（上海：上海書店，1990 年
　　　影印版），頁 177-178。

　　(2)方豪書（同注 13）頁 822-823，記為「天帝圖像一幅，天帝母圖
　　　像二幅，天帝經一本，珍珠鑲嵌十字架一座，報時自鳴鐘一架，
　　　萬國圖誌一冊，西琴一張」。二者比較，除「天帝」與「天主」、
　　　「誌」與「志」用字不同外，報時自鳴鐘的數量亦不同。然參閱
　　　《利瑪竇中國札記》（同注 9）頁 405，乃大小鐘各一，且為大
　　　鐘建鐘樓：「……皇帝一直把這個小鐘放在自己面前……」；「皇
　　　宮裏沒有一個地方能安放那座大鐘，……於是第二年皇帝把它送
　　　在工部那裡，命他按照神父們所畫的圖樣為它修建一個合適的木
　　　閣樓。」

28.胡先媛文（同注 6），頁 96；方豪書（同注 13），頁 823-824。
　　《地球大觀》是第一部世界地圖集，1570 年首次出版，有各家所
　　繪地圖 53 幅，是歐洲製圖學進入近代階段的標誌之一，原北堂圖
　　書館藏有該書 1570 年、1595 年兩版。參見胡先媛文(同注 6)，頁 96。
　　筆者認為利瑪竇獻給萬曆皇帝之地圖集，除《萬國圖志》外，應該
　　還有《地球大觀》，此乃綜合胡先媛文（同注 6）、方豪書（同注 13）
　　和《利瑪竇中國札記》（同注 9）所記線索推論，說明如下：
　　(1)胡文記述：
　　　頁 93：「《萬國圖志》亦即獻給建安王的那一種，……」；
　　　頁 92：「利瑪竇這次送給建安王的書，……這其中一部就是利瑪

實在南昌編纂、印刷、裝訂的第一部西式圖書《萬國圖志》，……」；

頁 96：「利瑪竇在來華以前，就學習了製圖方面的有關知識，並將《地球大觀》帶入中國。」

由上可知，胡先媛認為《萬國圖志》是利瑪竇所編纂，而《地球大觀》是他帶來的另一部書。

(2)方豪記述：

頁 823：「……，曰『萬國圖誌』，故不僅有圖，必更有說明，……」；「據金尼閣所撰拉丁文『中華傳教史』（De Christiana Expeditione apud Sinas），知利氏所本者為奧代理烏斯(Abraham Ortelius)著《地球大觀》（Theatrum Orbis Terrarum），其書有各家所繪圖 53 幅。至於利氏所參考者及所進呈者為奧代理烏斯書之何一版本等問題，下當略論之。」

由上可知，利氏依《地球大觀》編纂《萬國圖志》，可視為「中譯本」。而方豪言及「進呈」，可知《地球大觀》原書一併獻給了萬曆帝。

(3)《利瑪竇中國札記》記述：

頁 394：記太監馬堂攔截佔據利瑪竇準備進貢的禮物：「因此除了雕像、鐘錶和玻璃三稜鏡外，他又不得不交出他那裝訂精緻的羅馬祈禱書、翼琴和一本奧特里烏斯(Ortelius)所編的《世界舞台》。」

《世界舞台》應即《地球大觀》，純粹為譯名不同，因中譯本乃翻譯自英文版，已非依原始文獻翻譯，故有所不同。

【結論】利瑪竇帶入《地球大觀》一書無庸置疑，原本即為獻給中國皇帝，但將所編纂的《萬國圖志》一併進呈，作為「中譯本」

解讀。

29.《利瑪竇中國札記》 頁 172-173，言及肇慶知府王泮發現歐洲教士在學術和文化方面比他想像的更先進，決定賜給他們一種中國人很重視的恩寵──「匾」兩方。一題「仙花寺」，懸於教堂門口，一題「西來淨土」，置於中堂接待賓客的會客廳。

30.同注 8，頁 5。

31.同注 13，頁 825。

32.洪煨蓮（洪業）著〈考利瑪竇的世界地圖〉（載《禹貢》第 5 卷第 3、4 期合刊，民國 25 年 4 月，利瑪竇世界地圖專號），有利氏世界地圖版本表，參閱方豪書（同注 13）頁 825-826。

33.同注 13，頁 829-831。

34.王慶余：〈利瑪竇攜物考〉，《中外關係史論叢》第一輯（北京：世界知識出版社，1985 年 2 月），頁 83-84。胡先媛文（同注 6）頁 93，有一段相同文字敘述，然二者皆未註明出處，本文只得依文照引。

35.《利瑪竇中國札記》（同注 9），頁 400-401。

36.徐宗澤編著：《明清間耶穌會士譯著提要》（台北：台灣中華書局，民國 47 年 3 月台一版），頁 257。

37.據利瑪竇序云：「中古聞士，其原書十三卷，五百餘題，瑪竇之師丁氏為之集解，又續補二卷於後，共為十五卷。」 轉引自徐宗澤書（同注 36），頁 257。

利瑪竇之師「丁先生」（Christophoro Clavius）乃科學博士兼數學大師；拉丁文 Clavius 即釘子，故利瑪竇譯稱丁先生。參閱《利瑪竇中國札記》（同注 9），頁 180。

38.胡先媛文（同注 6），頁 96。

39.同注 6，頁 87-88。胡先媛文（同注 6），頁 96。

40.《利瑪竇中國札記》（同注 9），頁 482。

41.同注 9，頁 301-302。

42.同注 9，頁 484。

43.同注 9，頁 485-486。

44.同注 9，頁 487-488。

45.同注 9，正文前頁 2-3。

46.德禮賢（Pasqual d'Elia）另以義大利文撰《利瑪竇之中文世界圖》
（Il Mappamondo Chinese del P. Matteo Ricci）一鉅冊，由教廷圖書
館出版，乃以梵諦岡教廷圖書館所藏利瑪竇《坤輿萬國全圖》為主，
加以羅馬國立圖書館藏殘本、北平歷史博物館（民國 12 年購入）、
北平交民巷臺吉廠理格洋行主人理格先生（G. Nicolas）、英國皇家
地理學會（1917 年發現）、義大利米蘭盎博羅削（Ambrosiana）圖
書館（1910 年發現）、日本京都帝國大學圖書館（1904 年發現）所
藏各圖。見方豪書（同注 13），頁 824。

47.詳閱謝方：〈利瑪竇及其《中國札記》〉，《文史知識》 1984 年 6 期，
1984 年 6 月，頁 102-107。

48.同注 10，頁 40。方豪所藏《辯學》抄本記曰：「…攜有裝演圖書七
千餘部，皆天人之學及曆法度數之書。道途阻塞，書存香山澳，帶
進者尚未有什之一二。」澳門原屬香山縣，故稱香山澳。

49.同注 10。

50.在利瑪竇努力「拓荒」下，中國成為獨立傳教區，由利瑪竇主持，
不再受澳門神學院院長管轄。利瑪竇逝世後，由龍華民（Nicolaus
Longobardi）接任其職務。參閱《利瑪竇中國札記》（同注 9），頁
477-482。

51.同注 10，頁 44。

1613 年龍華民於備忘錄指示:「吾人之目的乃希望能在北京建立一圖書館,俾中國一切官吏與學者得賴此圖書館而認識吾人,並瞭解吾教教義。因此,且可使彼等乘機請求吾人翻譯此項書籍。翻譯之書,雖為數不多,但已出版者,業在中國留下永久紀念矣。為此,吾人堅信此為誘引學人進入教會之良好方法,彼輩在譯書工作上具有權威,譯書工作終將成為吾人在中國傳佈福音之門徑。」(同注 10,頁 46-47。)

52.[法]榮振華著,耿昇譯:《在華耶穌會士列傳及書目補編》(北京:中華書局,1995 年 1 月,《中外關係史名著譯叢》),頁 680。

53.鄧玉函原名 Jean Schreck(1576-1630),1616 年在羅馬入耶穌會,精通醫學、哲學、天文學,當時在德國已頗有名氣,其拉丁文名字 Terentius 較原名尤為著稱,(同注 10),頁 44。後來參與明末改曆之事,完成《崇禎曆書》。

54.徐明德、計翔翔:〈傑出的法國傳教——金尼閣〉收在《中西文化交流先驅》乙書(同注 8),頁 90-92;同注 10,頁 44。(按:金尼閣應為比利時傳教士。徐明德、計翔翔於該文之首稱「金尼閣出生於『今法國』的杜埃城」,然據《在華耶穌會士列傳及書目補編》(同注 52)記「金尼閣 1577 年 3 月 3 日誕生於『比利時』的杜埃」。)

55.見胡先媛文(同注 6),頁 97-98。

56.同上注。

57.同注 52。方豪文(同注 10)記「萬曆 46 年(1618)(金)尼閣與其他教士 22 人返華,48 年(1620)7 月 22 日抵澳門」,其他亦有文章記金尼閣抵澳門時間為 1620 年 7 月,如張志茹、王昭華:〈概述北堂圖書館〉,《圖書館學研究》 1996 年 4 期。《在華耶穌會士列傳及書目補編》詳列了一手資料存藏館所,筆者認為其所記日期

似較可靠，故採用之。

58.同注 10，頁 44。

(1)金尼閣本人記述：「…以學科之門類言，除吾人圖書館所習有之人
文類、哲學類、神學類、教義類及其他名著外，余所搜醫學、法學、
音樂類書，亦復甚多，而今日所已發明之數學書，則可謂應有盡有。
余從各王公大臣所徵集及在各地所收購之各項測算儀器與製造儀器
之機械，種類之多，品質之精，可謂已一無所缺，若欲一一縷述，
則未免太長矣。」

(2)金尼閣本人記述的第一手資料直到 1940 年羅馬出版 《耶穌會史料
彙刊》 第 9 卷（Archivum Historicum Societatis Iesu, vol. IX, 1940）
始由耶穌會士拉馬爾（Edmond Lamalle S. J.）爲之發表，題名〈1616
年金尼閣爲中國教會之宣傳〉（La Propagande du P. Nicolas Trigault,
en faveur des Missions de Chine, 1616）。

59.轉引自方豪文（同注 10），頁 40。

60.朱謙之：《中國哲學對歐洲的影響》（福州：福建人民出版社，1985
年 6 月），頁 106。

61.參閱胡先媛文（同注 6），頁 100。

62.「西海穌會士鄧玉函口授，關西景教後學王徵譯繪，有武位中序，
及王徵序，天啓 7 年刻（1634），收入四部子部譜錄類。此書即物
理中之力學及重學，……」同注 36，頁 295。

63.同注 10，頁 45。

64.由 1616 年金氏上教宗之文件中，估計當時所得教宗保祿五世頒賜
書藏已約五百冊。同注 10，頁 47。

65.同注 10，頁 44-47。

66.同上注，頁 44。

67.同注 10，頁 45。關於白晉贈書數量，本文採方豪所記，因其從「漢
文史料」和「敘述七千部西書來華事之金尼閣書札」加以考證，較
為可靠。

另羽離子撰兩篇文章：〈東西方文化交流史上的空前壯舉 —— 1618
年歐洲萬餘部圖書移贈中國始末〉，《黑龍江圖書館》，1990 年 3 期，
1990 年 5 月；〈歐洲人在中國建立的早期的西文圖書館〉，《廣東圖
書館學刊》，1987 年 3 期，1987 年 9 月。其所記數量均為「萬餘部」。
前文頁 62 及後文頁 39，均記錄教皇贈書七千餘部；後文頁 63 又
記「⋯⋯另外還有不少從各國各界募集的圖書，與教廷贈書加起來，
超過萬部。」

68.同注 10，頁 51。

69.同注 10，頁 40。

70.同注 10。

71.參閱胡先媛文（同注 6）；許明龍、韓琦：〈康熙的洋欽差 —— 白
晉〉收在《中西文化交流先驅》乙書（同注 8）及潘吉星：〈康熙
帝與西洋科學〉，《自然科學史研究》第 3 卷第 2 期（1984 年）；綜
合整理與該段史實有關部份撰寫。

72.明末傳統曆法因長年失修而誤差大，故有改曆之議，時西方傳教士
東來，開啟中國人的科學眼界，遂吸取西洋新法，1634 年完成《崇
禎曆書》。清初順治皇帝續用耶穌會士湯若望，並任命為欽天監監
正，主掌曆事，1645 年頒行新曆。然守舊份子不滿採用西洋新法，
終至有楊光先誣蔑湯若望「謀反」，使湯若望蒙冤入獄，時康熙年
幼，由輔政大臣鰲拜掌權。待康熙親政，命令各依西洋新法和中國
舊法觀測天文，結果實證前者準確而後者失誤大，故康熙宣布贊成
西洋新法，同時平反湯若望冤案。詳閱胡先媛文（同注 6）「湯若

望與清初曆案」一段與潘吉星文（同上注）。

73.康熙時傳教士譯著甚豐，詳閱胡先媛文（同注 6）「康熙與西學圖書的傳播」一段，頁 137-143。另可參閱 《明清間耶穌會士譯著提要》（同注 36）。

74.同注 11，頁 43-44，採用的日期是白晉自述的時程，故本文引用之。

75.許明龍、韓琦文（同注 8），頁 179。

76.同注 11, 頁 39。

77.例如胡先媛文（同注 6），頁 141 以及許明龍、韓琦文（同注 8），頁 179，均記為「49 冊」。Dorothy A. Day, *The Exchange of Publications-China and the United States*, p.42 轉引 Essai historique sur la Bibliothèque Roi, p.1 記為'In 1697 one hundred and forty-nine Chinese books were received,……'。

78.同注 11, 頁 39。

79.同上注。

80.徐宗澤編著：《明清間耶穌會士譯著提要》（同注 36）記比利時籍傳教士柏應理（Philippus Couplet）於「1681 年 12 月 5 日啟程回歐，到羅馬稟告傳教事務。公將赴歐前，……又集款購贈在華諸教士之華文著作四百餘冊，藏於華諦岡（今譯梵諦岡）圖書館中。……後公工赴法，又覲見法王路易十四世。……」可見中文書籍在白晉之前已傳入歐洲，不過並非中國古典著作。據說柏應理覲見法王一事對路易十四派遣白晉一行人來華有催化作用。參閱許明龍、韓琦文（同注 8）頁 176。

81.Monique Cohen 文（同注 11）之附錄詳列白晉贈書書目，有編號及中文書名。此處之中文書名即引用該附錄所記。

82.「殿本」之名始於清朝。清朝內府刻書的地方設在武英殿，由康熙

初設修書處，刻印極精，紙墨俱佳，所以殿本書就成了清朝內府本
的同義語。康熙時，武英殿刻書能力尚小，仍用宋元時代的做法，
發到南方揚州、蘇州一帶刻版，然後運歸武英殿。雍正、乾隆時，
才真正在武英殿刻印書籍。殿本書籍不但可以超越元明，且可與兩
宋媲美，今日已不可多得。明清兩朝，宮廷內府刻本，通稱「內府
本」。參閱高振鐸主編：《古籍知識手冊》（濟南：山東教育出版社，
1988 年 12 月），頁 95-96：「清刻本」之「官刻本」及頁 116-117：
「殿本」。

83.1735 年法國出版一本描述中國史地的書，作者 Du Halde，其中收
有白晉自述行程的記載。參閱 Monique Cohen 文（同注 11）之注
解 11。

84.Monique Cohen 文中記為「西行」，然依地圖查證，確切方向為「由
東北向西南行」。

85.筆者對版本知識未有涉獵，不敢妄加評論，僅能依據 Monique Cohen
文之論證推斷。唯本文僅為明末清初中西圖書交流的初探，至於進
一步探討白晉贈書的版本問題，似可於日後另行探究。

86.出版品國際交換歷史上，法國皇家圖書館於 1694 年首次建立了「複
本交換」的範例，當時依據路易十四命令，授權皇家圖書館以複本
交換外國印製的書籍。這項交換使法國獲得許多各國珍貴書籍，尤
其是來自於英國與德國。因此路易十四以其圖書館為傲是可想而知
的。見第二章〈第一節 出版品國際交換的歷史概況〉，頁 29。

87.見錢存訓：〈近代譯書對中國現代化的影響〉，收入於《中美書緣》
乙書（台北：文華圖書館管理資訊公司，1998 年 8 月），頁 38。

88.參閱第二章〈第一節 出版品國際交換的歷史概況〉，頁 30。

89.見第五章〈第一節 源起概說〉，頁 104-105。

90.同前注。

91.〈中美書緣〉參考的文獻包括《籌辦夷務始末》中與此案事有關之
恭親王奏摺兩件，以及當時美國國務院與其駐華使館間有關此案之
往來公文 15 件（藏於美國華盛頓特區國家檔案館）。該文乃首次記
載中美第一次出版品交換歷史之文，原以英文撰述，發表在《哈佛
亞洲學報》（Harvard Asian Journal）第 25 卷（1964-65 年）。本文
爲 1969 年紀念中美文化交換百週年而作，美國國會圖書館曾爲此
舉行特別展覽，以兹慶祝，並將此文置於其特藏書庫，以供讀者參
考；台北中央圖書館也將此譯文印成專冊，在展覽會場分發，可見
各方對此一里程碑之重視。見錢存訓：〈中美書緣——紀念中美文
化交換百週年 〉，收入於《中美書緣》乙書，（台北：文華圖書館
管理資訊公司，1998 年 8 月），頁 1。（按：《哈佛亞洲學報》原文
刊名應爲 Harvard Journal of Asiatic Studies。）

92.原文見《籌辦夷務始末》同治朝卷 62。

93.此 10 種書籍與各類種籽清單詳見錢存訓文，頁 5-6。

94.蘇精：〈從換書局到出版品國際交換處——早期中國交換機關小
史〉,《圖書館學與資訊科學》 4 卷 2 期（民國 67 年 10 月），頁 181。

95.Dorothy A. Day, *The Exchange of Publications - China and the United
States*, A Dissertation submitted to the Faculty of the Graduate Library
School in Candidacy for the Degree of Master of Arts (Chicago,
Illinois：December, 1969), p.40-50.

96.本文記「此事由江南官府辦理」乃因所查看的資料記述分歧：

(1)蘇精文（同注 94）記：「……這次的要求可能未透過北京外務部
而逕向江南提出」；

(2)Dorothy A. Day（同注 95）記：「中國對此提議的答覆是『已將

　　交由南京貿易總署籌辦。』」（按：筆者翻譯。）

97.同注 94。

98.主要引用蘇精文（同注 94，頁 180-183），文字略為修改。

99.同注 95

100.同注 98。

101.〈中國加入國際交換出版品協約之經過〉，收入於北京圖書館業務
　　研究委員會編：《北京圖書館館史資料匯編（1909-1949)》下冊（北
　　京：書目文獻出版品，1992 年 10 月），頁 1283。

102.本段文主要引用〈中國加入國際交換出版品協約之經過〉（同上
　　注），頁 1282-1285，再查考其他資料，合併整理、修改而成。

103.布魯塞爾公約的 8 個公約起草國：比利時、巴西、義大利、葡萄
　　牙、塞爾維亞、西班牙、瑞士和美國。見第四章〈第二節 布魯塞
　　爾公約〉，頁 78。

104.見中國第二歷史檔案館編：《中華民國史檔案資料匯編》第三輯 文
　　化（南京：江蘇古籍出版社，1991 年 6 月），頁 464。此書收錄「我
　　國加入國際交換出版品公約的文件與資料（1925 年 9-12 月）」乃
　　北洋政府內務部檔案，包括公約的中文翻譯，本文採用之，並將
　　公約全文列為附錄一。

105.國際聯合會通告各國之「年」有不同記載：

　　(1)〈中國加入國際交換出版品協約之經過〉（同注 101）記「1922
　　　年 11 月 20 日」，頁 1282：「國際聯合會於 1922 年有智育互助
　　　委員會之組織，……惟此約僅限八國範圍頗狹，智育互助委員
　　　會極圖擴充其範圍，乃於 1922 年第一次會議時，有請各國一
　　　致加入之議決案，經國際聯合會第三屆大會通過，認為可行，
　　　是年 10 月 4 日，復經行政院之議決，乃於 11 月 20 日由院長

Gama 通告，未簽字 1886 年公約各國，商令加入。……」

(2)外交部請公布國際交換出版品公約呈記「民國 10 年」，見《中華民國史檔案資料匯編》（同注 104），頁 462：「為呈請加入國際交換出版品公約兩種，並予公布，仰祈均鑒事：竊查民國 10 年國際聯合會行政院曾依據智育互助委員會之請，通告凡未簽字 1886 年比美等國在比京簽訂之國際交換公牘、科學、文藝出版品公約及國際快捷交換官報議院紀錄及文牘公約各國，商令加入。……」

本文採用後者所記之年。

106.民國 14 年 8 月 7 日《申報》報導：「北京電 魚（六日）閣議、外部提、加入國際交換公牘科學文藝出版品協約、及國際快捷交換官報、與議院紀錄及文牘之協約交換、科學與文學出版物之新公約、議決交教部、……」。

107.民國 14 年 8 月 30 日《申報》於「二十七日之執政會議」項下報導：「臨時法制院遵核出版品國際交換局官制、議決公布、」；「臨時法制院遵核國立編譯館條例、議決公布、」。

108.臨時執政令

兹制定出版品國際交換局官制公布之。此令。

中華民國十四年九月一日

外交總長沈瑞麟、內務總長龔心湛、財政總長李思浩、陸軍總長吳光新、海軍總長林建章、司法總長楊庶堪、教育總長章士釗、農業總長（空白）、交通總長葉恭綽。

見《政府公報》命令 9 月 2 日第 3384 號；

或見《中華民國史檔案資料匯編》（同注 104），頁 461。

《大公報》於 9 月 2 日刊登該項命令公布之消息。

109.同上注。

110.張奚若,字熙若,陝西朝邑(今屬大荔)人,1889 年 (清光緒 15 年)生。畢業於美國哥倫比亞大學,或碩士學位,後加入中國同盟會。歷任國立北京法政大學及中國大學政治系教授,國民政府教育部出版品國際交換局局長,國民政府大學院高等教育處處長,國立中央大學法學院政治系副教授,國立北京大學政治系講師,國立清華大學和西南聯大教授。分別於 1938 年 6 月、1940 年 12 月、1942 年 7 月、1945 年 4 月,連續當選爲第一至第四屆的國民參政會參政員。其間曾與胡適創現代評論社。1973 年 7 月 18 日病逝於北京,享年 84 歲。著有《社約論考》等。參閱徐友春主編:《民國人物大辭典》(石家莊:河北人民出版社,1991 年 5 月),頁 943

111.臨時執政令

任命張奚若爲出版品國際交換局局長。此令。

中華民國十四年九月十一日

見《中華民國史檔案資料匯編》(同注 104),頁 462。

另《申報》於 9 月 13 日刊登此命令。

112.民國 15 年 4 月 2 日出版品國際交換局公函、年版字第 231 號,稱歐西各國交換局收到他國出版品須公開閱覽之件,大半委託各國規模較大之圖書館典藏,頗爲便利,故擬仿照,委託北京圖書館代爲交換管理出版品。另 4 月 17 日年版字第 238 號函,通告美國政府出版品 3 箱寄達上海,將由徐家匯觀象台逕寄與該館。

見《北京圖書館館史資料匯編(1909-1949)》下冊(同注 101),頁 1143-1146。

113.大學院指令第 803 號之受文者爲「代理北平北海圖書館館長袁同禮」;大學院訓令第 624 號之受文者爲「北平圖書館」。見《北京

圖書館館史資料匯編（1909-1949）》下冊（同注 101），頁 240-241。查民國 17 年 7 月 11 日由大學院接收國立京師圖書館，更名為國立北平圖書館。民國 18 年 6 月由國立北平圖書館與北平北海圖書館合併，改組為「國立北平圖書館」，即今北京圖書館。參閱嚴鼎忠：《國立北平圖書館之研究——清宣統元年至民國卅八年》（台北：中國文化大學史學研究所碩士論文，民國 80 年 6 月），頁 97、98、125。

114.同注 101，頁 266。

民國 17 年 11 月 17 日即以「教育部」指令委託北京圖書館代行職務，但「教育部組織法」至 12 月 7 日才由國府公布，共 29 條。見教育部參事室編：《教育法令》（上海：中華書局，民國 36 年 7 月再版），頁 3-4。

115.《國民政府公報》第 66 期「令」，頁 15-19。

116.張錦郎、黃淵泉編：《中國近六十年來圖書館事業大事記》（台北：台灣商務印書館，民國 63 年 8 月），頁 61。

117.蘇精文（同注 94），頁 183。

118.見〈國立中央圖書館概況〉，《國立中央圖書館館刊》第 1 卷第 3 號(民國 36 年 5 月)，頁 53。

119.組織條例見教育部參事室編：《教育法令》（上海：中華書局，民國 36 年 7 月再版），頁 8-9。

120.同注 118，頁 47、53。

民國 36 年 2 月 12 日修正公布的教育部組織條例，特別列出與國際交換有關的條款：第十三條「國際文化教育事業處掌左列各事項」，第五項「關於國際出版品交換事項」，與今日不同。參見《教育法令》（同注 119），頁 4。

121.綜合〈中國加入國際交換出版品協約之經過〉（同注 121）與蘇精文（同注 94）修改。二者部分記述略有不同如下：前者記委託「北京大學圖書『部』」，後者記「北京大學圖書『館』」；北京圖書館出版目錄之「年」，前者記「民國 16 年」，後者記「民國 17 年」。本文採前者（發表時間較早）所記。

122.參考喬或：〈出版品國際交換概述〉，《教育與文化》 第 8 卷第 6 期（民國 44 年 7 月 21 日），頁 4-10 以及汪雁秋：〈文化交流——國立中央圖書館的出版品國際交換工作〉，《國立中央圖書館館刊》新 26 卷第 1 期（民國 82 年 4 月），頁 167-184；以其架構，摘要修改，並參考其他資料增補；另以筆者實際工作經驗撰寫「第五階段：新館時期，民國 75 年至今」。。

123.蘇精文（同注 94），頁 183。

124.汪雁秋文（同注 122），頁 171-172；Margaret Chang Fung, *The Evolving Social Mission of the National Central Library in China 1928-1966*,（ Taipei： National Institute For Compilation and Translation, 1994), p.103-106。

125.「羅斯福圖書館籌備委員會組織規程」由行政院 18916 號指令核准（民國 35 年 11 月 11 日），教育部第 34869 號訓令頒發（民國 35 年 12 月 2 日）。參見《教育法令》（同注 119），頁 10-11。

126.民國 22 年，北京文淵閣本《四庫全書》南運，存放於上海，教育部聘請多人討論，選出珍本目錄，由國立中央圖書館籌備處選輯，上海商務印書館影印，於民國 23 年至 24 年出版了初集，計 232 種。該項工作後來由台北台灣商務印書館繼續進行，由王雲五選書，增多了種數，於民國 60 年至 69 年續行影印了第二集至第十集，1975 年另出珍本別輯一集，計 1300 多種。

127. 《玄覽堂叢書》共出三集，均為鄭振鐸選輯。一集 33 種，附 1 種，上海精華印刷公司影印，民國 30 年出版；續集 21 種，附 4 種，國立中央圖書館影印，民國 36 年出版；三集 12 種，國立中央圖書館影印，民國 37 年出版。

128. *PHILOBIBLON*，錢鍾書（Chien Chung-shu）主編，英文版，中譯《書林季刊》，原文和譯名取愛書家徜徉漫步、低吟於書冊林中之意。內容為有關中外要籍的出版信息、簡介及其他論著。

   錢鍾書（1910~1998），小名仰先（又作仰宣），字哲良，後改字默存，號槐聚，江蘇省無錫縣人。

129. 汪雁秋文（同注 122），頁 172-173；Dorothy A. Day（同注 95），頁 77-78。

130. 汪雁秋女士與交換處資深同仁經驗談。（按：汪雁秋女士任職於國立中央圖書館擔任出版品國際交換處主任，領導該項業務達 30 年之久，於民國 87 年 2 月退休。）

131. 「中美圖書交換的官方文件影印本」於交換處存有一份。

132. 張錦郎、黃淵泉編：《中國近六十年來圖書館事業大事記》（台北：台灣商務印書館，民國 63 年 8 月），頁 154、198。

133. 1966 年英國伯明翰大學圖書館館長韓福瑞（K.W. Humphrey）曾發表〈國家圖書館的功能〉，將國家圖書館應負的任務，依輕重緩急分為 3 大類 15 項，此 3 大類為：

   一、基本任務：包括集中典藏本國文獻、依法執行出版品呈繳、合理蒐集世界經典文獻、編印全國書目、成立全國書目資訊中心、出版各種目錄及展覽工作等 7 項。

   二、重要任務：包括辦理館際互借、蒐藏珍貴稀本、研究圖書館技術等 3 項。

三、<u>其他任務</u>：包括辦理國際交換、複本分配、為盲人讀者服務、訓練圖書館專業人員、提供圖書館技術的協助等 5 項。

韓氏此項說明，已成為國家圖書館功能理論經典，各國國家圖書館之組織運作，亦大致在配合這些功能範圍之內。

參見曾濟群：〈國家圖書館的組織體制〉，《國立中央圖書館館刊》新 26 卷第 1 期（民國 82 年 4 月），收入《圖書資訊點滴》乙書（台北：漢美圖書公司，民國 87 年 7 月），頁 20-21。

134.黃美智：〈有書自遠方來——民國 83 年本館收到國外交換圖書簡介〉，《國立中央圖書館館訊》第 17 卷第 2 期（民國 84 年 5 月），頁 20-21。

第九章　我國國家圖書館出版品國際交換的運作

第一節　基本工作項目與方法

　　依照民國 85 年 1 月公布之國家圖書館組織條例，國家圖書館「掌理關於圖書資料之蒐集、編藏、考訂、參考、閱覽、出版品國際交換、全國家圖書館書館事業之研究發展與輔導等事宜」，以保存文化、闡揚學術、配合研究以及輔導全國家圖書館書館事業為工作目標，主要任務為下列各項：1.蒐集編藏國家圖書文獻；2.廣徵世界各國重要出版品；3.編印書目及索引；4.便利學術研究；5.促進文化交流；6.輔導圖書館事業之發展。其中促進文化交流是出版品國際交換處的主要職責。國家圖書館組織條例第十三條規定：「**本館辦事細則，由本館擬訂，報請教育部核定之。**」據此而擬妥的「國家圖書館辦事細則草案」第二章第十一條，關於出版品國際交換處的職掌共有 8 項：1.關於出版品國際交換業務之規劃與聯繫；2.關於國際交換用出版品之徵集與寄發；3.關於交換所得出版品之移送；4.關於參加國際書展之規劃與執行；5.關於參加或舉辦圖書資訊科學國際會議之規劃與執行；6.關於國際文教單位人員之互訪與聯繫；7.關於學術機構目錄、英文通訊等之編印；8.其他有關出版品國際交換及文化交流合作事項。[1] 由此可知，出版品國際交換處（以下簡稱交換處）的業務範圍不僅僅只有「出版品國際交換」而已。然而

本論文的研究主題是「出版品國際交換」，而實際上交換處的人力分配亦以國際交換為主，因此，本章只進行出版品國際交換工作的探討。

一、分工基礎

　　本書第三章第三節談交換組織與運作原則時，已說明目前全世界無統一的交換組織模式，乃因各國有不同的習慣與程序，雖然 IFLA 的出版品交換委員會曾力倡標準模式，但遭各國排拒。而聯合國教科文組織出版的《出版品國際交換手冊》(*Handbook on the International Exchange of Publications*) 指出，雖然交換可視為是書籍採訪的一種管道，但應著重在不易購買的書籍，如學術機構或政府機構出版品，加上交換和採訪的實際作業程序不同，因此最好有單獨的部門或機構處理交換事宜，才能和採購有所區別，同時兼顧自己和交換對象的利益。[2] 因此我國國家圖書館單獨設立出版品國際交換處，與圖書館的採訪組分開，是頗為適當的組織安排。

　　實際的國際交換運作涵括三項主要工作：書信聯繫、出版品的處理、包裝寄發。[3] 然若從交換資料流動的方向來看，則分為「輸出」和「收入」兩部分，而這兩部分又各自涵括前述三項工作；交換處的分工原則即採用此方式。其次，依照一般圖書館資料的處理方式，再將「輸出」和「收入」細分為圖書和期刊。除此之外，不論「輸出」或「收入」的對象均是「交換單位」(exchange partners)，因此交換單位基本資料管理相當重要，如此才能進行書信聯繫與出版品寄發。綜言之，交換處的分工基礎，可以簡單圖示如圖 9-1。

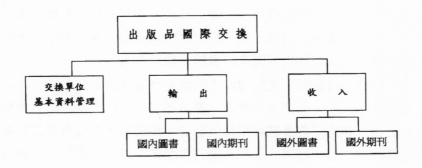

圖 9-1 交換處分工基礎圖示

　　國內圖書與國內期刊除了輸出程序之外，還有餘書必須「庫存管理」，其他相關工作項目，以下一併說明。

二、交換單位基本資料管理

　　交換單位基本資料管理既是國際交換運作的「源頭」，也是整體運作的「中心」。這方面的檔案建立與維護，關係著後續「輸出」與「收入」能否順利進行。一般圖書館、大學、學術機構之間的交換協議，以「信函」最為快速有效。首先由發起交換的一方寫信，信函內容應包含主動尋求建交的圖書館希望收到的出版品，能提供交換的出版品，以及建議平衡交換的方式三項資訊。[4]對交換處而言，首次發函尋求交換關係建立時即會附上一份「交換問卷」，問卷首頁說明國家圖書館的館藏重點與交換方法，問卷內則是希望對方填覆的基本資料(參附錄七)。交換處必須等收到填覆的問卷，雙方交換始正式成立，並開始後續的「輸出」工

作。至於新的交換單位來源有幾種方式，除了透過到訪外賓親自洽談、我國駐外單位推薦外，多由負責交換的同仁，平日從國外主動寄贈的書刊中過濾，找出合適而尚未建立交換的機構，主動發函聯繫，或依據世界國家圖書館名錄發函詢問。

由於出版品國際交換的目的主要是為促進國際文化交流，故廣義的「交換」包含了「贈送」在其中 [5]，因此交換處的交換單位之中，包含了許多純粹接受贈送者。為將這些單位與實質交換互動的單位有所區隔，在基本資料登記時，將交換單位劃分為四種類型：

1.**正式交換單位**：以國外學術研究機構、大學圖書館為主；確實能提供出版品交換者。

2.**個人別贈送**：海外學者、專家，為研究所需，希望獲得適當的出版品者。

3.**機關別贈送**：國外研究機構需要我國出版品，但又無法提供出版品交換者。這類單位之中，包含許多海外華文學校。

4.**外館別贈送**：所謂「外館別」是特指我國政府機關的駐外單位而言。這些單位常於駐在地成立文化中心或小型圖書館等，對於國內華文資訊需求殷切，常來函請交換處協助，因此特別列為贈送單位。

民國 88 年 5 月統計交換單位數量，共計 1,091 個，分佈 81 個國家及地區，其中正式交換單位 629 個，為全部交換單位數量的 58%。不過本項統計僅為參考值，因為交換處隨時維護更新交換單位資料，同時繼續拓展新的交換單位，這項統計會因時間不同而變動。由於資源有限，為讓有限資源發揮最大效用，交換單位仍應以實質交換為主，在贈送對象方面，以贈送「機關」為原則，藉此提供更多人利用我國書刊。

三、輸出

在輸出方面，主要是收集國內書刊，登錄整理後，分派寄發給國外的交換單位。交換處的書刊收集來源有三：政府出版品徵集、接受一般書籍贈送及選購優良書刊。由於圖書和期刊的出版性質不同，因此實際作業程序不同，分別說明之。

(一) 國內圖書

國際間對於圖書交換的作法，多數是先製作書單，寄給交換單位挑選，再依各單位回覆結果，進行出版品的分配。[6] 易言之，平日必須先收集國內新出版的圖書，並清楚記錄書名、數量、來源等圖書基本資料，每隔一段時日再將這些圖書資料製作成交換書單，寄發國外交換單位挑選。

1.圖書收集

由於交換處收集國內圖書的來源有三種，其挑選收集的方式略有不同。

(1)政府出版品徵集：行政院於民國 45 年曾通令各機關，檢送出版品至少 20 份作國際交換之用，後增至 50、100、300 份不等 [7]。民國 72 年 9 月發布「行政機關出版品管理要點」，民國 78 年 1 月修正，其第 6 點規定：「行政機關出版品國際交換工作，由國立中央圖書館負責辦理，但必要時，各機關得函知國立中央圖書館後自行辦理專案交換工作。國立中央圖書館於決定出版品名稱後，應與出版機關協商其供應量，以便交換。交換之國外出版品由國立中央圖書館統一編存，並定期編目分送各行政機關。」[8] 此規定原為交換處進行政府出版品徵集的法源依據，但為建立政府出版品管理制度，行政院研考會研擬「政府出版品管理辦法」，經報奉行政院於 87 年 11 月

4 日行政院台（87）研版字第 04551 號令發布實施，同時停止適用「行政機關出版品管理要點」。[9] 該管理辦法第 7 條：「**出版品國際交換工作，由國家圖書館辦理。必要時，各機關得自行辦理專案交換工作。**」有關於此，擬於〈第十章 我國的政府出版品管理〉再述，此處僅就國際交換實務說明之。

　　眾所周知，出版品目錄是圖書館員採訪書籍時的重要工具書，對負責政府出版品徵集的交換館員亦然。通常負責政府出版品徵集的交換館員，應先依據政府出版品目錄選書，然後發函徵集，但各機關並不一定能確實依徵集數量贈書，常因庫存不足而贈送數量減少，甚至無法贈送，因此等徵集的政府出版品真正送達時，必須詳加清點登錄。經過一段時日的徵集後，交換館員在準備製作交換書單之前，必須對已登錄的政府出版品再次篩選，此乃因初步挑選時僅能依據書名目錄，待實際收書後可能會出現內容不合適，或是出版品為散頁或小冊等情況，並不適宜交換。故經再次篩選後的政府出版品，才真正列入交換書單。

　　(2)接受一般書籍贈送：這類書籍常由作者主動贈送，希望藉由國際交換散布至國外。然此類出版品的水準良莠不齊，交換處通常會先審閱，決定是否適合交換。審核的標準主要是具學術價值，與我國歷史、文化、風俗、民情等有關，或國外交換單位感興趣者。審閱後若決定接受贈書，由交換館員依據經驗，或查詢交換單位館藏類別與贈書相符者，統計數量，再與贈書者協商贈送數量。贈書送達後，依正常程序作業並寄發謝函予贈書者。

　　(3)選購優良書刊：為提升交換品質，交換處每年編列預算，按實際需要選購優良書刊，其處理方式與前項一般書籍同。

2.製作交換書單

　　不論圖書來源為何，為製作交換書單，登錄時要有書名、作

者、出版者、出版地、出版年、發行語言等。基本上交換處依照
IFLA 提出的原則製作交換書單 [10]，但將政府出版品與一般書籍
分開，編製爲兩份書單，而每份書單未再依類別分列，每本書僅
給一個序號。書單的編號原則，以書單產生時的年月爲書單號，
例如 1998 年 4 月產生的一般書單號爲 ”1998/04”，政府出版品
書單號則於年月後加入**”G”**（1998/04G），表示「政府出版品」
(Government publications)。每份書單之外還有一封書單圈選函，
說明交換圖書的分配原則與書單圈選回覆截止日期（參附錄八）。

　　交換處的分配原則，除交換單位的重要性外，依序是平日交
換友善程度 [11]。依此原則，平日常寄書刊給交換處的友善單位，
自可獲得較多的圖書。至於如何得知各單位的交換友善與否，必
須檢視國外書刊的收入紀錄；友善紀錄由交換館員定期查核註
記。由此可知，詳實而正確的「輸出」與「收入」紀錄，對交換
平衡統計而言相當重要。

3.分派圖書處理

　　交換書單寄發之後，必須等到書單回覆截止日後才統一派
書。由於每種圖書數量不一且數量有限，不可能滿足每個單位的
全部需求，可能有些圖書不夠分派，有些圖書分派不完，因此必
須依照預先設定好的分配原則派書。分派完成後，剩餘圖書列入
庫存管理，已派圖書則開始進行包裝寄發工作。

　　包裝寄發是國際交換運作中最費人力且成本最高的一環，其
中「郵費」是最大的開支。包裝工作進行良觚，涉及成本與效率
高低，因此可稍加探討。

　　以交換處爲例，設想一份交換書單若有 100 種圖書，共計數
千冊至萬冊，分配給一千多個交換單位，各單位派書結果不同，
該如何自數千冊書中檢選出各單位所需，再加以包裝呢？其作業

的方式,約可有下列三種:

第一種最簡單的方式是以**每種圖書**為主,印出圖書分配清單,每本書裝入一郵袋寄發即可。這樣的方式,在撿書與包裝方面很容易,但缺點是一個單位分配到幾種書,就會收到幾份郵袋,而且每份郵袋的限重標準可能不只裝一本書,如此既不符合國際交換集中包裹的原則,更浪費包裝材料,增加郵遞成本,相當不經濟。

第二種方式是以**交換單位**為主,印出各個交換單位的圖書分配清單,再將各種圖書依序號排列,依照圖書分配清單,將各單位所需一一撿出。這樣的包裝方式可將同一單位圖書集中包裝,且盡可能接近每份包裹的限重,很顯然較前一種方式經濟,成本較低。然而這種方式需要較大的工作場地,試想,將 100 種圖書排列成矩陣於地上,各行列間還要容許工作人員走動撿書,所需空間不小。

第三種方式是**綜合前兩種**方式,訂製書架輔助,好比郵政信箱,分配給每個交換單位一格固定位置,以第一種方式列印圖書分配清單,將書逐一放置於交換單位格內,最後將同一單位格內圖書取下包裝。交換處曾嘗試前兩種方式自行包裝,效果不佳,且易造成書刊堆積,目前改採第三種方式,且是委外包裝,實際證明效率、效果均顯著提升,成本亦大幅降低。

4.庫存管理

國內圖書經過一連串處理過程,會有兩種情況剩餘圖書,第一是再次篩選政府出版品時,第二是交換圖書分派處理後剩餘,為避免資源浪費,這些餘書必須「庫存管理」。

庫存圖書通常可有幾種用途:

(1)<u>交換單位遲覆書單挑選結果的「補派」</u>。雖然交換書單上

明列回覆截止日期，但總會有交換單位延遲回覆，由於早已統一派書完畢，此時只能從庫存中找出餘書補寄。這種情況下，能補寄的餘書並不多。

(2)國內外各單位來函索贈：交換處常收到國內外各機構來函索贈書刊，不論指定或不指定書刊名，尤其是新成立的圖書館，在成立之初需要大量整批圖書，此時交換處的庫存書即是很好的贈送資源。

(3)主動贈送國內鄉鎮圖書館：一般而言，國內鄉鎮圖書館或偏遠地區圖書館的採購經費較少，而交換處的庫存書都是經過篩選，品質頗佳，若能適時贈送給鄉鎮圖書館，是很好的資源利用。因此，在人力許可下，交換處主動挑選國內圖書館，分配圖書贈送。

綜合上述，國內圖書輸出處理流程可歸納圖示如圖 9-2。

(二) 國內期刊

國內期刊輸出處理是較為繁瑣的部分，首先說明其基本工作方式。通常期刊交換在交換關係確定時就應先商議好，因此可將期刊刊名記錄下來。若是同意寄給國外交換單位的期刊，要註明寄給那些單位，等包裝寄發時才知該寄往何處。[12] 目前交換處的交換期刊約有 410 種，包括公報、政府期刊與一般期刊，其來源包括訂購和贈送皆有，而這四百多種期刊的數量和分配情況都不一樣。若要將這四百多種期刊印成期刊交換目錄，在一開始詢問建立交換意願時即隨問卷寄發，實為不經濟的作法，原因有二：第一、被詢問的單位不見得能有期刊交換，第二、被詢問者或許根本不願意或無法建立出版品交換。如此一來，印製目錄與郵遞目錄的高成本，完全形成浪費。因此，交換處的作法是等收到回

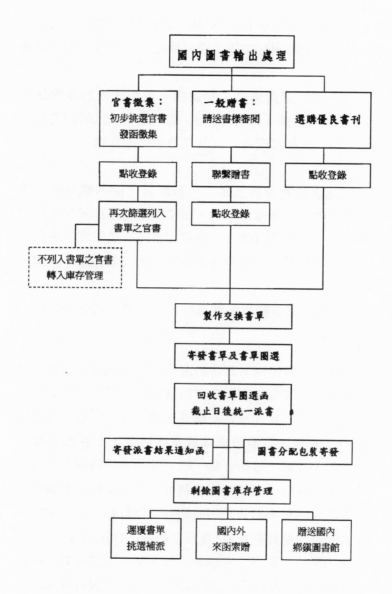

圖 9-2 國內圖書輸出處理流程圖

覆的問卷後，依問卷上填覆的館藏重點，從現有交換期刊中挑選類別相符者，再配合對方願意交換的期刊數量，斟酌選出交換期刊，發函通知並附上每種交換期刊之過期卷號各一本為樣，請對方確認交換與否，等交換處收到確認回覆，始將期刊交換列入正式紀錄，定期寄發。

前述作法，所有交換期刊必須有基本檔案，清楚記錄各項基本資料，包括刊名、來源、數量、類別等，另外還有一個檔案記錄各種期刊分配情形。平日依期刊基本資料點收登錄，若有數量短缺或卷期缺漏情形，依來源進行催補，待各期期刊確實收入無誤，再依期刊分配紀錄包裝寄發。

交換期刊的寄發應定期處理且別間隔太久，最多勿超過四星期，而同一交換單位的出版品最好集中包裹[13]，所以交換處每月寄發期刊一次，包裝處理方式與國內圖書輸出相同。

由於期刊是連續出版，不論來源是訂購或贈送，通常是相隔一段時日與來源機構聯繫一次，確認需要數量，在這段時日內，來源機構按照確認的數量定期送刊。交換處配合行政程序與會計年度，每半年確認一次期刊種類與數量，但每種期刊的需求數量會比實際分配數量多幾本。這些預留的期刊列入庫存管理，有幾種用途：

1.提供交換單位「補缺」。不論是因郵遞延誤或遺失，各交換單位於一定時間內未收到新卷號期刊，即會來函催補缺漏的卷期，此時交換處預留的期刊即派上用場。

2.為新增交換單位提供「刊樣」。前述新增交換單位時，會挑選適當期刊並附寄過期卷號，請其確認交換與否，待確認後才正式列入紀錄，自最新卷號開始定期寄發。由於期刊紀錄是每半年調整一次，平時預留期刊備用較為方便。

　　3.**備現有交換單位要求增加交換數量或增加交換期刊時用**。一般交換期刊以一種分配一本為原則，但有時交換單位對某些期刊需求一本以上，或是來函要求增加某些一開始未列入交換協議的期刊。如果各種期刊預留一些數量，則可隨時應變新增。倘若已無餘量可增，則先記錄下來，待每半年聯繫時調整。

　　4.**提供國家圖書館館藏期刊補缺**。由於人力與經費有限，最後剩餘的庫存期刊無法全面提供國內各圖書館補缺，但可先由國家圖書館館藏期刊補缺做起。尤其國家圖書館積極推動遠距圖書服務，許多公報、期刊均進行全文影像掃瞄，交換處庫存期刊於此方面加強補缺，助益頗大。

　　平日國內期刊管理還有一些必要的聯繫工作，包括期刊停止出版的停刊通知，更改刊名或刊型的通知，交換處停止訂購或期刊贈送機構停贈的停止交換通知等，統稱為「期刊各種事宜通知」。凡此種種訊息，均應主動通知交換單位，以使對方紀錄完整，否則易產生補缺的困擾。而這些經常發生的必要聯繫，可製成通函備用，以簡化工作。

　　此外還有新增期刊分配。如同定期收集國內出版之新書交換，國內新出版期刊也會列入交換。但期刊分配的作法與國內圖書不同，並非定期製作期刊交換單，而是主動挑選館藏重點與期刊類別相符的單位，參考其交換友善程度，主動寄贈。

　　國內期刊輸出處理工作，參見圖 9-3。

四、收入

　　相對於「輸出」，交換的「收入」處理似乎是單純的多，主要是書刊的點收登錄。國外書刊的登錄，不論圖書或期刊，均需清楚記錄來源的交換單位，如此方能依據交換單位統計收入的數

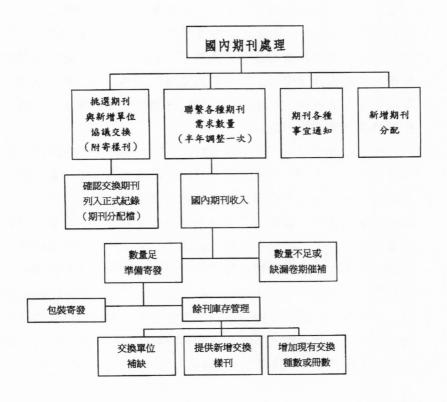

圖 9-3 國內期刊輸出處理圖示

量,若期刊有缺漏期時,也才能依來源單位去函補缺。然而在記錄來源時,常會面臨一個問題,即寄件人地址與交換單位基本資料所記錄的內容不符,例如建立交換者是大學圖書館,但寄書者卻是出版社,另外還有與交換名錄資料完全無相關之機構。遇類此情況,為確切掌握交換紀錄,交換處會去函詢問。如果是與交換名錄資料完全無相關之機構,先列為「主動寄贈單位」,若機

構性質合適，則以新建立交換的方式處理，發問卷詢問建立交換意願，此即前述所提建立交換的管道之一：「由負責交換的同仁，平日從國外主動寄贈的書刊中過濾，找出合適而尚未建立交換的機構，主動發函聯繫。」所有登錄完畢的國外書刊，蓋上交換日期章後，全數移送採訪組，由採訪組接續館藏點收程序，交換處則寄發謝函予交換單位。

　　國外交換單位除了主動寄贈書刊之外，如同交換處製作書單，也會不定時寄來交換書單。然而交換處人員並無權責挑選，而是轉交採訪組館員挑選，選畢後送還交換處函覆。此乃因採訪組是國家圖書館館藏窗口，交換處僅負責交換事宜的聯繫，但與館藏有關的選書工作則不在職責範圍內。因此交換處與圖書館各部門的互動中，以採訪組最為密切，特別是國外交換期刊部分，由於是連續性質，每一份新期刊均會經由採訪組同意才開始交換，甚至對已經開始交換的期刊，也會因採訪組通知停止典藏，而由交換處去函通知，其他還有期刊缺漏汰換等，均由採訪組通知交換處配合辦理。簡言之，國外書刊的基本工作流程如圖 9-4。

五、其他

　　除上述基本工作項目外，其他工作項目歸納為以下兩項。

(一) 印製交換名錄

　　交換單位基本資料檔除了是國際交換運作的基礎外，對國內其他機構而言，是與國外機構聯繫的重要資訊，因此交換處印製交換單位名錄，詳列交換單位地址，提供國內各界免費索贈，擴大國際交流的管道。

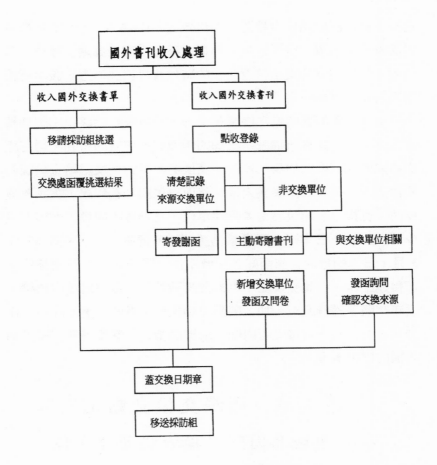

圖 9-4 國外書刊收入基本工作流程圖示

(二) 國際書刊轉運

交換處成立緣起乃為參加布魯塞爾公約 [14]。依據布魯塞爾公約對國際交換運作機制的設計，由各國設立國家交換中心，統籌辦理國際交換事宜，並可擔任國內其他學術機構的交換轉運中心，因此幾十年來，為國內機構轉運出版品一直是交換處的工作

之一。關於出版品集中轉運的經濟效益，IFLA 早於 1972 年即發表調查研究成果，確認「集中轉運」不如「直接郵遞」經濟且具時效，故以往支持集中轉運功能的時代背景已經變遷，該功能續存與否值得商榷。[15]

交換處秉持著國際交換服務精神，一直未主動終止出版品轉運工作。原本國外機構贈送我國國內機關或學者的書刊，均可經由各國國家交換機構集中運送至交換處，再由交換處轉寄給國內收件人，以美、日兩國為大宗。然而自民國 68 年起，美國改變作法，直接以小箱包裹寄遞受件單位，交換處的轉發工作因而減少[16]，只剩下日本國會圖書館仍持續該項轉運。直至民國 87 年 3 月，日本國會圖書館函知各交換單位，將於同年 3 月底終止一切轉運工作，自此交換處不再需要將國外書刊轉寄給國內機構。近年來隨著經費遞減，加上開發自動化作業系統，重新評估工作方式，交換處不再接受國內個人或機構指定的轉寄服務，而是納入國內贈書處理。[17]

第二節　國際交換自動化
——出版品國際交換資訊管理系統

一、前言

俗云：「工欲善其事，必先利其器。」國家圖書館的出版品國際交換資訊管理系統（以下簡稱新系統）正是協助拓展出版品國際交換的利器。該系統是國際交換業務的第一套自動化作業系統，若與國家圖書館其他自動化系統相較，開發甚晚。自民國 83 年 10 月起，開始研擬系統需求規格書，然因經費有限，必須分

期開發。在此之前，約從民國 82 年 10 月開始，重新檢討工作流程與方法，但因各種因素限制，無法立即開發自動化作業系統，而由交換處同仁運用個人電腦，自行設計簡易的資料庫管理，同時又整理舊資料加以建檔，包括交換單位資料清查、庫存圖書整理建檔、國外期刊卡片資料建檔等，一方面讓同仁在等待全面自動化的過程中，工作更便利有效率，另一方面也為資料能轉入系統作準備。

　　新系統以「作業系統」為主要性質，將交換業務繁瑣的工作項目整合，以精簡流程，透過電腦輔助與程式處理，提高工作效率，並使每一工作環節建立的資料結合，形成完整的資料庫，具有快速查詢、列印、統計等功能，隨時檢視業務進行。

　　國家圖書館的出版品國際交換處（以下簡稱交換處），是唯一代表我國在國際間履行出版品國際交換的機構，其所擔負的國際交換任務與一般圖書館不同，不論出版品的數量或範圍均較廣大，這點由〈第一節　基本工作項目與方法〉即可得知。交換處除編有國際交換單位名錄，供國內各界免費索贈外，還接獲國內圖書館來電詢問，該如何發展出版品交換，尤其是新成立的圖書館，甚至希望借閱本處自動化系統規格書。然系統規格書本屬內部文件，連同系統操作手冊厚達十冊，並不適宜外借。事實上各單位的需求與業務範圍並不相同，運用不同的開發工具，不同的系統分析與程式設計，成果亦不相同。然系統設計理念是可藉由經驗分享而相互觀摩學習，因此，本節擬就系統功能設計概念詳加說明，以供對系統開發感興趣者參考。由於電腦系統的協助，諸多功能是第一節所未述及的，藉此可更進一步瞭解交換處的運作細節。

二、系統結構與功能

　　新系統共有五個子系統：基礎資訊管理系統、國內期刊管理系統、國內圖書管理系統、國外書刊管理系統、庶務管理系統。這樣的系統架構是按第一節所述的分工基礎而來。各子系統既有獨立作業部份，又有彼此關聯之處，還有許多必須共用的檔案，形成交錯的脈絡網路。綜觀整個系統的運作，具有一般系統管理基本功能，如權限控制、參數設定、資料備份、資料重整等，對於資料檔的維護則有新增、刪除、修改、單筆查詢、多筆查詢等功能。因為各子系統中的各項作業都有列印清單、整批套印信函及各種統計等需求，為使工作順暢，依流程直接分置於各項作業之下，而不另開報表列印管理系統。因作業項目繁多，以下依各子系統逐一說明。

(一) 基礎資訊管理系統

　　「基礎資訊管理系統」是整體系統運作的基礎，包括交換單位資料檔和各子系統所共用的檔案，可謂是新系統的「心臟」。分為三大作業項目：

1.基本資料管理

　　各子系統共用的檔案皆於此建檔管理，共計 11 個，有國家代碼檔、區域代碼檔、語言代碼檔、單位性質代碼檔、圖書類別代碼檔、政府機關基本檔、國內圖書館類別檔、國內圖書館基本檔、信函代碼檔、書信檔、駐外單位說明檔。稍具資料庫管理概念均知，各檔案間若相關連互動，則資料的建立最好使用「代碼」，此處代碼檔即因此而來。舉例說明，國家代碼檔是因交換單位代號而來。交換單位編號原則是以國家代碼加序號，如 "USA0001"，因此先由該檔記錄國家代碼，建立交換單位時

即可依相同國家代碼自動編列序號，同時可依新增交換單位而增加新的國家代碼。區域代碼檔的概念與國家代碼檔相同，是為了統計交換單位分布「各區」（各洲）情況，因而在交換單位基本資料建立時，以區域代碼記錄其所在位置，如北美洲、東歐等。語言代碼檔是為記錄圖書館館藏資料的語言別和交換資料的語言別，作為分配交換期刊時參考。單位性質代碼檔則是記錄交換單位屬國家圖書館、大學圖書館、專業研究機構等性質。其他代碼檔不逐一說明。另有三個資料檔：

(1)政府機關基本檔，載有各機關地址，目的是套印政府出版品徵集函，並可列印「國內政府機關名錄」。

(2)國內圖書館基本檔，載有國內各級圖書館地址，進行庫存圖書主動寄贈國內機構時使用，並可列印「國內圖書館名錄」。

(3)書信檔，記錄所有常用「通函」，供各子系統作業時套用，目前已有 45 種信函，可依需要新增、修改。

2.交換單位管理

主要是將交換問卷的所有資料建檔，除有基本維護功能外，尚有視窗顯示輔助功能，例如多項必須以代碼建立的資料，提供視窗顯示功能，提示使用者各代碼的意義，並可直接選取輸入欄位。又如一個交換單位除通訊地址外，還有其他寄書地址，均可於透過視窗提示一目了然。此外還有交換單位快速查詢功能，只要選擇輸入國別或城市碼，視窗即可顯示符合條件的交換單位資料，對查詢某機構是否為交換單位以及避免重覆建檔有所助益。

交換單位管理除了基本列印功能外，尚有幾種擴充功能，讓使用者依需要下條件，列印各種報表和統計：

(1)各式交換單位名錄列印：提供多種條件， 可自由組合，例如列印正式往來交換單位，可使用中文資料，且館藏重點為文

學與藝術類者。(參附錄九，<LB150>)

　　(2)交換單位各項性質統計：統計所有交換單位具有相同單位性質、館藏性質、可處理語言、可提供語言者。(參附錄十，<LB100>)

　　(3)交換單位統計：依「狀態」統計交換單位的數量。所謂「狀態」是指已寄發問卷但尚未收到回覆確認的「非正式往來單位」，已回覆問卷的「正式往來單位」，或是「終止往來單位」。(參附錄十一，<LB120>)

　　(4)交換單位綜合統計：以國別碼、狀態碼、類別碼、組織性質為組合條件，統計符合條件的交換單位。(參附錄十二，<LB240>)

　　(5)交換單位統計簡表：以「年」為基準，統計該年度所有交換單位分布於各國的數量。(參附錄十三，<LB160>)

　　事實上只要資料庫內容完整，可隨時增加新設計的報表與統計，以上為交換處已有的設計，僅供參考。

3.問卷調查作業

　　對交換資料維護功勞最大的作業。分兩大項目：

　　(1)新增單位問卷調查：交換處擬與某機構建立交換關係時，先於系統中建立簡單的基本資料，如地址、建交原因等，猶如圖書預行編目（CIP），然後系統會依不同建交原因，套印問卷調查函，等交換處收到回函後，經查詢修改功能補足資料即可。然由經驗得知，一般問卷回覆率不高，為確切掌握問卷的回覆，新系統提供了追查功能，針對未回函者，套印追查函續催，同時也可以發函「年月」為條件，統計問卷回收率。

　　(2)正式單位資料更新調查：交換資料的維護有兩種方式，第一、藉由平日書信往來留意資料的變動，或是接獲交換單位主

動通知。第二、主動發函調查最新交換情況。針對第二種方式，新系統設計了「正式交換資料更新調查作業」。

該功能特色是可依不同條件產生整批問卷，例如以國家、區域、交換單位資料最後修改日期等為條件，分批調查。套印的問卷內容，除了交換單位基本資料外，還包括交換處分配給各交換單位的期刊清單，收入國外期刊的清單，以確認雙方紀錄是否相符。甚至請交換單位確認交換期刊是否符合需求？是否必須調整刪減？藉此可調整交換期刊，避免資源浪費。

由於許多交換單位並不如期回覆，新系統設計了問卷回函作業與未回函者催詢作業。前者方便使用者依回函更新資料，只須開啟一項作業，即可同時更新不同子系統內的檔案，如國內期刊分配紀錄與收入國外期刊紀錄；後者可對未回覆的交換單位不限次數催詢，以加強問卷回覆。此外如同新增單位問卷調查，可以依「年月」為條件，統計問卷回收率。

(二) 國內圖書管理系統

針對收集國內圖書，定期寄發交換單位而設計。依照第一節所述國內圖書處理原則，分五大作業項目，再從中細分：

1.政府出版品徵集作業

原本政府出版品徵集的作法，主要依靠出版機關主動贈送，或以政府出版品目錄為重要參考工具書。隨著國家圖書館閱覽組官書股開發完成「中華民國政府出版品目錄線上系統」，交換處得以共享這些書目資料。經系統分析設計，首先由交換處連線政府出版品目錄系統，查詢並擷取書目資料，下載轉入新系統，再產生整批徵集函，包括出版機關名稱、地址、索取書目等，由工作人員將信函裝入開窗口的信封即可寄發。之後等書送來時，書

目資料已存在電腦檔中，不必重新建檔，只需要確實點收，利用
檢索查詢功能，找出原書目資料註記收入數量即可。這項突破使
資源得以共享、節省人力，並能掌握最新政府出版品出版資訊，
主動徵集。該項作業之下還設計了「政府出版品徵集統計列印」，
藉以統計比較發函與實際徵得政府出版品的情況，瞭解各政府機
關贈書的配合程度，有助於政府出版品徵集作業的宣導與改進(參
附錄十四)。政府出版品徵集作業流程如圖 9-5（圖中政府出版品以
「官書」簡稱）。

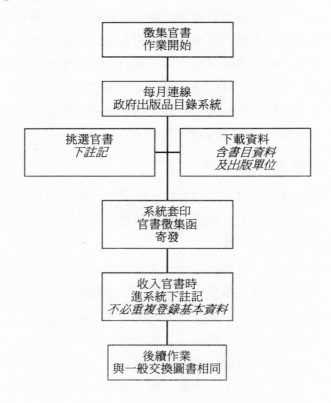

圖9-5政府出版品處理流程簡圖

2.圖書建立、分配、寄發作業

　　交換處點收的圖書，不論來源是政府出版品、一般贈書或選購的優良書刊，均需鍵入「圖書基本資料檔」，據以製作交換書單。圖書基本資料檔的欄位至少應包括交換書單上該有的資料，如中英文書名、出版者、出版地、出版年、發行語言等。此外，為了能套印謝函，還必須記錄圖書來源類別、贈書者姓名與聯絡地址。由於收入的圖書必須再次篩選是否適合列入書單，故由系統提供挑選功能，不適合之書即自動轉入庫存，挑選出的書則產生交換書單及書單圈選函。待書單圈選回覆，經由「建立交換單位索取作業」，輸入各單位挑選的圖書序號，再由「圖書分配作業」按照預先設定的優先分配順位開始配書、寫檔、套印派書通知函與派書清單。

　　交換書單處理是國內圖書輸出的主要方式，藉由系統協助，另有三種例外的圖書分配方式。

　　(1)二次以上收書分配：有時某書於交換書單處理完畢後又再次收到，不宜再列入書單處理，只須就原本因書量不足而未分配得書者補寄即可，因此系統設計由使用者輸入書名，自動檢索出原索書需求，就第一次未派得圖書者執行分配、套印信函，一次完成。

　　(2)關聯圖書分配：另一種情況是同一套書陸續出版，且出版年月相隔甚遠，此時透過系統功能，只須輸入第一本書的書名為參考條件，系統自動讀取原寄發單位，執行分配並套印信函，如此可使交換單位典藏完整。

　　(3)專案贈書：有些書希望直接挑選適合的單位主動寄贈。所謂「適合單位」是指館藏、可處理語言相符者，使用者只須輸入書名，系統會依圖書類別、語言別比對交換單位基本資料的館

藏重點和可使用語言別，檢索出適合的交換單位，並統計各單位已寄來的交換書刊量供參考，由使用者下註記決定是否贈送，執行分配後一併套印信函。假如有另一本書擬以專案處理，除用上述方法外，也可如關聯圖書分配，輸入某一本曾經專案處理的書名，由系統讀取該書分配紀錄，自動處理。

　　除了上述必要的基本作業之外，由於系統資料庫完整，另有一些傳統作法無法達成的補充功能。

　　(1)遲到索書派書：由於總會有交換書單在截止日期之後回覆，但統一派書已處理完畢，因而設計該項功能，檢索書單圖書剩餘情況，於此作業項下，直接補派書、套印信函，系統自動更新庫存數量與圖書分配紀錄。

　　(2)交換書單停寄作業：系統可過濾出多次不回覆書單的交換單位，由使用者下註記停寄書單，並發函詢問原因，避免資源浪費。

　　(3)尚待補派之索書需求列印：由於收入的交換圖書數量有限，常有不足分配的情形，藉此功能可得知不足分配的圖書和數量，若人力與經費許可，可再次採購或聯繫贈送，補派寄發。

　　(4)派書紀錄查詢列印：系統提供各種條件輸入，可依書名、交換單位、派書種類（交換書單、關聯圖書、專案贈書）、派書年月區間等為條件，由使用者依需求組合，印出圖書分配紀錄，或交換單位派得圖書紀錄。

3.退書處理

　　寄發的書箱會發生退回的情況，為查明退書原因，經由系統作業功能，先記錄退回的書並更新庫存數量，再產生退書原因詢問函，若收到回覆告知原因並希望補寄，經由「退書補寄作業」讀取原記錄補寄。此外還可列印「退書名單與清單」，藉以分析

經常退書與不回覆退書原因的單位，主動查核交換單位基本資料是否有誤或必須更新。

4.圖書贈送國內外作業

交換處常收到國內外各機構來函索贈書刊，不論是指定或不指定書刊名，尤其是新成立的圖書館，在成立之初需要大批圖書，因此系統提供該項作業功能，便於從庫存書中挑書贈送。由於書庫容量有限，為了珍惜資源、物盡其用，剩餘的交換圖書亦可透過該作業功能，整批分配寄贈不同的國內圖書館，或國外華文學校。所有執行紀錄均有查詢列印功能。

5.庫存管理

所有交換圖書經自動化處理流程，系統直接記錄並計算庫存結餘數量。若圖書遺失或因損壞而報廢，也有調整量和整批報廢功能，使電腦紀錄與實際庫存量相符。至於圖書放置方式與一般圖書館不同，不按書名筆畫排架，此乃因為每種庫存書的數量不一，各種書所需架位多寡不同，因此交換處先將每個書架編列「庫位號」，圖書置妥後進系統註記庫位號（一種書若數量多時會分布多個庫位號），若須至書庫取書時，只要查詢圖書庫位號，即可快速找到所要的書。這樣的管理方式可避免「調架」的煩擾。

綜合上述，一般交換圖書處理簡圖如圖 9-6。

(三) 國內期刊管理系統

相對於國內圖書管理系統，該系統是為了處理國內期刊定期寄發交換單位而設計。依照第一節所述國內期刊輸出處理原則，歸納分析為六大作業項目，各大項目中再細分各項作業。

1.基本資料維護作業

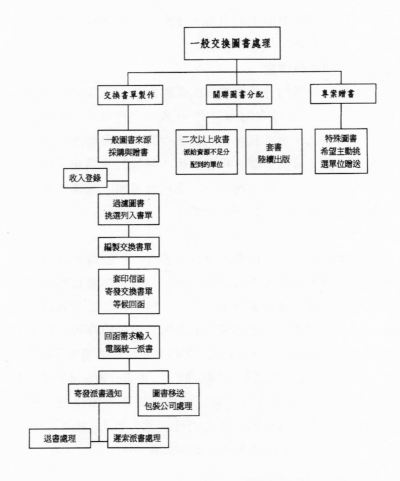

圖 9-6 一般交換圖書處理簡圖

　　基本資料的概念與基礎資訊管理系統之基本資料管理相同，指該系統中各項作業共同使用的資料檔，包括期刊（公報、政府期刊、一般期刊）代碼檔、期刊出刊類別代碼檔、夠贈單位基本檔、期刊卷期號說明檔。

2.官方期刊徵集作業

指該系統中各項作業共同使用的資料檔，包括期刊種類（公報、政府期刊、一般期刊）代碼檔、期刊出刊類別代碼檔、購贈單位基本檔、期刊卷期號說明檔。

如同國內圖書管理系統之政府出版品徵集作業，連線中華民國政府出版品目錄系統，書目資料中有一欄位可辨識屬於圖書、期刊或非書資料，若是擷取下載的資料屬於期刊，則載入國內期刊管理系統，其餘作法與國內圖書管理系統相同。

3.期刊建立、訂購、收入、分配作業

這是國內期刊管理最核心的部分，由諸多檔案形成架構，檔案之間的關聯形成交錯的系統脈絡，茲先說明其重要檔案。

(1)期刊基本資料檔：期刊管理的源頭首先必須建立「期刊基本資料檔」，清楚記錄刊名、來源（訂購或贈送單位代碼）、出刊類別、數量等，同時每種期刊均應給予期刊代號，作為各檔案關聯的「關鍵碼」。交換處期刊代號的編號原則，依據賴永祥編訂的《中國家圖書館書分類法》，採用其前三碼加序號組成，而新增交換單位的館藏重點，亦採用此分類法的前三碼，如此一來，為新增單位分配期刊，或新期刊分配給交換單位時，期刊代號前三碼即可作為「關鍵碼」。

(2)採購紀錄檔：交換處收集的國內期刊，包含訂購與贈送兩類，因此所謂的採購紀錄，即這兩類期刊的需求數量紀錄。

(3)期刊分配檔：交換處有四百多種期刊，分配給一千多個交換單位的情況均不同，藉由該檔記錄各種期刊分配。

(4)期刊收入檔：登錄期刊的卷期號、數量與收入日期。

上述四個檔案經由程式設計串連，即可開發各種作業功能。首先是「期刊整批訂購作業」，由系統讀取期刊分配檔，統計各

種期刊分配總數，先列印一份清單供使用者檢核，再由修改功能調整增加實際需求數量，確認後執行寫檔記錄，並列印訂購確認單，與出版單位聯繫。由此可知，平日期刊分配檔的維護相當重要，不論是交換單位主動要求停寄某些期刊，或是新增交換單位分配期刊等，都必須更新期刊分配檔紀錄，方能於期刊整批訂購作業時，統計正確的數量。

期刊訂購完成，加上期刊基本檔資料完整，即可開始收入登錄工作。收入登錄時可依期刊代號、刊名或 ISSN 等關鍵碼進入，畫面即會顯示期刊基本資料供使用者參考，並提供欄位輸入卷期號與收入數量。登錄完畢，以年月區間為條件列印「收入不足清單」，由系統比對收入數量與採購紀錄檔的數量，找出收入不足的期刊，工作人員可依此向來源機構催補。另可以相同條件列印期刊收入清單，由工作人員過濾缺漏的卷號，進行催缺。此外，還有一項「監督」來源機構是否定期送刊的功能，其作法是先依刊型（月刊、雙月刊、季刊、年刊等）設定參數為「等待天數」，例如月刊的等待參數是 45（發行間隔 30 天+運送安排 15 天），由系統比對目前工作日與最後一次收入日期，是否已超過等待天數，列印「催送期刊清單」，請來源機構送刊。催送期刊的情況常發生於出版機構延誤出刊，或因人員異動，紀錄有誤，不知道該送刊至交換處。

期刊最常發生的變動是停刊、更改刊名、刊型，或是交換處停訂和贈送機構停贈（統稱為「停訂」）的情形，這些異動都必須在期刊基本資料記錄，並且主動通知交換單位 [18]。一旦期刊基本資料檔註記完成，系統自動更新分配檔紀錄，如此才能列印正確的交換單位期刊分配清單，同時再依「期刊各種事宜通知」項目，套印不同的通知函。

關於期刊分配檔，是期刊寄發的重要依據，其紀錄可列印兩種清單，一是以交換單位角度，列印分配所得期刊，二是以期刊角度，列印分配予交換單位。此外，若有新期刊，必須先在期刊基本資料新增，由系統提供「新期刊分配作業」，讀取交換單位館藏重點與期刊代號前三碼相符者，顯示收入數量參考，由使用者註記分配，系統自動更新期刊分配檔。另有分配新增交換單位期刊作業，以同樣道理讀出與館藏重點相符之期刊，由使用者決定如何分配。[19]

4.期刊移送、出貨及寄發作業：

收入作業完成，每個月出貨寄發。以收入日期區間為條件，執行出貨功能，凡條件區間內收入數量足的期刊，執行出貨寫檔記錄，列印出貨清單與期刊分配清單，據以檢選期刊包裝寄發。

除此之外，期刊也和圖書一樣，有期刊退回處理、期刊贈送國內作業、庫存管理，其概念與圖書管理同，不再贅述。

(四) 國外書刊管理系統

由於國外圖書、期刊收入處理較為單純，因此二者共置於一子系統，分列為兩大作業項目：國外圖書收入作業與國外期刊收入作業，主要是點收登錄，完全依照第一節所述流程設計，不再贅述，僅以下列「2.收入、移出作業」簡要說明。此外，為統計交換單位提供交換書單數量，設計了「國外交換書單建立作業」；綜合各子系統資料庫設計「綜合統計作業」。以下分別說明之。

1.國外交換書單建立作業

多數國外交換書單與交換處製作的書單不同，並未附有圈選函，通常只是一份目錄，因此經採訪組人員挑選後，交換處人員必須重新繕打清單回覆。該項作業提供使用者輸入交換單位代

號，即可繕打選書清單並套印回覆通函；另以年月區間爲條件，統計各交換單位所提供的書單數量，作爲判斷是否「友善」的參考值。

2.收入、移出作業

國外書刊經電腦登錄後，除可列印移送採訪清單、謝函、總登錄表、分戶表外 [20]，隨時可線上檢索查詢，更爲便捷。此外，系統也設計了期刊催缺功能，對於久未寄來的交換期刊，經過預設參數比對，整批套印催缺函。

3.綜合統計作業

因爲系統整合，可製印出各種統計表，作爲研究國際交換工作參考。目前已設計國內外書刊收發統計表、國外書刊統計表、交換書刊量與採訪書刊量比較統計表、實際收書量與索書量比較統計表、交換單位與我方交換狀況比較統計表。

(五) 庶務管理系統

該系統是爲管理國際交換基本工作項目之外，附屬的工作項目，包括爲增進友誼而設計的寄發禮品作業，以及統計國際交換成本（郵費、包裝服務費、包裝材料）而設計的作業功能，可作爲編列預算參考。

1.寄發禮品作業

設計靈感乃因每年必須寄發賀卡、月曆等而起。因寄發物（賀卡、月曆等）有一種以上，而寄發人也不止一人（館長、主任等），甚至還要能查詢回函情況，這樣的需求唯有透過程式運作才能達成。該作業設計由使用者線上挑選適當的交換單位，執行後清楚記錄每項禮品品名、數量、由何人挑選寄贈、寄贈名單、回函作業等。以後還能查詢這些名單爲藍本，調整修改成新的禮品寄贈

名單,不必重新挑選。

2.包裝服務費結算統計作業

自民國 83 年底交換書刊委外包裝,因此包裝服務費是國際交換成本之一。該作業能清楚記錄每批書刊的包裝服務費,以年月區間統計,除爲編列預算依據,亦能評估委外包裝的成本效益。

3.郵費使用統計作業

郵費是國際交換一大成本,該作業依郵費申請、各次結算扣賬、最後結報等流程一貫作業,當郵費快用罄時可事先得知,提早申請,避免因郵費延遲致使書刊堆積。

4.包裝材料領用管理

包裝材料亦是國際交換成本之一,經由系統管理,可統計使用量、訂購金額,作爲預算依據。同時可從領用記錄和書刊寄發量比較,查核是否有浪費情形。

三、綜合評估

出版品國際交換資訊管理系統是推展國際交換的基石,因是一套作業系統,精簡流程、提昇效率自不在話下,若欲深入了解其對國際交換處理的助益,非親自體會,難以言喻。然綜觀其效益,略概述如下:

1.整合資料庫,活用資料

國際交換業務雖分爲幾大類項,但卻彼此關聯,如問卷調查,資料內容跨各子系統,從交換單位、國內期刊交換清單、國外書刊交換清單都有,若非經由系統整合,實難達成,而且各項作業均設計了不同條件的線上查詢與列印功能,使資料「活」了起來,如交換單位名錄可用 11 種條件加以組合列印,其內容變化之豐,可想而知。

2.快速查詢資料，不因人廢事

使用者可隨時查詢系統內的所有資料，處理業務時可立即研判、擬辦。以交換信函處理爲例，以往一封交換信函回覆，若牽涉國內期刊、圖書與國外書刊等，必須先請各負責同仁提供資料，耗時費事，若碰上同仁休假，勢必拖延時日。

3.資源共享、節省人力

從系統功能介紹不難發現資料庫共用情形，如連線政府出版品系統下載書目資料，關聯圖書分配與專案贈書等。事實上這是使用系統作業的基本益處。

4.易於監督工作進度

所有的工作均納入系統管理，每位同仁的工作進度透過查詢功能一目了然，並可立即發現錯誤，即時更正。

5.各種統計報表協助業務分析

綜合各系統資料的統計，有助於了解交換實況，進而分析、研擬改進之道。

6.委外包裝、樽節公帑

因自動化作業得以列印各式清單報表，將書刊包裝寄發工作委外處理，又因系統開發完成，可透過數據機連線，直接下載出貨資料至包裝公司作業系統，除了減少交換處列印出貨清單和名條的人力、時間等，利用專業公司的設備和人力，能以最經濟的包裝方式寄發 [21]，節省郵費甚多。經使用自動化作業後，每月的郵費支出約爲原成本的三分之一，每年約省四百八十萬元。

四、展望

資訊科技發展之快速，往往讓系統開發瞠乎其後；然自動化工作的便捷，又不得不歸功於現代科技的進步。交換處自本年 4

月開始,以此系統為基礎,繼續開發 WWW 與資料庫整合環境,透過網路和簡易的查詢畫面,使系統產生的大批問卷、信函、交換書單等,可直接於網路上傳遞,並由交換單位於網路上直接選定書目,需求直接載入交換系統,如此不僅可加速資料傳遞,節省印刷費、郵費等相關支出,亦可省去發函與回函的人工處理。對國內而言,研擬開放國際交換資訊供查詢利用。全案預計於民國 89 年 12 月 1 日前完成。交換處對未來的展望應朝「國際交換資訊中心」的目標邁進!

【注釋】

1. 國家圖書館編印:《國家圖書館人事服務手冊》,民國 87 年 6 月,頁 2-3。

2. 參閱第三章〈第三節 交換組織與運作原則〉,頁 58。

3. 同上注,頁 58-63。

4. 同注 2:「一、通論」之「(一) 書信聯繫」,頁 58。

5. 參閱第二章〈第二節 出版品國際交換的意義〉之「一、出版品國際交換的定義」,頁 58。

6. 同注 2:「一、通論」之「(二)出版品的處理」,頁 60-61;布魯塞爾公約第三條規定編印交換目錄且每年更新(見附錄一)。

7. 國立中央圖書館編印:《國立中央圖書館工作手冊》,民國 74 年 8 月,頁「陸-2」。

8. 行政院研究發展考核委員會編印:《政府出版品寄存圖書館作業手冊》,民國 82 年 11 月,附錄一。

9. 徐嘉徽:〈管理制度再造革新 ── 政府出版品管理辦法發布施行〉,《全國新書資訊月刊》總號第 3 期(民國 88 年 3 月),頁 8。

10.同注 2,頁 59。

11.交換處將交換單位區分為「重要」、「友善」、「正常」、「不友善」四層分配圖書的優先順序。所謂「重要」單位是以其在全球圖書館的重要程度為考量，如美國國會圖書館、大英圖書館；「友善」、「正常」、「不友善」則以其寄發交換處的書刊量為考量。

12.同注 2：「一、通論」之「(二)出版品的處理」，頁 60。

13.同注 2：「一、通論」之「(三)包裝寄發」，頁 62。

14.參閱第八章〈第三節　中國交換機關簡史〉之「二、出版品國際交換局」，頁 192-193。

15.參閱第三章〈第三節　交換組織與運作原則〉之「二、交換出版品的集中轉運」，頁 63。

16.同注 7，頁「陸-6」。

17.關於國內贈書處理原則及國內圖書輸出程序,詳閱本章第一節「三、輸出」之「(一) 國內圖書」，頁 237。

18.參閱本章第一節(「三、輸出」之「(二) 國內期刊」，頁 240。

19.同上注，頁 239。

20.所謂「總登錄表」是以收入年月日為索引值，依序列印收入的書刊清單；「分戶表」是以交換單位為索引值，收入的書刊清單。

21.參閱本章第一節「三、輸出」之「(一) 國內圖書：3.分派圖書處理」，頁 235-236。

第十章　我國政府出版品管理

第一節　政府出版品的管理制度

　　政府出版品有各種不同的稱謂，一般常稱為「官方出版品」，指國際政府組織（如聯合國）和各國政府機關所出版的文件資料，分為兩大類：一類是行政文獻（包括立法、司法文獻），另一類是科學技術文獻，目前各國對政府出版品尚無一致定義。[1]中國古代對政府編撰、刊行或收藏的書籍稱「官書」，涵意較廣。由於政府出版品是一國政府施政活動的紀錄，也是施政績效的具體表現，兼具傳播與保存政府文獻的雙重使命，先進國家都重視政府出版品管理。[2]

　　關於我國政府出版品的管理，行政院研究考核發展委員會（以下簡稱研考會）於民國 66 年起著手規劃建立政府出版品管理制度，迄72年9月23日由行政院訂頒「行政機關出版品管理要點」，奠定我國政府出版品管理制度的基礎。[3]在此之前，我國政府出版品普遍未受重視，也缺乏管理制度，各行政單位出版品各行其是。民國78年行政院函頒修訂「行政機關出版品管理要點」，增列各機關出版品至少保留 50 冊，供辦理展售；研考會得視需要，請各機關加印庫存將罄出版品，各機關如不能供應，應授權研考會加印，以供展售。自此我國政府出版品管理進入一個新里程，先進國家政府出版品的管理模式於焉具備，正式進入推廣時期。

　　然民國 72 年初次頒訂「行政機關出版品管理要點」時，是

在各機關間折衝、協調，以避免變動原有組織、人員與預算的前提下，採取漸進式作法，所以涵蓋的管理項目與範圍不多，僅包括出版品統一編號、編印目錄、提供集中展售、寄存圖書館與國際交換等項目 [4]，其間只修訂過一次。近年來隨著政府職能擴充以及社會邁向多元化，民眾對政府出版品的需求日益殷切，如何使政府資訊經由適當的程序與管道加強公開流通，更是當務之急。研考會有鑑於此，為強化出版品管理業務的推展，積極辦理政府出版品管理制度再造工程，於民國 87 年 11 月 4 日奉行政院台（87）研版字第 04551 號令發布實施「政府出版品管理辦法」，同時停止適用「行政機關出版品管理要點」。[5]不論是「行政機關出版品管理要點」或是「政府出版品管理辦法」，其中均有關於國際交換之規定。本章擬從這兩項法令著手，瞭解我國政府出版品的國際交換工作。

一、行政機關出版品管理要點

「行政機關出版品管理要點」共 10 點（參附錄十五），是我國初次建立政府出版品管理制度的依據，其中第六點與國際交換有關，茲簡析其內容與效果，將第六點與其他各點分列說明。

(一) 綜合分析

第一、二點首先就行政機關出版品管理的範圍加以定義。該要點所稱的「行政機關」，包括行政院暨所屬各部、會、行、處、局、署、省（市）政府、縣（市）政府及其所屬機關、學校及事業機構，但不包括鄉（鎮、市）公所及中等以下學校；「出版品」指以行政機關之經費與名義印製、出版或發行之非機密且無特定分發對象之圖書、冊籍、專論、連續性出版品及非書資料而言，但不包括由主管教育行政機關統一編印價售之教科書。由此可

知，該要點所規範的並非所有的「政府出版品」，僅限於其所稱的「行政機關」。蓋我國是五權分立的國家，政府出版品應包括行政、立法、司法、考試、監察機關之各種出版品，甚至於總統府之出版品也應包括在內，世界各國對政府出版品之界定，其中最基本要件就是「支用政府經費印製」，若以現代民主國家一切施政公開之理想，該要點的管理範圍應再予以擴大。另外，行政機關是指除了鄉（鎮、市）公所及中等以下學校之外的所有機關，因此包括國立或省（市）立大學專校。然大學專校出版品性質與一般行政機關或事業機構迥異，於同一要點規範似待商榷。[6] 與大學專校出版品性質類似而由教育行政機關統一編印價售之教科書，亦排除於該要點之外。

第三點是關於統一編號與印製國際標準書號或其他國際編號的規定。依此，行政機關出版品於印製前必須按照「行政機關出版品統一編號作業規定」編定統一編號，並且將國際標準書號或其他國際編號一併印刷於出版品，發行時則依「出版法」分送有關機關一份。然實際上諸多出版品雖編印了統一編號，但並未印有國際標準書號或其他國際編號；至於出版品應分送有關機關（國家圖書館）亦未能確實執行。前者有賴國際標準書號制度的推行，後者則須部會所屬單位或附屬機關於承辦人員異動時特別留意，以免遺漏該項業務，並應與承辦研考業務人員密切配合。[7]

第四點規定目錄編印，由國立中央圖書館（按：國立中央圖書館已於民國 85 年 2 月易名為「國家圖書館」，以下配合敘述之事實所發生的時間，分別使用「國立中央圖書館」或「國家圖書館」之簡稱：「中圖」或「國圖」，法令條文則照原文引用，不予更動。）自民國 73 年 4 月起按季編印《中華民國行政機關出版品目錄》，供各政府機關、圖書館及資料單位參閱，成為國內唯一定期且及時報

導政府出版品資訊的工具書。該目錄編印所依據的資料，是各出版機關於出版前所填具之政府出版品統一編號申請單，逐筆建檔，因此具報導時效，最能掌握新出版訊息。報導的書目資料除基本欄位，如書名、編著者、出版事項、頁數、規格、印製數量、價格等，還包括各出版機關自行撰寫的內容大要，更能提供對各書內容的瞭解。爲配合研考會擴大推動政府出版品統一編號制度，該目錄於民國 82 年更名爲《中華民國政府出版品目錄》，以期涵蓋全國各級政府機關之出版品，真正反應我國政府出版品的全貌。目前參與統一編號制度的機關，已從行政院擴及總統府、立法院、司法院、考試院及監察院所屬機關。[8]

　　至於政府出版品的保存與流通，「寄存圖書館」是良好的管道之一，故該管理要點第五點規定，由中圖與研考會共同洽定國內外寄存圖書館，通知出版機關依照「行政機關出版品寄存圖書館作業規定」辦理（參附錄十六）。民國 80 年間，研考會重新檢討政府出版品寄存作業，經由實地訪查與書面調查方式，瞭解國內七十餘所圖書館之現況與收存政府出版品的意願，選擇 32 所作爲政府出版品寄存圖書館。[9]國外寄存部分由研考會委託中圖統籌辦理，於本章第二節再詳述。

　　第七、八點與統籌展售有關。蓋政府出版書刊之後，除應分發寄存圖書館及贈送政府機關或個人之外，爲加強政府與民眾雙向溝通，應增加傳布資訊的管道，故應盡可能將出版品定價，公開對外發售，這是民主國家應有的作法。該要點執行初期，各機關將出版品標價出售的比例，根據統計僅及十分之一，亟需加以推廣，因此，民國 75 年舉行的全國行政會議，決議成立政府出版品供應服務中心，積極推動政府出版品供應服務制度。[10]

　　研考會擬定該管理要點時，基於行政體制的限制，未便將管

理範圍超越行政機關之外，但如前對第一、二點規定之內容簡析時所述，我國政府出版品應包括行政、立法、司法、考試、監察機關之各種出版品，甚至於總統府之出版品也應包括在內，管理要點第九點規定可視為這方面的補充。依第九點規定：「本要點規定以外之機關，有依本要點規定辦理出版品管理需要時，得函請行政院研究考核發展委員會洽商國立中央圖書館辦理。」最後第十點說明研考會應定期查核該要點之執行績效。

(二)與國際交換有關之規定

該要點第六點與國際交換有關，由中圖負責辦理，其規定如下：「行政機關出版品國際交換工作，由國立中央圖書館負責辦理，但必要時，各機關得函知國立中央圖書館後自行辦理專案交換工作。國立中央圖書館於決定交換之出版品名稱後，應與出版機關協商其供應量，以便交換。交換之國外出版品由國立中央圖書館統一編存，並定期編目分送各行政機關。」該項規定可視為中圖辦理政府出版品國際交換的法源依據。

中圖依上述規定辦理政府出版品國際交換時，由出版品國際交換處（簡稱交換處）負責，在實際執行上，常遭遇一些困擾，說明如下：[11]

1.由出版機關主動贈書，非由國立中央圖書館徵集

依管理要點規定，中圖應決定交換的出版品，再與出版機關協商供應量。由於政府出版品的印製一般均有定量，且多非以營利為目的，一旦書籍贈畢或售罄，均難再獲取。若先經出版目錄挑選，再去徵集，容易發生已無出版品可提供之情形。故實際執行時，多由各機關於出版品發行時主動送來。但這樣的作法亦有

其問題。第一、各機關可能因承辦人員異動而遺漏該項業務;第二、各機關主動贈送的出版品,不一定每種都適合國際交換,增加交換處庫存困擾;第三、各機關提供數量不一,有些過多,有些過少,處理上不太方便。

2.各機關之專案交換,常與中圖的交換混淆

第六點規定允許各機關於必要時自行辦理專案交換,但應該函知中圖。然從實務經驗得知,該項規定的執行似不徹底,常發生幾種情況:第一、中圖收到非交換單位寄來要求期刊補缺的信函;第二、雖然要求補缺者是交換單位,但依據交換處紀錄,並未分配寄發對方指明補缺的書刊;第三、交換單位直接去函出版機關補缺書刊,而由各機關將信函轉予交換處辦理。由上述情況推斷,各機關辦理專案交換時並不見得通知中圖,同時也未向收受書刊的國外機構說明清楚,因此發生第一、二種情況;又有些機關先自行辦理專案交換,後取消該業務而將出版品轉由中圖寄發,但未通知收受書刊機構,致使國外機構仍以出版機關為交換對象,因此發生第三種情況。

3.交換之出版品僅限行政機關出版品,範圍太狹

該管理要點所規範的政府出版品範圍僅限於「行政機關出版品」,其他政府機關出版品(如立法、司法機構等)必須另行溝通協調,甚至必須訂購,對唯一代表我國從事政府出版品國際交換的中圖而言,交換資源受限。

另管理要點第五點規定,由中圖與研考會共同洽定國內外寄存圖書館。民國 82 年 9 月開始,研考會委託中圖統籌辦理政府出版品國外寄存作業,又面臨其他問題,經約一年半的籌備聯繫,於民國 84 年 4 月始正式實施,然實際作業程序是與國際交換合併辦理。(擬於本章第二節再詳述探討)

二、政府出版品管理辦法

　　研考會於民國 87 年 5 月提出「政府出版品管理辦法草案」，邀集各相關單位研議，同時提出相關作業規定草案，包括「政府出版品基本形制注意事項草案」、「政府出版品統一編號作業規定修正條文」、「政府出版品銷售作業規定草案」、「政府出版品寄存圖書館作業規定修正條文」。[12] 依研考會設計，該會在政府出版品管理作業架構中的主要任務有五項：規劃建立出版品管理制度、協調推動各機關辦理出版品管理業務、整合掌握出版資訊、推動出版品寄存服務、辦理出版品統籌展售。[13] 研考會並計畫建置政府出版品資訊網，讓政府出版品資訊以電子資訊方式流通。目前已經建置完成「政府網路資源站」（http://gisp.gsn.gov.tw），其中有「中華民國政府出版品網」（GPNet：R.O.C. Government Publications Net）。同年 11 月 4 日政府出版品管理辦法發布實施，同時停止適用「行政機關出版品管理要點」。

(一)政府出版品管理辦法內容

　　該管理辦法計 15 條，以行政機關出版品管理要點為基礎，除繼續推動各機關辦理出版品統一編號、分發寄存與國際交換、出版品定價、銷售、繳庫作業，及由研考會負責統籌展售與取得授權加印、查核執行績效外，尚有四項重點 [14]：

　　1.所有政府機關出版品均納入管理體系：該辦法第一條第二項：「政府出版品之管理，除法令另有規定外，依本辦法之規定辦理。」；第二條：「本辦法所稱政府出版品（以下簡稱出版品），係指以政府機關及其所屬機構、學校之經費或名義出版或發行之圖書、連續性出版品、電子出版品及其他非書資料。」（參附錄十八）可知出版品範圍不再只是「行政機

關出版品」，惟基於法制作業及行政管轄體制，本辦法適用機關僅及行政院暨所屬各機關，至於行政院及所屬機關以外之其他機關或團體出版、發行的書刊資料，准用本辦法相關規定辦理。[15]

2.明訂由研考會另定其他作業規定：明文規定四項規定由研考會制定：政府出版品基本形制注意事項、政府出版品統一編號作業規定（第四條）、政府出版品寄存服務作業規定（第五條）、政府出版品銷售作業規定（第八條）。前四項作業規定已制定完成。

3.各機關等指定專責單位或人員，由行政院所屬各一級機關定期查核執行績效：第三條規定，行政院所屬各機關、機構、學校（簡稱各機關）應有專責單位或專人負責辦理出版品編號、寄存、銷售等事項；由行政院所屬各一級機關定期查核前述各機關之執行績效。目的是為能落實政府出版品管理作業之實施。

4.委外發行出版：各機關出版品得委外出版或發行，同時維護政府智慧財產權，並取得合理之使用報酬；該項報酬得以等值出版品代替。（第十條）藉此減少各機關人力、經費之負擔。

關於出版品國際交換列為第七條：「**出版品國際交換工作，由國家圖書館辦理。必要時，各機關得自行辦理專案交換工作。**」與原來的管理要點相較，除將「專案交換函知國圖」之規定刪除，其他僅作文字修正，意義不變。

(二)出版品國際交換規定之解析

研考會於該管理辦法草案研議中，曾有意將「**必要時，各機關得自行辦理專案交換工作。**」刪除，意謂「所有機關出版品的國際交換工作，均由國家圖書館負責辦理。」然依作者對出版品國際交換研究發現，布魯塞爾公約（第一個全球國際交換公約）的一大缺失，即是由唯一的「交換局」承擔所有的政府出

版品國際交換；1958 年的聯教組織交換公約修正前項缺失，將
交換責任分散，不再只是由唯一的國家交換中心負責，凡「國家
交換服務組織」或為此目的而指定的「中央交換機關」均有權執
行政府出版品國際交換。[16]（「官方出版品與公牘國際交換公約」第
四條，見附錄三）若以國圖有限的經費和人力來說，要負責全國
各機關的出版品國際交換亦有困難。故不論從歷史經驗或實際執
行能力考量，均應保留各政府機關辦理專案交換的權利。

若進一步探討，國圖之交換處為我國國家交換中心，理應以
政府出版品交換為優先。然配合我國政府出版品管理制度之實際
執行，應請各出版機關協助，確實提供國圖所需的出版品，而國
圖對國際交換具備豐富經驗與資訊，亦可協助國內機構從事該方
面的交流，而非如傳統作法，將各機構出版品完全納入交換處轉
寄或交換。惟各機關之間應彼此聯繫整合，不要各行其是，避免
交換出版品的不足或重複。以國圖具備「輔導圖書館事業之發展」
的任務來看，這樣的作法似較妥當。

第二節　政府出版品國外寄存

一、國外寄存作業說明

行政機關出版品管理要點第五點：「行政機關出版品由國立
中央圖書館會同行政院研究發展考核委員會洽定國內外圖書館為
寄存圖書館，通知出版機關按期寄存，其建立及作業規定如附件
二。」[17]然政府出版品國外寄存作業的實際執行，從民國 82 年
8 月才開始籌劃，由開始籌劃至執行概分為三階段，以下分別說
明之[18]。

(一)第一階段

　　研考會於民國 82 年 8 月 27 日發函(82)會書字第 04824 號，請中圖依據行政機關出版品管理要點辦理政府出版品國外寄存圖書館業務。首先由中圖就交換單位中挑選適當者作為寄存圖書館，主要標準是中文藏書十萬冊以上之各國國家圖書館或著名大學圖書館，另增列新聞局紐約「中華新聞文化中心」與香港「自由中國評論社」之圖書館。依此，中圖與研考會洽商，初步選擇全部寄存圖書館 20 所與部分寄存圖書館 30 所。所謂「全部寄存圖書館」是可以「優先取得」我國政府出版品者，「部分寄存圖書館」取得出版品的順位於全部寄存圖書館之後。

　　全部寄存圖書館的選定標準有三：

第一、重要國家之國家圖書館典藏中文資料者；

第二、設有東亞研究所、中國研究系所或中心的重要大學圖書館；

第三、中文收藏十萬冊以上且收藏範圍著重於近代資料的圖書館。

　　部分寄存圖書館的選定標準也有三項：

第一、中文收藏在五萬冊以上者；

第二、館舍所在地位置重要者；

第三、大學附設或獨立之中國研究中心。

　　同年 12 月由中圖發函以上 50 所圖書館，徵求同意成為我國政府出版品之寄存圖書館。爾後交換處陸續收到函覆，同意與不願意接受寄存者皆有，且提出諸多問題，綜合歸納如下：

　　(1)寄存圖書館有何責任與義務？

　　(2)寄存出版品的範圍為何？僅有中央政府出版品？抑或包含地方政府出版品？

　　(3)每年寄存的數量為何？型態為何？是否含有微卷？

(4)能否先提供寄存出版品的書單供挑選？

(5)與現行的國際交換有何不同？

甚至有些回覆的圖書館要求，必須先答覆其問題後才能決定是否同意接受，另外也有未回覆者。

為求審慎，中圖將此情形告知研考會，並希望重新洽商具體執行辦法，同時先以通函告知已回覆的圖書館，該案暫緩，再行通知。

(二)第二階段

民國 83 年 6 月 29 日由研考會召開會議，研商國外寄存圖書館作業，7 月 5 日（83）會書字第 02148 號函告中圖，依會議決議辦理。會議決議有 6 點：

(1)國外指定寄存圖書館名單，除業經中圖聯繫確定之 18 所外，另增加新聞局駐紐約文化中心、香港自由評論社及駐法國新聞處等 3 所，共計 21 所。

(2)寄存圖書館之責任義務，請中圖就實際作業情形擬定之。

(3)現階段以行政院所屬機關出版品為寄存出版品範圍。

(4)每年提供紙本型態之出版品寄存，數量約五百至一千種。

(5)研考會定期提供各機關預定出版之出版品清單，送交中圖選定書目、數量後，函請各機關提供，俾供寄存及交換。

(6)交換之外國出版品，請依「行政機關出版品管理要點」第六點規定，定期列印目錄分送各機關參考。

(三)第三階段

中圖開始根據研考會（83）會書字第 02148 號函，擬訂政府出版品國外寄存作業方式，並制定正式英文版「寄存圖書館計畫同意書」（參附錄十七），函請擬定的寄存圖書館簽署，據此同時

答覆各圖書館所提出的問題。最後根據簽署計畫同意書的圖書
館，確定寄存圖書館名單，包括全部寄存圖書館 25 所，其中有
5 所新聞局駐外文化中心乃研考會所指定，以及部分寄存圖書館
17 所。[19]

　　政府出版品國外寄存作業於民國 84 年 4 月正式開始實施，
從研考會 82 年 8 月委請中圖辦理到正式開始執行，其間相隔近
兩年，主要原因是每次發函國外單位之後的回覆等待需時甚久，
還有始終未回覆者，再加上內部人力與經費限制，如何在既有架
構下增加新的業務，實必須審慎規劃。在規劃籌備期間，中圖自
83 年 10 月開始研擬出版品國際交換自動化作業系統需求，將政
府出版品國外寄存作業一併納入，其作業原則如下：

　　1.每月由中圖挑選政府出版品，發函出版機關徵集。

　　2.國外寄存與國際交換合併進行，即收集圖書、定期製作書
單、寄發國外挑選、回函處理，因此書單分為政府出版品書單與
一般出版品書單。國外單位挑選回函後，分配圖書的優先順位依
序是全部寄存圖書館、部分寄存圖書館、重要交換單位、友善程
度、回函日期。這項原則既為配合國外寄存圖書館要求先寄發書
單挑選，又因現有人力限制，故將國外寄存與國際交換合併辦理。

　　3.每月徵集的政府出版品以每種 42 冊為原則，依據出版品
內容及發行語言調整徵集的數量。若出版機關無法如數提供時，
請其至少提供 25 冊，確保全部寄存圖書館均可獲得。

　　4.現階段徵集的政府出版品，主要是新出版的圖書，至於期
刊方面，延續長久以來的國際交換，有四百多種交換期刊，其中
包括政府公報、年報等。

二、政府出版品國外寄存適當性之探討

　　政府出版品國外寄存作業源自於行政機關出版品管理要點的規定，然該要點制定時將國外寄存納入是否妥當，值得商榷。蓋寄存圖書館的意義著重於提供國內民眾免費使用政府出版品，因為人民為國家的納稅義務人，應享有免費取得公開政府資訊的權利，所以透過寄存圖書館制度，由政府機關免費提供出版品給寄存圖書館，而寄存圖書館則有接受主管機關規定與查核的義務。若以上述基本觀點來看「國外寄存」，國外圖書館與我國政府之間並無隸屬關係，實無必要接受與國內寄存圖書館相同的責任。

　　在國際間，基於資訊交流原則，除國際組織對其會員採「出版品寄存」外，各國政府出版品多採用「國際交換」的方式流通；由布魯塞爾公約和聯教組織國際交換公約亦可得知，政府出版品是國際交換的重要內容。另從實務經驗中提出兩個例子輔佐參考。第一、國圖曾去函美國國會圖書館，要求將國圖列入寄存圖書館名單，以便獲得美國政府出版品。然美國方面的答覆是：寄存圖書館僅適用於國內，國外唯有透過國際交換才能取得美國政府出版品。雖然美國在實際作業上，國會圖書館對國際交換與寄存圖書館所提供的政府出版品目錄相同，但在觀念上二者的意義是不同的。第二、歸納籌劃寄存作業第一階段時所收到的國外詢問可知，國外圖書館擔心寄存圖書館所要承擔的責任與義務，不知道「寄存」出版品的範圍與數量是否為圖書館所需，不明白我國所謂的寄存是否影響原有的國際交換，甚至要求沿用國際交換提供書單的方式。由此可知國外圖書館對「國外寄存」的概念很模糊 （或根本沒有「國外寄存」的觀念）。

　　當然各國可以自行設計管理制度與作法，但我國制定行政機關出版品管理要點之初，似乎並未對政府出版品國外寄存作業全盤規劃，僅於要點第五點規定：「行 政 機 關 出 版 品 由 國 立 中 央

圖書館會同行政院研究發展考核委員會洽定國內外圖書館
為寄存圖書館，通知出版機關按期寄存，其建立及作業規
定如附件二。」條文中的「附件二」是「行政機關出版品寄存
圖書館作業規定」。然而研考會於民國82年8月才函請中圖辦理，
而實際執行卻完全委由中圖就實際作業情形統籌規劃，並未依照
上項作業規定。

　　既然實際作業情形是國外寄存與國際交換合併辦理，國外寄
存圖書館又與國內寄存圖書館不同，並沒有特別的責任與義務，
實與一般交換單位無異，如此又何須強調「國外寄存圖書館」之
名？如果國外寄存圖書館只是比一般交換單位可以優先分配我國
政府出版品，那麼似應將「全部寄存圖書館」和「部分寄存圖書
館」分別改稱為「優先寄存圖書館」和「次要寄存圖書館」，以
免和美國寄存圖書館概念混淆。[20] 更何況依照實際作業辦法，先
挑選「部分」新出版政府出版品製作書單，再由交換單位挑選，
實為「部分中的部分」，何來全部寄存與部分寄存？倘若實質上
國外寄存與國外交換無異，那麼分配圖書的原則何不統一參照「國
際交換平衡」原則，依照交換單位的重要及友善程度，如此能更
公平分配有限資源，亦能使我國政府出版品獲得交換單位的重
視，藉此促進交換關係，收入更多國外出版品。

　　上述觀點於「政府出版品管理辦法草案」研議時即向研考會
提出，故於發布的政府出版品管理辦法中，已刪除「國外寄存」
之名，將「交換」列入政府出版品的流通管道。[21]

【注釋】

1. 圖書館學百科全書編委會：《圖書館學百科全書》（北京：中國大百科全書出版社，1993 年 8 月），頁 642-643；邊春光主編：《編輯實用百科全書》（北京：中國書籍出版社，1994 年 12 月），頁 9-10。（按：原書中稱「政府出版物」。）參見第七章〈第一節 通論〉之「一、政府出版品的定義」，頁 139。

2. 徐嘉徽：〈管理制度再造革新——政府出版品管理辦法發布施行〉，《全國新書資訊》88 年 3 月號（民國 88 年 3 月），頁 8。

3. 金志善：〈我國政府出版品與寄存圖書館〉，《書苑季刊》28 期（民國 85 年 4 月），頁 2。

4. 同注 3。

5. 同注 2。

6. 莊芳榮：〈我國政府出版品管理制度之探討〉，《研考月刊》134 期（民國 77 年 4 月），收入國立中央圖書館閱覽組官書股編：《政府出版品管理及利用研討會論文集》（台北：國立中央圖書館，民國 80 年 12 月），頁 83。

7. 同上注，頁 61。

8. 蔡佩玲：〈政府出版品與圖書館〉，《書苑季刊》28 期（民國 85 年 4 月），頁 14。

9. 同注 3，頁 5。

10. 同注 6，頁 87。

11. 筆者自民國 82 年 1 月起於交換處負責出版品國際交換業務，辦理政府出版品國際交換的困擾，依實際經驗歸納分析。

12. 國家圖書館亦受研考會邀請，參與研議〈政府出版品管理辦法草案〉等，文中各項草案及修正條文之名稱，引自當時會議資料。

13. 參見會議資料（同上注）：「政府出版品管理作業架構圖」。

14.同注 2，頁 8。

15.同注 2，頁 8。

16.參閱〈第四章 出版品國際交換相關公約〉對布魯塞爾公約及聯教組織交換公約之研究，頁 97。

17.附件二是「行政機關出版品寄存圖書館作業規定」，全文見附錄十四。

18.依作者實際負責規劃政府出版品國外寄存作業之過程撰寫。

19.籌備國外寄存作業第二階段時，原決議指定國外寄存圖書館 21 所，但至第三階段時，研考會指定增加 2 所新聞局駐外文化中心，以及繼續收到原本未回覆之圖書館同意函。故最後確定為全部寄存圖書館 25 所，部分寄存圖書館 17 所。

20.美國寄存圖書館分為「地區寄存圖書館」和「選擇寄存圖書館」，前者必須永久保存政府出版品，後者可於五年後淘汰。參閱第七章〈第三節 美國寄存圖書館制度〉，頁 149。

21.參閱徐嘉徽文（同注 2）中之「政府出版品管理架構示意圖」，頁 10。

第十一章　中美出版品國際交換之比較

第一節　中美比較研究緣起

　　「比較圖書館學」在圖書館學學科中屬於一新興的科目，就其發展，倡始於二次大戰之後，而盛行於 60 年代迄今。關於其定義及研究範圍曾有不同的詮釋和看法，一般而論，多指係就不同國家的圖書館或是同一地區不同圖書館之比較研究而言。另就比較圖書館學的方法而言，其常用的方法一如其他學科所採用的方法，如描述法、統計法、歷史法、社會學法即歸納演繹法等，而其特有的方法則為比較研究法。這種方法主要是對相同事物的不同方面，或同一性質事物的不同種類，透過比較而發現其共同點或差異點，謀深入認識事物的本質。這種方法所採用的四項過程：收集、解析、類分、比較，可說是源自 George Bereday 所發展的比較教育研究之一模式。[1] 綜合各家看法，可歸納比較圖書館學定義為：「研究兩個或以上國家（地區、文化實體）的圖書館事業，選擇可供比較的事物為研究的項目，經由敘述、解釋、並列、比較等過程，研究其相同或相異之處，以供參考及借鑑。」[2] 其目的為三項：

　　一、報導——描述的目的：透過對各國圖書館事業的敘述，可瞭解各國圖書館事業的發展現況。

　　二、歷史——功能的目的：指出圖書館事業在各國的各種事

實與功能。

三、借鑑——改善的目的：透過對其他國家圖書館制度的瞭解，思考是否有值得引用之處，以改善本國的圖書館事業，即所謂「他山之石，可以攻錯。」[3]

由於比較圖書館學具有上述意義，對終日從事實務工作的圖書館員而言，更具價值；藉由比較研究，方能瞭解所行業務之基礎，進而拓展未來發展之方向，使圖書館事業能循序行之於正軌之上。故本章擬就中美國家交換機關之源起、國家圖書館的交換組織與運作及政府出版品管理，進行比較研究，以達「鑑往知來」之目標。

第二節　國家交換機關之源起比較

歷史研究為比較研究之基礎，具「報導—描述」目的；確切瞭解比較研究主體之歷史演進，方能正確分析比較主體異同之成因。惟正式比較之前，必須簡要回顧歷史起源。

一、美國出版品國際交換源起

美國出版品國際交換源起於 18 世紀末（1771），由歐洲傳入，從專業學會的合作研究與出版開始。1846 年美國政府獲得英國科學家詹姆士・司密遜（James Smithson）遺產捐贈，在首府華盛頓建立學術機構，名為「司密遜學院」（Smithsonian Institution），宗旨是「促進人類知識的發展與傳播」。為達宗旨之目標，司密遜學院設有「國際交換服務」（the International Exchange Service），將該學院的研究出版品寄發給世界各國的圖書館，自 1849 年開始，該項服務範圍擴及美國國內學術機構，建立了非

官方的出版品國際交換系統。

美國的政府出版品國際交換發展,在學術出版品交換之後,源起於法國人亞歷山大・瓦特馬賀(Alexandre Vattemare)的提倡。1830 年到 1839 年間,瓦特馬賀在歐洲倡導各國圖書館的複本交換交換,1839 年赴美國,在各地旅行演講,將出版品交換概念拓展至美國。他最終的目標是促使美國國會與歐洲各國進行官方文獻交換,美國國會於 1840 年 7 月 20 日通過「公共文書與外國出版品交換聯合決議」(a "Joint Resolution for the Exchange of Public Documents for Foreign Publications"),授權由國會圖書館進行複本交換,並規定「凡依參眾兩院命令出版或裝訂的文獻,均提交 50 份供國際交換」,開始美國官方文獻國際交換構想。不過當時並未建立系統化國際交換計畫,直到 1867 年 3 月 2 日國會通過法案,規定「凡兩院命令印製的出版品,須提交 50 份給圖書館聯合委員會,經由司密遜學院寄發國外交換,交換所得存放於國會圖書館。」首次建立了美國政府出版品國際交換系統,司密遜學院正式成為美國政府出版品國際交換機構,與國會圖書館共同承擔國際交換責任。

美國建立政府出版品國際交換系統之後,積極進行國際交換,對促進世界出版品國際交換發展的貢獻頗大,確立近代出版品國際交換系統運作基礎的布魯塞爾公約(The Brussels Conventions),就是由美國國會圖書館發起,而該公約對各國國家交換機關「交換局」的設計,構想源自於司密遜學院(Smithsonian Institution)之「國際交換服務」。美國於 1888 年 6 月 18 日批准加入布魯塞爾公約,19 日由正式簽署。此後美國的出版品國際交換發展出三種不同類型:條約交換、部門交換、文化交換。

二、中國出版品國際交換源起

中國自 16 世紀末開始接觸西方國家的科學知識與科學出版品，之後 200 年間（明末清初），天主教耶穌會士傳入大量歐洲書籍，同時也有中國書籍西傳，造就了世界近代史上中西文化交流的高潮。著名的代表有利瑪竇：以「西書」和「譯書」為橋樑和媒介，溝通中西文化之第一人；金尼閣：攜歐書七千部來華，擬建立圖書館；白晉：以康熙之名贈書予法王路易十四，為中法圖書交流史上之重要紀錄。雖然當時並不是現代所謂的「出版品國際交換」概念，但以「出版品交流」促進文化交流，實乃出版品國際交換的真正意涵。

19 世紀（1869）第一次中美出版品「互贈式」交換，為中美兩國文化交流播種。此事起因於美國司密遜學院於 1867 年（清同治 6 年）開始成為美國官方國際交換機構，積極與各國進行出版品國際交換，加上農業部和聯邦土地局擬借鏡中國的資料，促成此次的交換紀錄。但中國當時尚未有現代國際交換概念，故未因此產生中國的出版品國際交換系統。36 年之後（1905），美國再度扣敲中國的交換之門，為中國設立第一個交換機關「換書局」揭開序幕。民國成立之後，原「換書局」改由「中美交換書報處」接手（民國 9 年），為中國第二個交換機關，然不久即由民國 14 年 11 月 5 日成立的「出版品國際交換局」併管，中國開始了國家交換機關的新紀元。

「出版品國際交換局」是中國第一個國家交換機關，為加入布魯塞爾公約而成立。我國於民國 14 年 12 月 22 日聲請加入，於民國 15 年（1926）1 月 28 日接獲通知，正式成為布魯塞爾公約的一員。

三、比較分析

比較中美國家交換機關之源起，歸納如表 11-1 所示，分析說明如後。

表 11-1　中美國家交換機關源起比較表

	美　　　　國	中　　　　國
現代出版品國際交換觀念起源	由歐洲傳入： 1771 英、美專業學會合作研究與出版； 1840 法國人瓦特馬賀促使國會通過官方出版品 交換法案。	由美國傳入： 1867 第一次中美出版品（互贈）交換。
第一個交換機關	1848 司密遜學院（國際交換服務）；學術機構	1905 換書局；官方機構
第一個國家交換機關	1867 司密遜學院、國會圖書館	1925 出版品國際交換局
參加布魯塞爾公約	1888	1925
與布魯塞爾公約之關係	司密遜學院的交換系統模式為公約「交換局」設計之典範。	為加入公約成立國家交換機關。
出版品國際交換發展	是現代出版品國際交換之「源首」；與世界同步。	依照國際交換公約之規定運作。

美國的現代出版品國際交換概念是由歐洲傳入（學術出版品由專業學會開始；官方出版品由法國人瓦特馬賀促使國會開始），先從學術出版品交換開始，由司密遜學院建立了非官方的出版品國際交換系統，之後司密遜學院受美國官方委託，正式成為美國的國家交換機關，與國會圖書館共同承擔官方出版品的國際交換任

務。第一個全球國際交換公約以美國的出版品國際交換系統爲典範，爲其他國家開啓了出版品國際交換之門，中國即是其中之一。美國可謂與世界出版品國際交換同步發展，是現代出版品國際交換之「源首」。

　　中國的現代出版品國際交換概念是由美國傳入，直接由官方設立機構開始進行（換書局→中美交換書報處→出版品國際交換局，均由官方設立）。第一國家交換機關是爲了加入全球國際交換公約而設置，依照國際協定運作。出版品國際交換對中國而言是外來觀念。

第三節　交換組織與運作之比較

一、美國國家圖書館的交換組織

　　自 1867 年開始，美國國會圖書館與司密遜學院共同承擔官方出版品交換任務，由該館負責典藏交換所得出版品的典藏。國會圖書館隨著朝國家圖書館發展的方向，開始注意外國資料的收藏，因而除了繼續代表國家履行條約交換之外，更著重於該館本身的「部門交換」；1900 年首次設置與國際交換有關的部門「文獻組」（Division of Documents）。事實上，文獻組是結合參考與採訪功能的部門，由於國際交換被視爲採訪的管道之一，故將其列入文獻組的職能範圍。自此不論國會圖書館的組織結構如何調整，國際交換屬於採訪功能的原則不變。

　　在國會圖書館的組織單位中，首次出現「交換與贈送」之名始於 1943 年，由第九任館長阿奇博德・麥立什（Archibald MacLeish）於該年 7 月 1 日建立採訪部（the Acquisitions

Department），再於採訪部之下正式設立「交換與贈送分部」
（Exchange and Gift Division）。麥立什館長是樹立現代國會圖書館
組織結構基本格局之人，他於交換與贈送分部成立時指出：「**國
會圖書館不再等待書商提供書籍、藏書家贈書、或是出版
社依版權法呈繳，而將採取積極行動，主動發掘館藏所缺，
並確實覓得館藏所需。**」[4] 由此可知，國會圖書館的「交換與
贈送」原為積極採訪書刊而來。

以「交換與贈送」為名的單位自 1943 年成立以來，不論國
會圖書館組織如何調整，其歸屬的上級部門名稱如何改變，其隸
屬採訪功能的原則不變。1948 年伊凡思（Luther Harris Evans）館
長更將交換與贈送細分為英美交換組（the American and British
Exchange Section）、歐洲交換組（the European Exchange Section）、
東方交換組（the Orientalia Exchange Section）以及西班牙交換組（the
Hispanic Exchange Section），自此確立以「區域」劃分交換工作的
原則。

交換與贈送除了屬採訪功能之一，後來更擴大範圍，不只侷
限於外國資料，凡符合館藏政策之文獻資料，皆包括在交換與贈
送之工作範圍內，因此在現任館長貝林頓（James H. Billington）
改組之前，交換與贈送之下又分為 8 個組，除依區域分為美洲與
大英交換贈送組（American and British Exchange and Gift Section）、
亞洲交換贈送組（Asia Exchange and Gift Section）、歐洲交換贈送
組（European Exchange and Gift Section）、西班牙採訪組，另有文
獻蒐集組（Documents Expedition Section）、聯邦文獻組（Federal
Documents Section）、收錄移轉組（Receiving and Routing Section）、
州政府文獻組（State Documents Section）。[5]

交換與贈送部門成立 50 餘年來，與全球建立正式交換關係

者逾 15,000 個機構，包括國際組織、教育機構與專業學會等，廣泛收集各國政府出版品，所處理的收發資料量由 1943 年的每年 120 萬件，成長至現在的 1340 萬件，平均每位工作人員處理量，由每年 43,000 件，成長至 186,000 件。[6] 可見透過交換與贈送方式，確實為國會圖書館館藏貢獻不少。

然而 1997 年 10 月左右，現任館長貝林頓完成多年來的組織調整計畫，對採訪部門作了大幅更動。最新的組織結構中，負責採訪的部門改名為「採訪與支援服務」(Acquisitions and Support Services)，其下除了期刊記錄與技術部門外，與資料採訪有關的工作完全以「區域」劃分為優先，分為亞非採訪與海外運作 (African/Asian Acquisitions and Overseas Operations Division)、英美採訪 (Anglo/American Acquisitions Division)、歐洲與拉丁美洲採訪 (European/Latin American Acquisitions Division)，改變以往以來源分為交換與贈送、訂購、海外運作的作法，並在各區域單位之下，又依「語言」劃分各組，如關於中文資料收集工作，由中文採訪組 (Chinese Acquisitions Section)，掌理所有與中文資料收集有關事宜，包括交換贈送、訂購等。[7] 這樣的分工方式，從資料收集的角度來看有其優點，可以集中全力收集特定語言的資料，這點從國會圖書館的中文採訪專家時常主動來信我國徵求指定書刊的交換可茲證明。[8]

二、我國國家圖書館的交換組織

國家圖書館組織條例第十條明訂設置「出版品國際交換處」（簡稱「交換處」），辦理出版品國際交換事宜。事實上交換處的前身是出版品國際交換局。該局自民國 14 年為加入布魯塞爾公約而設立，至民國 16 年停辦，歷時約兩年，之後我國的出版品

國際交換業務曾短暫隸屬大學院（教育部前身）管轄，實際委由北京圖書館代行職務。

民國 17 年交換工作移交由中央研究院接管，於上海設立出版品國際交換處，至民國 23 年 7 月由國立中央圖書館（國家圖書館前身）籌備處接辦。民國 26 年 7 月對日抗戰起，國家動盪，圖書館籌備工作進行之影響頗大，至民國 29 年 8 月 1 日國立中央圖書館始正式成立，10 月 16 日「國立中央圖書館組織條例」公布，但並未將出版品國際交換處納入，直至民國 34 年 8 月抗戰勝利，10 月修正公布國立中央圖書館組織條例，於第 9 條規定設出版品國際交換處。自此開始，交換處才正式納入國立中央圖書館組織。民國 85 年 2 月，國立中央圖書館易名為國家圖書館，奠定其國家圖書館地位，交換處更明確為我國國家圖書館的交換組織。

由歷史沿革可知，交換處一直是唯一代表我國在國際間進行出版品國際交換的組織。70 餘年來，一直堅守國際文化交流理念，遵循國際公約，代表政府辦理出版品國際交換事宜。

在組織分工方面，交換處的分工方式以出版品流向為依據，分為「收入」和「輸出」兩大主幹，在依此各分「圖書」和「期刊」，此乃有歷史沿革：民國 26 年 7 月對日抗戰軍興，27 年 2 月交換處隨國立中央圖書館籌備處遷抵重慶，後由於戰事迫使國外交換品改海防郵運，遂於 9 月 10 日分設出版品國際交換處辦事處於昆明，負責國外出版品的「收入」與「分轉」，而重慶辦事處則負責國內各機關出版品的徵集與分寄，故形成以「收入」與「輸出」的分工基礎。

國立中央圖書館遷台之後，依據 34 年 10 月修正公布之組織條例，於民國 35 年 7 月成立出版品國際交換處於南京，分設辦

事處於上海。7 月 12 日行政院核定組織規程,設國內國外兩組,置主任一人,組長二人。自此法令確立「收」國內出版品「發」國外的分工模式。該組織規程沿用近 50 年之久,直至民國 85 年 1 月 31 日總統令公布實施「國家圖書館組織條例」,其中不再分國內組、國外組,但實際運作上,這樣的分工模式不變。

三、交換組織比較

若比較中美兩國國家圖書館的交換組織,發現由於歷史起源不同,所發展出來的組織功能則有差異。美國國會圖書館之所以發展出自己的國際交換組織,主要目標是希望透過國際交換增加館藏所需,因此一直將國際交換置於採訪的功能之下,並以區域、語言為書刊採訪劃分原則,集中全力主動發掘新出版品,安排交換取得。

反觀我國國家圖書館,單獨設置交換處為專責單位,與採訪組分開,在功能上不包括書刊採訪,而是與採訪組合作,但僅扮演中介聯繫角色。交換處因「權責」有限,只能被動配合採訪組,若是採訪組未主動提出書刊需求,交換處亦無權主動,僅能在權限內促請交換單位提供交換書目。由於交換處的成立(自交換局開始)是為了履行布魯塞爾公約,逾 70 年來一直按照國際公約設計的模式運作,著重發揮國際交換精神,促進知識與文化的交流,輔以我國自民國 60 年退出聯合國,在國際社會中愈形孤立,故交換處著重於「文化輸出」的任務,在交換單位中包含許多純粹接受贈送的機構(如海外華文學校、個人學者等),在分工上雖以「輸出」和「收入」為兩大分支幹 [9],實際上以國內書刊輸出為重。以民國 86 年至今的國內外交換書刊收發數量統計,國外收入處理量約為國內輸出處理量的四分之一。[10]

四、交換運作比較

中美兩國國家圖書館的交換組織功能不同，再加上政府出版品的管理制度不同（詳閱本章：第三節 中美政府出版品管理之比較），產生不同的交換運作方式。

由美國交換機構的歷史起源與組織沿革可知，國會圖書館肩負為國家履行「條約交換」與為圖書館本身「部門交換」的雙重使命，其用以交換的主要資源是政府出版品。美國的政府出版品由政府印刷局（GPO）統一印製與分發管理，因此供交換使用的新出版品，由政府印刷局直接寄給國外交換單位。雖然國會圖書館的交換與贈送部門偶爾也製作交換書單，但內容多為國會圖書館的複本或非政府印刷局出版品，而這類交換書籍才是由國會圖書館寄發。[11]

我國國家圖書館的交換處是唯一代表政府從事出版品國際交換工作的組織，負責所有交換業務之規劃與執行。如前所述，其主要功能著重於促進知識與文化的交流，故交換資源除政府出版品外，還包括一般書籍，來源為購買或贈書皆有。交換處的運作包括所有與國際交換有關之事，所以不論政府出版品或一般書籍，從收入的處理到寄發，均由交換處統籌。然我國政府出版品的管理制度與美國不同，由各出版機關自行印製與分送，因此無法採用美國由印製機構（政府印刷局）統一寄發的方式，故由交換處挑選新出版品、發函徵集、製作書單寄發國外、依交換單位挑選分配書刊之一系列流程辦理 [12]，與國會圖書館的作法截然不同。另外值得注意者，交換處收集國內新出版品，據以製作交換書單，並非庫存複本，此乃與國會圖書館的書單不同。至於期刊交換亦包括政府期刊與一般期刊，其作法已於〈第九章 我國國

家圖書館出版品國際交換的運作〉詳述，不再贅述。

綜合比較中美國家圖書館的交換組織與運作，歸納如表 11-2 所示。

表 11-2：中美國家圖書館的交換組織與運作比較表

項　　　　目	國　會　圖　書　館	國　家　圖　書　館
第一個與交換有關的組織（依組織條例）	1990 年 文獻組 (Division of Documents)	民國 36 年（1947） 出版品國際交換處 （當時稱為「國立中央圖書館」）
首次出現「交換」之名的組織	1943 年 交換與贈送分部 （Exchange and Gift Division）	（同　上）
與採訪部門關係	置於採訪部門之內	與採訪分別設立
設　立　緣　由	朝國家圖書館方向發展，加強館藏文獻收集。	由交換局（前身）開始，參加布魯塞爾公約。
主　要　功　能	以交換與贈送方式，加強館藏。	著重「文化輸出」，故國內出版品輸出多於國外收入者。
組　織　分　工	先以「地理區域」劃分，之下再以「語言」劃分。	以出版品流向分工：「收入」、「輸出」。
交　換　運　作	國會圖書館主管交換關係的建立；出版品由政府印刷局寄發。	交換處統籌一切交換事宜；交換建立聯繫；出版品收集、處理、寄發。
交　換　資　源	政府出版品	政府出版品；一般書刊（包括購買與贈送者）
交　換　目　錄	與寄存圖書館目錄使用相同之政府出版品目錄；國會圖書館偶而編制「複本交換目錄」。	分製「政府出版品交換書單」及「一般交換書單」，皆選用新出版品製作。

第四節　政府出版品管理之比較

　　政府出版品是國際交換中很重要的資源，尤其政府出版品不若商業出版品有眾多行銷管道，容易購買，因此國際交換是取得政府出版品最便捷的管道。然是否能有效收集國內政府出版品影響著國際交換的效果，而各國政府出版品管理制度又影響國內政府出版品的收集。故本節擬比較美國與我國的政府出版品管理制度，以及對國際交換執行所產生的影響。

一、法定地位比較

　　美國政府出版品管理制度的最大特色是「集中印刷、統一分發」，為此扮演核心角色的是政府印刷局（GPO：Government Printing Office）。該管理制度乃依據 1860 年 6 月 23 日通過的印刷法案，由國會兩院、行政與司法部門、訴訟法院共同授權，由統一的機構負責政府出版品的印刷與裝訂。該局於 1861 年 3 月 4 日林肯總統就職當天正式開幕運作，之後多次修訂通過與政府出版品管理有關的法案，凡所有與此相關的法律，均編入美國法典第 44 號，標題為「公共印刷與文獻」（Public Printing and Documents）。[13]

　　反觀我國政府出版品管理制度，建立甚晚，民國 66 年開始著手規劃管理制度的建立，迄民國 72 年 9 月始由行政院頒布「行政機關出版品管理要點」，奠定了我國政府出版品管理制度的基礎。[14] 該管理要點實行 15 年之久，由研考會於民國 87 年 5 月提出〈政府出版品管理辦法草案〉，11 月 4 日奉行政院台（87）研版字第 04551 號令發布實施「政府出版品管理辦法」，同時停止適用「行政機關出版品管理要點」。然不論是「行政機關出版品管理要點」或是「政府出版品管理辦法」，均為「行政命令」，而

美國則是由國會通過法律來規範政府出版品管理，二者之法定地位層級不同，我國所規定之管理範圍較狹。

二、出版品範圍

美國乃三權分立國家，政府出版品範圍包括行政、立法、司法，依其管理制度，三權各機關之正式出版品均由政府印刷局統一印製分發，只有小型印件或經專案核准的印件除外，可由各部會自行印製。我國雖為五權分立國家,政府出版品理應包括行政、立法、司法、考試、監察機關之出版品，甚至連總統府之出版品亦應包括在內，但不論是「行政機關出版品管理要點」或是「政府出版品管理辦法」，均由行政院頒行，純屬行政命令，僅能規範「行政機關」，未能包括所有政府出版品。至於管理方式，相對於美國的「集中管理」，可謂是「分散管理」，由各機關依據管理辦法，自行辦理出版品印製與分發；雖然印製前應申請統一編號,但未能確實查核執行,故很難得完全掌握各機關的出版訊息，而印製數量亦難控制。

三、政府出版品目錄

由於美國由政府印刷局統一管理政府出版品，較易掌握出版書訊；該局每月出版 *Monthly Catalog*，發佈最新政府出版品消息。不過該刊僅刊載由政府印刷局承印或收到的出版品，至於由各部會專案奉准自行印刷、未送給政府印刷局的出版品，則不編入每月書目，此乃其缺點。[15]

我國政府出版品目錄由國家圖書館負責編印，自民國 73 年4 月起按季編印《中華民國行政機關出版品目錄》，資料來源係依據政府出版品統一編號申請單，逐筆建檔。民國 82 年配合行政院研考會擴大推動政府出版品統一編號制度作業，此目錄更名

為《中華民國政府出版品目錄》，期能涵蓋全國各級政府機關之出版品。目前參與統一編號制度的出版機關，已從行政院擴及立法院、司法院、考試院及監察院所屬機關。

四、國際交換

政府出版品國際交換方面，代表美國執行的是國會圖書館，但由於政府印刷局負責出版品的統一印製、分發，故由政府印刷局主動寄送政府出版品給國外交換機構，並且編印「寄存圖書館與國際交換用之聯邦文獻微片目錄」（ *Federal Documents Microfiched for Depositories and to be made available for International Exchange*），清楚詳列能供寄存圖書館與國際交換之微片，近年來更主動寄發大量光碟產品。[16] 我國由國家圖書館負責執行政府出版品國際交換之規劃與聯繫，由交換處視實際需要請各機關提供出版品，再按照國際交換處理程序辦理。[17]

若比較兩國政府出版品管理制度對國際交換執行的影響，美國的方式較我國簡易且效果好。因為美國由一個機構統一管理出版品，對於出版訊息及印刷數量較易掌握，能供國際交換運用的資源相當清楚，故由政府印刷局擔任政府出版品國際交換的寄發機構，只要擁有國會圖書館建立的交換名單，書刊一經出版即可寄發，作業程序便捷。反觀我國，出版品由各機關自行印製管理，而國際交換另由國家圖書館負責，因此在收集交換出版品時，必須逐一與各出版機關聯繫，耗時費事。加上政府出版品管理辦法（之前為「行政機關出版品管理要點」）並無強制各出版機關提供出版品，僅規定由國家圖書館與出版機關協商供應量，實際上卻經常發生印製數量有限無法提供的情形。原本由國家圖書館先挑選政府出版品再去徵集的作法，已經侷限了國際交換的資源範

圍，再加上出版機關無法提供，能運用的資源就更少了，對政府
出版品國際交換之影響頗大。

五、寄存制度

至於寄存圖書館制度，美國主要目的是使政府出版品能免費
供民眾利用，正式的名稱是「聯邦寄存圖書館計畫」（FDLP ：the
Federal Depository Library Program）。依據 1962 年寄存圖書館法，
將寄存圖書館分爲「地區寄存圖書館」與「選擇寄存圖書館」；
前者接受所有經由寄存計畫而來的出版品且須永久保存，同時在
該地區內提供館際借閱、參考服務，並協助處理選擇寄存圖書館
所淘汰的政府出版品，而後者只接受經圖書館挑選的出版品，保
存五年後可淘汰。[18]

我國仿效國外作法，在行政機關出版品管理要點中規定了寄
存圖書館作業，但除了指定國內寄存圖書館，還多了國外寄存圖
書館。行政院研考會於民國 82 年編印《政府出版品寄存圖書館
作業手冊》，將寄存圖書館分爲兩類：接受全部政府出版品之寄
存圖書館、接受部份政府出版品之寄存圖書館。前者蒐集全部政
府機關之出版品，並將原件或其縮攝片永久保存；後者依館藏發
展政策，挑選適合館藏特性所需的政府出版品，至少須保存五年。
其概念和美國的「地區寄存圖書館」與「選擇寄存圖書館」同。

然若進一步探討我國的國外寄存圖書館作業，實際上是與國
際交換合併辦理，定期挑選新出版的政府出版品，據以製作書單，
寄由國外交換單位挑選，而所謂的「國外寄存圖書館」，只是比
一般交換單位可以優先分配得到書籍，其中「全部寄存圖書館」
的分配順位在「部份寄存圖書館」之前。這樣的作法，與行政院
研考會所分類的標準和意義不同，與美國寄存圖書館概念大相逕

庭。[19] 關於國外寄存是否適當，已於本書第九章第二節探討，不
再贅述。

六、政府出版品的展售

美國政府印刷局設有行銷部門，負責政府出版品的展售。1921
年於政府印刷局郵寄大樓內開設第一間書店，1967 年首次於華
盛頓特區之外設立書店，位於芝加哥。目前各地書店多開設於聯
邦大樓、商業辦公大樓或購物中心之內，與商業書店類似，消費
者可至書店瀏覽選購，並接受訂購。雖然書店展售的僅為部分新
出版品，但庫存保留大部分需求較殷的出版品，以備接受訂購。
最新書店名單刊登於以下幾種刊物：政府印刷局每月出版的
Monthly Catalog、每季出版的 *U.S. Government Subscriptions*、及
每半年出版的 *United States Government Information Catalog*。[20]
我國採取委託經營方式辦理「政府出版品展售中心」，民國 77 年
6 月 15 日首先於台北正式成立，委託正中書局辦理，後來逐漸
擴增，目前除台北三家外，另於台中、彰化、高雄分設展售中心。
與美國作法相同，除了展售之外，亦接受訂購。[21]

歸納上述中美政府出版品管理之各項比較，如表 11-3 所示。

表 11-3 中美政府出版品管理比較

項　　目	美　　　國	中　華　民　國
起源年代	1860	民國 72 年（1983）
相關法令	美國法典第 44 號 (Title 44, United States Code)	行政機關出版品管理要點 （民國 72 年 9 月 23 日） 政府出版品管理辦法 （民國 87 年 11 月 4 日）
法定地位	國會通過的法律	行政命令

表 11-3 （續 2）

項 目	美 國	中 華 民 國
管理方式	<u>統一管理</u>：由政府印刷局（GPO）集中印製與分發。	分散管理：各機關自行印製與分發；印製前應申請統一編號
出版品範圍	政府機關：行政、立法、司法機關之出版品	行政機關出版品，其他政府機關：立法、司法、考試、監察未包括。
目錄編印	*Monthly Catalog* 月刊 政府印刷局編印	《中華民國政府出版品目錄》季刊 國家圖書館編印
國際交換	1.國會圖書館代表美國進行政府出版品國際交換；政府印刷局擔任寄發機構。 2.製作供交換用之目錄。 3.由 GPO 統一管理出版品，較易掌握出版書訊及印刷數量，供國際交換運用的資源清楚，效果佳，且書刊寄發作業程序便捷。	1.國家圖書館代表我國進行政府出版品國際交換，並統籌辦理出版品收集、整理、寄發。 2.挑選部分政府出版品，發函徵集，據以製作交換書單。 3.由各機關自行印製管理出版品，另由國家圖書館負責徵集國際交換用之出版品，常發生無法供應之情況，侷限國際交換資源範圍，影響交換效果，且徵集聯繫較麻煩。
寄存圖書館	依據聯邦寄存圖書館計畫，挑選國內圖書館，分爲「地區寄存圖書館」與「選擇寄存圖書館」。	1.原「行政機關出版品管理要點」，指定國內與國外寄存圖書館，分爲「全部寄存圖書館」與「部分寄存圖書館」；國內寄存圖書館與美國寄存圖書館概念相同，國外寄存圖書館的意義則不同。 2.「政府出版品管理辦法」將國外寄存部分刪除，納入國際交換。
展 售	由政府印刷局設立書店展售1921 年成立第一家書店。目前各地書店多設於聯邦大樓、商業辦公大樓、購物中心內。展售外亦接受訂購。	採取委託經營方式辦理「政府出版品展售中心」，民國 77 年（1988）第一家展售中心正式成立。目前全省共有 5 家展售中心。除展售外亦接受訂購。

【注釋】

1. 王振鵠為《比較圖書館學導論》作之序；薛理桂主編：《比較圖書館學導論》（台北：台灣學生書局，民國 83 年 5 月）。

2. 薛理桂主編：《比較圖書館學導論》（台北：台灣學生書局，民國 83 年 5 月），〈第一章 緒論〉，頁 12。

3. 同上注，頁 24。

4. *Annual Report of the Librarian of Congress 1993*,（Washington：United States Government Printing Office, 1994），p.8。

5. 參閱第六章〈第三節 國際交換組織的演變〉，頁 130-134。

6. 同注 4。

7. 同注 5，頁 135-136。

8. 依作者於國家圖書館交換處負責交換業務規劃與聯繫之經驗獲悉。

9. 參閱第九章〈第一節 基本工作項目與方法〉，頁 230。

10.依國家圖書館交換處的國內外書刊收發紀錄統計。

11.依據國家圖書館交換處負責國外書刊收入的資深同仁指出，從收入美國交換書刊郵包上的寄發者可知，美國政府出版品均為政府印刷局所寄，而經交換書單挑選的出版品則為國會圖書館寄來。

12.參閱〈第九章 我國國家圖書館出版品國際交換的運作〉，頁 233-240。

13.參閱第七章〈第二節 美國政府印刷局（GPO）〉，頁 142-143。

14.參閱第十章〈第一節 政府出版品的管理制度〉，頁 263。

15.魏鏞：〈建立政府出版品管理之意義〉，《研考月刊》138 期（民國 77 年 8 月），收入國立中央圖書館採訪組官書股編：《政府出版品管理及利用文獻選輯》（台北：國立中央圖書館，民國 79 年 5 月），頁 97。

16.同注 8。

17.〈國家圖書館辦理出版品國際交換辦法修正條文〉，中華民國八十
七年一月十九日行政院台八十七教字第○二六一二號函核定，第
一條。見附錄六。

18.參閱第七章〈第三節 美國寄存圖書館制度〉，頁 146、148-149。

19.參閱第十章〈第二節 政府出版品的國外寄存〉，頁 271-274。

20."Chapter 2, Government Printing Office Programs and Services" in
Introduction to United States Government Information Sources, 5th
edition , Joe Morehead,（Englewood, Colorado: Libraries Unlimited,
Inc., 1996）, p.19。

21.我國「政府出版品展售中心」地址可查詢「國家圖書館全球資訊網
站」http://www.ncl.edu.tw之「中華民國政府出版品目錄系統」。

第十二章 結 論 —— 回顧與展望

第一節 出版品國際交換的演進

現代出版品國際交換的定義如下:「出版品國際交換是一種契約或安排,協議交換雙方隸屬不同國家,彼此承諾給予出版品。這項契約僅基於雙方共識,原則上沒有固定公式。」但其真正的意義在於藉「出版品交流」,傳播思想與知識,促進科學與文化交流。綜觀出版品國際交換的歷史軌跡,可歸納分爲三個時期。

一、萌芽期

從中世紀歐洲起源的手稿交換,到 1867 年美國司密遜學院(Smithsonian Institution)成爲美國官方國際交換機構,期間幾世紀之久,可稱爲「萌芽期」。

在這段萌芽期中,系統化國際交換首先由大學學位論文開始,隨文藝復興因運而生。17 世紀時,首次產生「複本交換」範例(由法國國王路易十四於 1694 年建立)。18 世紀前半,大規模的學位論文交換是歐洲大學之間重要的互動;18 世紀末,學術交換跨越歐洲傳入美國。19 世紀時,出版品國際交換分兩個方向發展。學位論文方面,在德國建立了第一個博士論文的交換組織(1817);複本交換則有法國人亞歷山大‧瓦特馬賀(Alexandre Vattemare)在歐洲倡導不遺餘力(1830-1839)。1839 年瓦特馬賀更進一步赴美宣揚出版品國際交換理念,不僅建構起歐洲與美國複本交換的橋樑,同時也開啓了美國官方出版品國際交換之門。

然美國在官方出版品交換尚未系統化之前，已先由學術機構司密遜學院於 1849 年發展「國際交換服務」，為國內各機構提供與外國交換出版品的管道。由於司密遜學院的國際交換系統運作成功，1867 年由美國國會立法通過，正式成為美國官方國際交換機構，與國會圖書館共同承擔官方出版品國際交換任務。（由司密遜學院運送出版品，國會圖書館典藏外國交換之出版品。）

二、開創期

從美國司密遜學院成為官方國際交換機構，到 1958 年聯合國教科文組織（UNESCO：United Nations Educational, Scientific and Cultural Organization，簡稱「聯教組織」））通過兩項新的交換公約，期間經歷第一個全球國際交換公約 —— 布魯塞爾公約（The Brussels Conventions）制定完成（1886 年），奠定近代的國際交換系統運作基礎，以及第二次世界大戰後的重建工作，使各國對資料的需求甚殷，故此約 90 年期間，可視為出版品國際交換的「開創期」。

1867 年的立法，象徵美國官方對出版品國際交換的重視，之後積極與世界各國聯繫，力促各國設立交換機構，進行出版品交換，中美第一次出版品交換（1869 年）即因此誕生。到了 1880 年代，更由國會圖書館發起，與歐洲 7 個國家共商制定全球國際交換公約，藉以解決各國共同面臨的問題，期讓國際交換事宜有統一的規範可循，遂於 1886 年完成布魯塞爾公約（The Brussels Conventions）的制定，確立近代系統化國際交換運作模式。該公約設計「交換局」作為各國的國家交換機關，即以美國的國際交換系統為典範。

由於司密遜學院代表美國積極與世界各國聯繫，更力促各國

設立交換局負責，1905 年終於開啟與中國建立系統化出版品交換之門，中國因此成立了第一個交換機關 —— 換書局。簡言之，出版品國際交換雖起源於歐洲，但卻由美國發揚光大，促使邁向新里程，尤其是官方出版品的交換，美國更可謂為先驅。

三、穩定期

布魯塞爾公約是第一個全球國際交換公約，立意雖好，惟理想過高，執行效果未如預期。致使 20 世紀時，另由聯教組織發起，於 1958 年第十屆聯教組織大會通過兩項新公約：出版品國際交換公約（Convention 1: Convention Concerning the International Exchange of Publications） 和 官方出版品與公牘國際交換公約（Convention 2: Convention Concerning the Exchange of Official Publications and Government Documents Between States），是現代唯一的全球國際交換公約（合稱「聯合國教科文組織交換公約」）。該公約完全整合交換實況，涵括官方出版品和非官方出版品的交換規定。出版品國際交換發展至此已頗完備，甚至被列入國家圖書館的任務。[1]故現代的出版品國際交換可說是處於「穩定期」。

綜合以上三個時期，簡要的出版品國際交換演進軌跡如圖：12-1 所示。

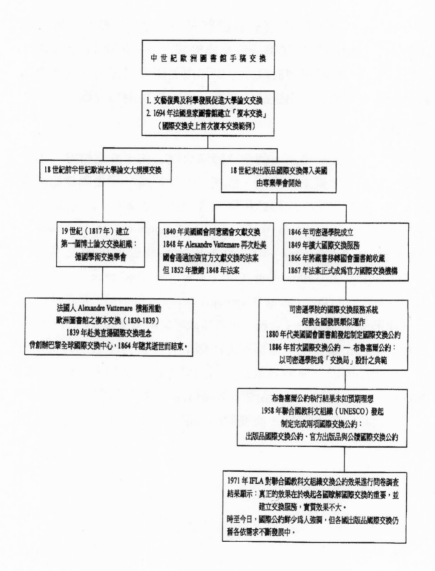

圖：12-1 出版品國際交換歷史軌跡簡圖

第二節　出版品國際交換實況

　　出版品國際交換從學術出版品與圖書館的複本開始，原本並未有正式的協定為基礎，逐步發展興起國際公約的訂定，而今日從事國際交換的機構擁有相當自主權，依實際需要進行。關於出版品國際交換實況，歸納三點結論說明之。

一、國際交換公約的效果

　　國際圖書館協會聯盟（IFLA：International Federation of Library Associations and Institutions）的出版品交換委員會（Committee on the Exchange of Publications）與官方出版品委員會（Committee for Official Publications）曾於 1971 年進行一項問卷調查，希望能瞭解聯合國教科文組織交換公約的效果。調查結果揭示了兩項重點：對國際交換進步而發達的國家而言，即使沒有任何公約，一切仍舊順暢進行；而開發中國家既不完全清楚公約的存在和內容，更不瞭解加入公約的好處。不過比較聯教組織兩項交換公約的效果，官方出版品與公牘國際交換公約影響較大。因為許多國家依據第三條條文訂雙邊協定進行官方出版品交換，甚至有批准加入公約的國家，為履行責任，另增訂新法規配合，足見國家法令規章的支持對執行出版品國際交換的助益。

　　在出版品國際交換實務中，圖書館或研究機構彼此間的雙邊協議是最直接有效的方式，而政府雙邊協定又較國際多邊公約實際，然國際交換公約具有四項不容忽視的意義：

　　第一、制定了國際交換準則；

　　第二、在交換領域中，促使政府間擴大合作的意願；

　　第三、雙邊協議多依據國際交換公約而來，採用其中最重要

的條款；

第四、對加強教育、科學、文化領域的國際合作，貢獻良多。

換言之，國際交換公約在於喚起各國瞭解國際交換的重要，進而建立交換服務系統，可視為一項「基礎」，提供各締約國設立或指定交換機關的法源依據。同時對於還未發展國際交換的國家而言，有經驗的標準可循。以官方出版品交換來看，既能省去外交途徑簽訂雙邊協定的麻煩，又因公約賦予國家交換中心合法權力，主動徵集官方出版品，有助於達成理想目標。

二、交換組織的模式

IFLA 的出版品交換委員會曾力倡交換組織的標準模式，但因各國有不同的習慣與程序，故未有統一標準。原則交換應著重在不易購買的書籍，如學術機構和政府機構出版品，因此交換雖可視為書籍採訪的一種管道，但二者的實際作業程序並不相同，最好能有單獨的部門或機構專門處理交換事宜，才能和採購有所區別，同時兼顧自己和交換對象的利益。

不同的交換組織模式，形成不同的運作方式，如美國與我國的出版品國際交換起源不同，形成不同的組織模式，對交換運作的安排便不相同。美國國會圖書館為發展成國家圖書館，注重館藏建設，視交換為採訪的管道之一，加強外國文獻的蒐集，故對交換運作的分工以「區域」為基礎，輔以「語言」劃分。我國成立第一個國家交換機關是為加入國際交換公約，故著重於公約精神的發揮，且因歷史因素，使運作分工以「出版品流向」為準，分為「收入」和「輸出」兩部分。

不論交換組織採取何種模式，實際的運作內容均涵括書信聯繫、出版品的處理以及包裝寄發三大工作項目，內容至為繁瑣。

三、交換的意義與原則

　　本章一開始即指出交換出版品真正的意義，在於藉「出版品交流」，傳播思想與知識，促進科學與文化之交流。然「採訪」與「交換」同為出版品流通的方式，二者主要差別在於交換的特點：解決無法購買的難題、補充購買之不足、特殊專門資料與灰色文獻的蒐集；此亦為交換存在的價值。因此，用以交換的資源以政府出版品及學術出版品為主。

　　既然交換的意義在於傳播思想與知識，非營利目的，又與採訪有別，故不能僅從經濟效益層面考量。在實際工作時，應基於「互惠」、「慷慨」的信念，以「質」、「量」並重互取所需，可不嚴格計算交換的值或量是否均等，甚至將「贈送」包括在內。惟「互惠」、「慷慨」仍有原則可循，可以四種方式衡量：等量交換（piece-for-piece exchange）、等值交換（priced exchange）、計頁交換（page-for-page exchange），以及綜合前三項原則的「開放式交換」（open exchange），不逐次計算交換平衡，僅尋求常期的平衡。

　　值得注意的是，交換中心應實際發揮交換的意義，定位於「促進資訊交流」的中心，研擬各種方案加強交流，而不僅是出版品運輸的工作站。

　　綜合世界出版品國際交換的發展軌跡來看，國際交換是實務發展重於理論規範的工作，真正效果有賴交換雙方確實執行約定，故以直接協議最為有效。從布魯塞爾公約到聯合國教科文組織交換公約的經驗得知，集中所有國際交換於一個機構的效果不彰，而且國內各機構出版品集中由國家交換中心轉運的作法，是不符合經濟效益的。故國際交換公約僅具時代意義，為促進各國瞭解國際交換的重要，進而建立交換服務系統。

第三節　資訊時代的展望

　　1970 年至 1980 年，美國圖書館自動化的應用使圖書館的工作方式產生巨大變化。當前資訊網路快速發展，特別是全球網際網路，很可能使圖書館在今後 10 年中又要發生重大變革。[2]值此資訊傳遞方式改變之際，圖書館正走向「無牆的圖書館」、「虛擬圖書館」時代，出版品國際交換的存在價值如何？是否該因應時代而調整角色與定位？筆者認為，儘管電子通訊技術發達且進步快速，但以實體出版書籍的方式（包括傳統紙本或新式光碟等媒體製作的書籍）並不會被完全取代，因此傳統的出版品國際交換仍有存在必要，惟如何藉助科技之力，改善工作環境，提昇效率及效果，為一項重點。另如何利用網路技術拓展出版品國際交換環境，為另一個思考方向。筆者謹就實際從事國際交換的經驗與研究心得，以國家圖書館（以下簡稱國圖）為例，提出建設「國際交換資訊中心」之初步構想，從理念與技術層面闡述，同時提出對國際交換基礎建設的幾點看法，探討未來出版品國際交換發展的方向。

一、國際交換資訊中心

　　國際交換資訊中心的設計構想，從七方面說明之。

（一）善用電腦科技，健全資訊管理系統

　　完整的交換資訊資料庫是建構「國際交換資訊中心」的基礎，尤其出版品國際交換實務非常繁瑣，若未能將工作項目分類，予以系統化處理，實難有效進行。拜電腦科技之賜，設計完全的自動化作業系統為重要輔助工具，誠屬必要。國圖出版品國際交換

處（簡稱交換處）已開發完成第一套電腦資訊管理系統（簡稱「交換作業系統」），不僅減輕不必要的勞力浪費，更清楚記錄各種交換資訊，未來應善用電腦功能輔助，活用各種交換資訊，例如加強交換資訊的統計分析，確實掌握國際交換脈動，促進實質均衡的交換，並研擬各項計畫加強交換。此外，確實利用已開發的功能，加強查核資料的正確與否，如交換單位問卷調查、國外交換資料的補缺等，應主動積極聯繫。基礎工作確實之後，再繼續開發輔助拓展交換關係的新功能。

由於網路科技發達，資訊傳播一日千里，在基礎電腦資訊管理系統健全之後，應繼續開發資料庫與網際網路整合系統，讓經由自動化作業系統產生的資訊，直接透過網際網路傳送出去，改進傳統書信聯繫方式，不僅節省印刷費、郵費及發函、回函人工處理等相關成本，亦使資訊傳遞更為便捷。另一方面，開放國際交換資訊供各界查詢利用，如交換單位最新資訊、國外交換書刊資訊等。誠如前述，若要集中全國所有出版品交換於一機構是不切實際的作法，然而國圖擁有豐富的出版品國際交換經驗與資訊，應可輔導國內其他機構從事該方面的交流，而非如傳統作法，將其他機構的出版品完全吸收由國圖轉寄或交換。

(二) 建立交換機構基礎資訊網

本書第二章第一節說明交換中心的功能時，首先述及「提供交換資訊」協助國內機構與國外進行交換，其具體方法是編製國內外學術機構錄。1957 年印度洋太平洋區域出版品國際交換研討會曾提出六種國際交換工具書 [3]，其中包括「學術機構概覽」和「學術機構出版品目錄」，筆者將二者合併為「學術機構錄」。有此工具書，才能使各國瞭解彼此國內的學術機構與出版資訊，

讓各機構直接視需要進行個別交換，如此才能擴大層面，形成國際交換網，真正達到促進知識與文化交流的目的。

從技術面來說，應開發「國內學術機構錄編製系統」。首先由國圖設計機構錄內容架構，如各機構簡介、歷史沿革、出版品目錄、交換聯繫方式等基礎資訊項目，運用電腦技術於網路上架設「學術機構錄編製系統」，請各機構直接鍵入資料，再由國圖將初步資料整理編輯，編製完成學術機構錄；除可將資料輸出，以傳統紙本形式印製外，亦可讓資訊於網路上流通，故應進一步設計檢索功能，提供查詢者便利的使用介面。基本機構錄編製完成後，應定期修訂，因此提供各機構於網路上自行維護資料的功能，仍由國圖確認編輯後發布。如此運用電腦與網路技術，整合所有工作，簡化流程，提昇效率及效果。

(三) 編製一般圖書交換目錄

目前國圖仍採用傳統圖書交換作法，由收集圖書、整理建檔、編印目錄等程序印製圖書交換書單，之後再寄發交換單位挑選，收到回覆後分配處理，並將出版品寄發。[4] 這樣的處理程序，實可運用網路技術與資源加以改進，說明如下：

國圖的「全國新書資訊網」[5]（以下簡稱 ISBN 系統），是發布國內新出版圖書消息之資訊系統，凡申請國際標準書號（ISBN：International Standard Book Number）[6] 的新書資料，均納入該系統資料庫，可透過網路檢索查詢利用，是非常重要而具價值的資訊系統。交換處應開發新系統功能，可連線 ISBN 系統，查詢選擇交換書目並下載資料，再重新予以編輯，如增添英文書名翻譯等書單必備資訊。書單藉由系統編製完成後，直接經由網路傳送出去，再設計與「學術機構錄編製系統」類似功能，由交換單位於

收到書單時，直接在網路上圈選所需並傳送回來。傳回來的交換單位圈選紀錄可直接載入交換作業系統，由系統接續出版品分配寄發處理。這樣的作法有幾項好處：

1.**書訊完整正確，避免重複建檔**：選用 ISBN 新書資訊，資料範圍新而完整，且該書訊乃經專業人員預行編目，資料正確清晰。利用資料下載，資源共享，可節省重複建檔的人力。

2.**網路傳遞便捷，降低處理成本並提昇效率**：書單經由交換作業系統產生後直接透過網路傳遞，節省傳統書信印刷郵遞成本；交換單位於網路上直接圈選所需，紀錄下載交換作業系統，節省回覆處理時的人工建檔，使工作程序更簡便，降低總成本。

(四) 推廣出版品國際交換理念，加強政府出版品交換

出版品國際交換本應著重於不易購買的出版品，尤其是政府出版品，更何況國際交換是取得國外政府出版品最便捷的管道。國圖身為國家機構，理應以政府出版品交換為優先。美國國會圖書館在此方面做得很好，乃因美國建構完整的政府出版品統一管理制度，可提供豐富的交換資源。我國政府出版品管理制度與美國不同，在徵集政府出版品時較為困難，尤其國內對政府出版品國際交換的觀念並不清楚，加上各機關其他主客觀因素限制，能配合的程度不高。[7]因此建議加強宣導出版品國際交換理念，並促請各出版機關配合。

從作業處理技術面來看政府出版品國際交換，目前已能運用上述第三點「編製一般圖書交換目錄」擷取 ISBN 系統資料的概念，連線國圖「中華民國政府出版品目錄系統」下載擬徵集的官書資料 [8]，惟進一步於網路直接傳送書單並回覆之功能，正待於新系統（交換處資訊管理系統）功能中開發。新系統預計於民國

88 年 12 月 1 日完成。

(五) 汰舊換新，加強交換期刊品質；編製交換期刊目錄

期刊交換方面與圖書之作法不同，並未編製交換期刊目錄供國外機構挑選，而是由交換處主動挑選機構分配期刊，這樣作法的原因之一是交換期刊有四百餘種，若編製成目錄寄發，實不經濟。[9] 隨網路資訊進步，可於此方面有所改進。

由於期刊屬連續性質，以往為使交換單位收藏完整，一旦列入交換期刊，則很少主動停止，除非停刊或贈送單位停贈。然在經費有限且書刊價格逐年上漲的情況下，該如何維持期刊交換是項難題。因應之道，除加強調查交換單位的實際期刊需求外，更應加強檢視交換期刊的品質，一旦發覺品質衰退的不適當期刊，即刻予以刪除。除此之外，依據上述第一點說明，加強均衡交換關係的查核是非常重要的；如果發覺交換單位所提供的書刊，不論品質或數量，均和國圖所提供者懸殊過大，則考慮停止訂購期刊交換，可請其自行訂購。筆者相信各單位均有其政策與經費，可對館藏需求作適當的調整。若從促進知識與文化交流的角度來看，期刊交換應與圖書作法相同，定期增添新的交換內容，但在資源有限的情況下，若原有期刊不「汰舊」，則很難納入新期刊。

至於如何增添新出版優良期刊，可依循國內圖書作法，定期查尋出版資訊，以友善交換單位為優先交換對象，如此才能使新資訊不斷擴充傳播，出版品交換亦更受重視。關於期刊資訊方面，國圖正邁向「全國期刊文獻中心」發展，目前已開發諸多系統，提供完善的期刊利用服務[10]，其中有「中華民國出版期刊指南系統」，可從新創期刊、得獎期刊、電子期刊等不同角度瀏覽檢索，相當完備，交換處可藉以查詢期刊資訊，定期編製交換期刊，助

益頗大。至於改進目錄紙本寄發不便，技術上一如前述資源分享概念，可洽商原資料庫開發單位，同意將編製完成的目錄置放於網站上，供各交換單位隨時查詢，以便於協議交換內容。如此既可解決未編製交換期刊目錄的問題，又可改善主動分配交換期刊及其他交換事宜之困擾。

(六) 加強交換作業的採訪功能

國圖交換處與採訪組是兩個平行分立的單位，這樣的組織模式，頗符合 IFLA 所倡導交換應有單獨的部門，與採購有所區別，同時兼顧自己和交換對象的利益。然而國圖長久以來在出版品輸出方面做得很好，選用交換的出版品頗具水準，提供國外許多優良書刊，對「文化輸出」貢獻良多，惟收入國外書刊方面，因交換處職權內不具採訪功能，故很少積極主動。

儘管國際交換應本著「慷慨」、「互惠」的信念，並不要求「完全平衡的交換」，但仍應是「彼此尊重的交換」，因此在加強交換單位數量成長之餘，更應注意交換品質的提升，尤其不能忽略交換的特色 —— 具備獲取難得書刊的採訪功能，始能真正達到促進知識與科學交流的意義，未來應加強國外書刊的主動採訪，但限於職權，應由交換處與採訪組共同合作。一方面由交換處加強交換聯繫，促請國外機構提供交換書目，並依上述第一點建議（利用電腦資訊系統功能輔助），確實查核交換資料往來情況，加強實質均衡的交換關係，如此才能「互取所需」，真正符合慷慨互惠的精神。另一方面請採訪組提供館藏需求書目，主動積極向國外交換單位徵求書刊。所有交換書刊紀錄可與第二點國外交換機構基礎資訊結合，提供國內各界查詢利用，以達「國際交換資訊」公開。

(七) 善用庫存資源，推動複本國內交換

由國圖交換處的運作可知，經由國際交換處理後剩餘的國內書刊列入庫存管理，但目前礙於人力，這些庫存資源未能充分運用。[11] 若能依前述構想開發國際交換資料庫與網際網路整合系統，則可將庫存書目一併開放國內圖書館查詢索取，有效利用這些優良書刊，甚至可進一步請國內圖書館進行複本交換。另外還有一種在國際交換過程所產生的剩餘書刊，主要原因是國外機構主動寄來書刊，但卻不符合國圖館藏，或為複本，此類資訊亦可經由網路發布，供國內其他圖書館利用。

以上七點僅為建設「國際交換資訊中心」的基本構想，主要理念是如何在資訊時代利用科技協助交換工作進行，並讓資訊能使更多人利用。此乃本書對國際交換資訊中心之界定。至於實際實行所可能遭遇的問題，如與其他單位的合作洽商等，以及利用資訊科技擴充現有業務範圍的構想，不於此詳述。筆者認為，如果從事交換的機構均能建構類此資訊中心，應能使彼此之交換運作更順暢確實。

二、對國際交換基礎建設的看法

「科技」是促進工作進步的良好工具，但「人的智慧」是不容忽視的基礎。如果對工作的本質未能深入瞭解，恐難懂得如何運用科技予以協助。因此，最後提出幾點與出版品國際交換基礎有關的看法，期能對日後出版品國際交換事業發展有所助益。

(一) 國家交換中心的定位與功能

綜觀全書研究可知，出版品國際交換不僅止是採訪功能之一，更重要的意義是促進知識與文化的交流。各國應設立國家交

換中心，通常由國家圖書館設置，但所擔負的任務除政府出版品的國際交換之外，還應有協助國內機構與國外交流之功能。所謂的「協助」，絕不是全國出版品國際交換的「轉運中心」，而是居於「宏觀」的角度，建立交換運作典範，提供各類交換資訊，協助國內各機構與國外直接進行交換聯繫（此乃何以要編製學術機構錄之用意也），更進而引導文化交流之發展。

上述概念，早於 1958 年的聯合國教科文組織交換公約中確定。因此，IFLA 所倡導的交換組織模式，是設立單獨的部門，與採購有所區別；國圖單獨設立出版品國際交換處，其職掌除了辦理國際交換工作之外，還包括參加國際書展、舉辦國際會議、國際文教單位人員互訪安排等，全面著手文化交流事宜，是頗適當的設計。若從國圖掌理全國圖書館事業之研究發展與輔導的角度來看，出版品國際交換既是圖書館事業之一，自屬於研究與輔導之項目。歷年來由國圖舉辦圖書館事業之各項主題的研習會、國內（際）研討會不計其數，唯獨不見與出版品國際交換相關者。建議從加強國內各圖書館從事交換人員之交流著手，分享經驗並凝聚共識，協調整合國內各機構之國際交換工作，進而開拓我國出版品國際交換事業之發展。這樣的基礎協調與整合確立後，方能集合眾人之智慧，共謀資訊技術之運用協助，開拓更廣闊的國際交換環境。

(二) 國際交換人員的訓練

1.加強「採訪」訓練：眾所周知，藏書是圖書館的主要財富，也是圖書館開展有效工作的首要條件，因此採訪工作人員的重要性可想而知。國際交換既可視為採訪的管道之一，則從事國際交換人員也應受採訪訓練，更懂得如何利用外國文獻經由交換管道

來充實館藏。

2.**充實廣博的知識與學識**：除此之外，從事國際交換人員應具備多方面的素養，如國際觀、通曉國際政治、文化等，同時還有外語能力，並能跟上國外圖書市場變化萬千的行情，甚至版權問題等，充實廣博的知識與學識。[12] 在業務聯繫方面，除語言能力之基本要求外，更要熟知本身業務及國外機構的運作，才能做好與外國圖書館、學術團體之間的聯繫。

3.**派送人員訪問，加強交換友誼**：出版品國際交換的效果有賴交換雙方均有健全的交換安排，派員拜訪不僅可瞭解實際情況，依需要調整交換安排，更有助於促進良好關係。以美國加州柏克萊大學為例，該校東亞圖書館為國圖重要的交換單位，其副館長曾多次到館訪問，而國圖亦由因公奉派出國人員藉機參訪，建立熟稔基礎。1997 年 7 月初，筆者奉派辦理國際書展，藉便參訪，由東亞圖書館副館長安排與交換負責人洽談，溝通瞭解彼此對出版品交換的作法，盼能加強日後聯繫。經由該次溝通，輔以東亞圖書館副館長協助，國圖常收到該校大學出版品目錄作為交換書目，並告知其願盡力訂購書刊交換。

由美國出版品國際交換歷史可知，在國外舉行書展是美國於二十世紀所發展出「文化交換」的一種方式[13]。國圖交換處目前亦有「國際書展」業務，挑選國內新出版圖書參加國外重要國際書展，展後將圖書贈送當地重要圖書館，以國圖交換單位為主，故可視為國際交換的另一種方式。國圖應可善用該管道，加強訓練奉派出國辦理書展人員的出版品國際交換觀念， 藉以協助和交換單位洽談，增進出版品交換友誼。

【注釋】

1. 參見本書前言。

2. Terry Ryan 演講,焦仁康節譯:〈Internet 對情報傳遞的影響〉,《上海高校圖書情報學刊》(季刊)1997 年第 1 期(總號第 25 期),頁 59。

3. 參閱第一章〈第三節 研究成果評介〉,頁 14。

4. 參閱第九章第一節之「三、國內圖書」說明,頁 233-236。

5. 全國新書資訊網可由國圖全球資訊網(http://www.ncl.edu.tw)點選進入,或直接進入網址 http://lib.ncl.edu.tw/isbn/。

6. 國際標準書號是國際通用的出版品代碼,1972 年由國際標準組織制訂爲國際標準 ISO-2108。具有辨識性與獨一性,適用於電腦管理作業。每個 ISBN 由四組十位數字所組成,四組間以連字符號"-" 分隔,第一組代表國家(地區)或語文;第二組代表出版者;第三組代表書名;第四組爲檢查號。ISBN 一般印在圖書等出版品較明顯的位置,如版權頁及封底下方,或合套等包裝物上。我國於民國 80 年,由中央標準局訂定爲 CNS 10864 Z7212 號中華民國國家標準。見李莉茜:《國際標準書號與出版品預行編目研究》(台北:文華圖書館管理資訊公司,民國 85 年 4 月),頁 6。

7. 參閱第十一章〈第四節 政府出版品管理之比較〉之「四、國際交換」,頁 295-296。

8. 參閱第九章〈第二節 國際交換自動化 —— 出版品國際交換資訊管理系統〉之「政府出版品徵集作業」說明,頁 249-250。

9. 參閱第九章〈第一節 基本工作項目與方法〉之「國內期刊」說明不經濟的兩個原因,頁 237。

10.參閱吳碧娟:〈十二年來的期刊服務 —— 邁向「全國期刊文獻中心」〉,《國家圖書館館訊》88 年第 1 期(總號第 79 期,民國 88 年

2 月），頁 12-15。

11.參閱第九章〈第一節 基本工作項目與方法〉，頁 237。

12.鮑理斯‧P‧卡涅夫斯基:〈圖書館交換工作人員在職訓練問題研究 ── 業務要求與訓練問題〉,《國際圖書館協會聯合會第 48 屆至 50 屆大會論文選譯》（北京：書目文獻出版社，1987 年 4 月），頁 284。

13.參閱第五章〈第二節 三種不同類型的國際交換〉，頁 110。

引用與參考文獻

一、中文部分

(一)專書、論文集

1. 丁致聘編纂。中國近七十年來教育記事。台北。台灣商務印書館。民國 59 年 8 月。台二版。

2. 方　豪。方豪六十自定稿。台北。台灣學生書局 (總經銷)。民國 58 年 6 月。

3. ………。中西交通史。台北。中國文化大學出版部。民國 72 年 12 月。新一版。

4. 文化部圖書館局科教處等編。國際圖書館協會聯合會第 48 屆至 50 屆大會論文選譯。北京。書目文獻出版社。1987 年 4 月。

5. 文化部圖書館事業管理局科教處編。世界圖書館事業資料匯編。北京。書目文獻出版社。1990 年 10 月。

6. 王振鵠。圖書選擇法。台北。國立台灣師範大學圖書館。民國 61 年 10 月。

7. 中央通訊社編。世界年鑑。台北。編者。民國 83 年。

8. 中國科學院文獻情報中心編輯。中國科學院第十次圖書館學情報學科學討論會文集。北京。編者。1998 年 4 月。

9. 中國科學院圖書館研究輔導部編輯。第 47 屆國際圖書館協會聯合會大會論文譯文集。北京。中國科學院圖書館。1982 年 4 月。

10. 中國第二歷史檔案館編。中華民國史檔案資料匯編第三輯文化。南京。江蘇古籍出版社。1991 年 6 月。

11.中華民國外交部禮賓司編。世界各國簡介暨政府首長名冊(88)。台

北。外交部。民國 88 年 5 月。

12.布林頓、克里斯多夫、吳爾夫著，劉景輝譯。西洋文化史。台北。
台灣學生書局。民國 81 年 9 月。

13.弗朗斯‧范維卡爾登編，王培章譯。國際出版物交換手冊(第 4 版)。
北京。中國對外翻譯出版公司。1988 年 8 月。

14.北京圖書館編。民國時期總書目：宗教分冊。北京。書目文獻出
版社。1994 年 12 月。

15.北京圖書館業務研究委員會編。北京圖書館館史資料匯編(1909-
1949)。北京。書目文獻出版社。1992 年 10 月。

16.台灣中華書局、美國大英百科全書聯合編譯。簡明大英百科全書
中文版。台北。台灣中華書局。民國 77 年 3 月—78 年 10 月。

17.朱謙之。中國哲學對歐洲的影響。福州。福建人民出版社。1985
年 6 月。

18.行政院研究發展考核委員會編。政府出版品寄存圖書館作業手冊。
台北。編者。民國 82 年 11 月。

19.李筱眉。出版品國際交換。台北。文華圖書館管理資訊公司。民
國 87 年 12 月。

20.李莉茜。國際標準書號與出版品預行編目研究。台北。文華圖書
館管理資訊公司。民國 85 年 4 月。

21.何高濟、王遵仲、李申合譯。利瑪竇中國札記。北京。中華書局。
1983 年 3 月。

22.邵文杰等編著。北京圖書館與俄美等國家圖書館。北京。書目文
獻出版社。1994 年 12 月。

23.周文駿。文獻交流引論。北京。書目文獻出版社。1986 年 7 月。

24.周慶山。文獻傳播學。北京。書目文獻出版社。1997 年 4 月。

25.胡述兆總編輯，國立編譯館主編。圖書館學與資訊科學大辭典。

台北。漢美圖書公司。民國 84 年 12 月。

26.胡述兆、吳祖善。**圖書館學導論**。台北。漢美圖書公司。1989 年 10 月。

27.約翰·Y·稱爾編，姜炳炘、李家喬等譯。**美國國會圖書館展望**。北京。書目文獻出版社。1987 年 4 月。

28.高振鐸主編。**古籍知識手冊**。濟南。山東教育出版社。1988 年 12 月。

29.徐友春主編。民國人物大辭典。石家莊。河北人民出版社。1991 年 5 月。

30.徐宗澤編著。明清間耶穌會士譯者提要。台北。台灣中華書局。民國 47 年 3 月。台一版。

31.許明龍主編。中西文化交流先驅。北京。東方出版社。1993 月 12 月。

32.理查德·克爾齊斯、加斯頓·利頓著，周俊譯。**世界圖書館事業——比較研究**。北京。書目文獻出版社。1990 年 10 月。

33.教育部參事室編。**教育法令**。上海。中華書局。民國 36 年 7 月。再版。

34.張錦郎、黃淵泉編。中國近六十年來圖書館事業大事記。台北。台灣商務印書館。民國 63 年 8 月。

35.國立中央圖書館編。國立中央圖書館工作手冊。台北。編者。民國 74 年 8 月。

36.………………。邀您共享一席豐碩的知識盛宴——國立中央圖書館概況。台北。編者。民國 77 年 2 月。

37.………………。政府出版品管理及利用文獻選輯。台北。編者。民國 79 年 5 月。

38.國立中央圖書館出版品國際交換處擬訂。如何加強我國出版品國際交換工作。民國 68 年 6 月。

39.國家圖書館編。國家圖書館人事服務手冊。台北。編者。民國 87

年 6 月。

40. 黃國琴。圖書館出版品交換工作的探討。私立中國文化大學史學研究所圖書文物組，碩士論文。民國 79 年 6 月。

41. 彭斐章主編。中外圖書交流史。長沙。湖南教育出版社。1998 年 6 月。（季羨林總主編中外文化交流史叢書）。

42. 費賴之著，馮承鈞譯。入華耶穌會士列傳。上海。商務印書館。民國 27 年 6 月。

43. 鄒華享、施金炎編著。中國近現代圖書館事業大事記（1840-1987）。長沙。湖南人民出版社。1988 年 12 月。

44. 榮振華著，耿昇譯。在華耶穌會士列傳及書目補編。北京。中華書局。1995 年 1 月。中外關係史名著叢書。

45. 圖書館學百科全書編委會編。圖書館學百科全書。北京。中國大百科全書出版社。1993 年 8 月。

46. 劉壽林等編。民國職官年表。北京。中華書局。1995 年 8 月。

47. 錢存訓。中美書緣。台北。文華圖書館管理資訊公司。民國 87 年 8 月。

48. 薛理桂主編。比較圖書館學導論。台北。台灣學生書局。民國 83 年 5 月。

49. 鍾守真編著。比較圖書館學引論。天津。南開大學出版社。1993 年 11 月。

50. 邊春光主編。編輯實用百科全書。北京。中國書籍出版社。1994 年 12 月。

51. 嚴文郁。美國圖書館名人略傳。台北。文史哲出版社。民國 87 年 10 月。

52. 嚴鼎忠。國立北平圖書館之研究——清宣統元年至民國三十八年。台北。中國文化大學史學研究所碩士論文。民國 80 年 6 月。

(二)單篇論文

53.方　豪。〈明季西書七千部流入中國考〉。方豪六十自定稿。台北。台灣學生書局。民國 58 年 6 月。

54.王　岫（王錫璋）。〈細述國家圖書館的功能〉。中國論壇。第 284 期。民國 76 年 7 月 25 日。

55.王省吾、丁德風。〈出席印度洋太平洋區域出版品國際交換研討會報告〉。教育與文化。170 期。民國 47 年 3 月 27 日。

56.王振鵠。〈比較圖書館學導論序〉。比較圖書館學導論（薛理桂主編）。台北。台灣學生書局。民國 83 年 5 月。

57.王慶余。〈利瑪竇攜物考〉。中外關係史論叢。第 1 輯。1985 年 2 月。

58.甘居正。〈美國政府出版品管理制度〉。政府出版品管理及利用文獻選輯。台北。國立中央圖書館。民國 79 年 5 月。

59.史靜寰。〈談明清之際入華耶穌會士的學術傳教〉。內蒙古師大學報（哲學社會科學版）。1983 年第 3 期。

60.羽離子。〈歐洲人在中國建立的早期的西文圖書館〉。廣東圖書館學刊。1987 年 3 期。1987 年 9 月。

61.⋯⋯⋯⋯。〈東西方文化交流史上的空前壯舉—1618 年歐洲萬餘部圖書移贈中國始末〉。黑龍江圖書館。1990 年 3 期。1990 年 5 月。

62.汪雁秋。〈圖書交換與文化交流〉。第一次全國圖書館業務會議紀要。台北。國立中央圖書館。民國 69 年 9 月。

63.⋯⋯⋯⋯。〈如何加強我國出版品國際交換工作〉。國立中央圖書館館刊。新 13 卷 2 期。民國 69 年 12 月。

64.⋯⋯⋯⋯。〈文化交流—國立中央圖書館的出版品國際交換工作〉。國立中央圖書館館刊。新 26 卷 1 期。民國 82 年 4 月。

65.汪雁秋、薛吉雄、游恂皇。〈國立中央圖書館出版品國際交換處工

作概況〉。收在圖書館資源與國際交流。台北。中國圖書館學
會第 36 屆年會專題討論參考資料。民國 77 年 12 月。

66.宋建成。〈政府及圖書館合作管理官書〉。收在政府出版品管理及
利用研討會論文集。台北。國立中央圖書館。民國 80 年 12
月。

67.李貴譯。〈漫談美國圖書交換處始末〉。圖書館學報。第 6 期。民
國 53 年 7 月。

68.李筱眉。〈交換處積極推動自動化作業：建立交換單位暨存書資料
庫〉。國立中央圖書館館訊。新 16 卷第 1 期。民國 83 年 2 月。

69..........。〈交換處利用個人電腦完成國際交換作業自動化雛型〉。
國立中央圖書館館訊。新 16 卷第 4 期。民國 83 年 11 月。

70..........。〈交換處推動行政革新收效大：問卷調查、委外寄書省公
帑〉。國立中央圖書館館訊。85 年第 1 期。民國 85 年 5 月。

71..........。〈國家圖書館文化交流的尖兵—出版品國際交換處近況〉。
國家圖書館館訊。85 年第 2 期。民國 85 年 8 月。

72..........。〈出版品國際交換的利器—出版品國際交換資訊管理系統
簡介〉。國家圖書館館訊。85 年第 3 期。民國 85 年 11 月。

73..........。〈談國家圖書館的出版品國際交換〉（上）（下）。國家圖
書館館訊。87 年第 4 期，88 年第 1 期。民國 87 年 11 月，民
國 88 年 2 月。

74..........。〈出版品國際交換概論與重要公約〉。國家圖書館館刊。87
年第 2 期。民國 87 年 12 月。

75..........。〈談明末清初的中西圖書交流：利瑪竇、金尼閣、白晉之
圖書交流代表史事初探〉。國家圖書館館刊。88 年第 1 期。88
年 6 月。

76.吳美清。〈政府出版品管理及利用之探討〉。書苑季刊。28 期。民

國 85 年 4 月。

77. 吳碧娟。〈十二年來的期刊服務 ── 邁向「全國期刊文獻中心」〉。國家圖書館館訊。88 年第 1 期（總號第 79 期）。民國 88 年 2 月）。

78. 邵文杰。〈美利堅合眾國的國家圖書館〉。收在邵文杰等編著北京圖書館與俄美等國家圖書館。北京。書目文獻出版社。1994 年 12 月。

79. 芭芭拉‧凱爾主講，劉春銀譯。〈政府出版品之管理與利用〉。收在政府出版品管理及利用研討會論文集。台北。國立中央圖書館。民國 80 年 12 月。

80. 金志善。〈我國政府出版品與寄存圖書館〉。書苑季刊。28 期。民國 85 年 4 月。

81. 洪煨蓮（洪業）。〈考利瑪竇的世界地圖〉。禹貢。第 5 卷第 3/4 期合刊。民國 25 年 4 月。（利瑪竇世界地圖專號）。

82. ……………。〈論利瑪竇地圖答鯰澤信太郎學士書〉。禹貢。第 6 卷第 10 期。民國 26 年 1 月。

83. 馬佑真。〈拓展國際書刊交換：與東歐及俄國加強聯繫〉。國立中央圖書館館訊。新 14 卷第 3 期。民國 81 年 8 月。

84. 徐嘉徽。〈管理制度再造革新—政府出版品管理辦法發布施行〉。全國新書資訊月刊。總號第 3 期。民國 88 年 3 月。

85. 黃美智。〈有書自遠方來—民國 83 年本館收到國外交換圖書簡介〉。國立中央圖書館館訊。第 17 卷第 2 期。民國 84 年 5 月。

86. 張東哲。〈研究官書處理問題首先應有的基本認識〉。教育資料科學月刊。1 卷 1 期。民國 59 年 3 月。又收在政府出版品管理及利用文獻選輯。台北。國立中央圖書館。民國 79 年 5 月。

87. 陳申如、朱正誼。〈試論明末清初耶穌會士的歷史作用〉。中國史

研究。1980 年第 2 期。1980 年 6 月。

88.陳昭珍。〈美國政府資訊電子化與政府資訊定址服務系統（GILS）的建置〉。研考雙月刊。第 23 卷第 2 期。民國 88 年 4 月。

89.莊芳榮。〈我國政府出版品管理制度之探討〉。研考月刊。第 134 期。民國 77 年 4 月。又收在政府出版品管理及利用研討會論文集。台北。國立中央圖書館。民國 80 年 12 月。

90.曾濟群。〈國家圖書館的組織體制〉。國立中央圖書館館刊。新 26 卷第 1 期。民國 82 年 6 月。又收在圖書資訊點滴。台北。漢美圖書公司。民國 87 年 7 月。

91..........。〈國家圖書館組織法的立法過程〉。國立中央圖書館館訊。新 18 卷第 1 期。民國 85 年 2 月。

92.辜瑞蘭。〈國立中央圖書館的出版品國際交換工作〉。教育與文化。第 351/352 期合刊。民國 56 年 3 月。

93..........。〈國立中央圖書館出版品國際交換處之工作〉。國立中央圖書館館刊。新 2 卷 2 期。民國 57 年 10 月。

94.喬　彧。〈出版品國際交換概述〉。教育與文化。第 8 卷第 6 期。民國 44 年 7 月 21 日。

95.潘吉星。〈康熙帝與西洋科學〉。自然科學史研究。第 3 卷第 2 期。1984 年。

96.鄭克晟。〈關於明清之際耶穌會士來華的幾個問題〉。南開史學。1981 年 2 期。

97.鄭恆雄。〈我國政府出版品利用的途徑〉。收在政府出版品管理及利用研討會論文集。台北。國立中央圖書館。民國 80 年 12 月。

98.蔡佩玲。〈政府出版品與圖書館〉。書苑季刊。28 期。民國 85 年 4 月。

99.劉春銀編。〈中央圖書館館藏民國 38 年前政府出版品目錄〉。國立

中央圖書館館刊。新 20 卷第 2 期。民國 76 年 12 月。

100.............。〈美國政府印刷局與國家技術資訊服務局之角色與功能探討〉。研考雙月刊。第 23 卷第 2 期。民國 88 年 4 月。

101.謝　方。〈利瑪竇及其中國札記〉。文史知識。1984 年 6 期。1984 年 6 月。

102.薛理桂。〈美國寄存圖書館發展趨勢〉。國家圖書館館刊。86 年第 2 期。民國 86 年 12 月。

103.鍾守真。〈20 世紀 80 年代以來中國比較圖書館學研究綜述〉。圖書情報工作。1995 年第 5 期。1995 年 9 月。

104.魏　鏞。〈建立政府出版品管理之意義〉。收在政府出版品管理及利用文獻選輯。台北。國立中央圖書館。民國 79 年 5 月。

105.蘇　精。〈從換書局到出版品國際交換處——早期中國交換機關小史〉。圖書館學與資訊科學。4 卷 2 期。民國 67 年 10 月。

106.顧　敏。〈圖書館的交換業務〉。教育資料科學月刊。13 卷 4 期。民國 67 年 6 月。

(三)公報‧期刊‧報紙

107.北京印鑄局。政府公報。民國 10 年，17 年。台北。文海出版社影印。

108.國民政府秘書處編輯。中華民國政府公報。民國 14 年，17 年。國史館重印，成文出版社發行。民國 61 年 9 月。

109.外交部編。外交公報。民國 10 年，15 年。台北。文海出版社影印。民國 80 年 1 月。(沈雲龍主編。中國近代史料叢刊三編)。

110.文海出版社編。外交公報總目錄（1– 82 期）。台北。文海出版社影印。民國 80 年 1 月。(沈雲龍主編。中國近代史料叢刊三編)。

111.大學院編。大學院公報。民國 17 年。台北。文海出版社影印。

民國 60 年 3 月。（沈雲龍主編。中國近代史料叢刊續輯）。

112.國立中央圖書館編。國立中央圖書館館刊。第 1 卷第 1 至 4 號。
　　民國 36 年。

113.國立北平圖書館館刊編輯部。國立北平圖書館館刊。第 1 卷至第
　　11 卷 1 期。民國 18 年–26 年。

114.申報。民國 14 年 8 月，9 月；17 年。上海書店影印。1983 年 1 月。

115.大公報。民國 14 年 8 月，9 月，民國 17 年。中國大陸影印。

二、西文部分

（*表網址）

1. Aldrich, Duncan M. "Depository Libraries, the Internet, and the 21st Century." *Journal of Government Information,* Vol.23 No.4 (1996).

2. Allardyce, A. "Recommended Format for International Exchange Lists of Publications. " In *Studies in the International Exchange of Publications*, ed. Peter Genzel. Műnchen, New York etc.: IFLA,1981.

3. *Annual Report of the Librarian Congress* , 1942 - 1996. Washington: United States Government Printing Office,1943 - 1997.

4. Cole, John Y. *JEFFERSON'S LEGACY – A Brief History of the Library of Congress.* Washington, D.C.: The Library of Congress, 1993.

5. Cohen, Monique. "A Point of History: The Chinese books presented to the National Library in Paris by Joachim Bouvet, S.J., in 1697." *Chinese Culture,* Vol. 31 No. 4, December 1990.

6. Conaway James, *The Smithsonian: 150 Years of Adventure, Discovery and Wonder.* Washington D.C.: Smithsonian Institution, 1995.

(＊http://www.150.si.edu/newbook.htm。)

7. Cox, William. "The New Exchange Conventions," *UNESCO Bulletin Libraries,* Vol.15 No.4 (July-August 1961).

8. Day, Dorothy A. *The Exchange of Publications – China and the United States.* A Dissertation submitted to the Faculty of the Graduate Library School in Candidacy for the Degree of Master of Arts, University of Chicago. Chicago, Illinois : The University of Chicago, December 1969.

9. Einhorn, N.R. "The Experience of the Library of Congress (Latin America)." In *The International Exchange of Publications – Proceedings of the European Conference held in Vienna from 24-29 April 1972,* ed. Maria J. Schiltman. Müchen: IFLA, 1973.

10. Farrell, Maggie Parhamovich & Davis, Ric & Dossett, Raeann & Baldwin, Gil. "Electronic Initiatives of the Federal Depository Library Program." *Journal of Government Information,* Vol.23 No.4 (1996).

11.Feltham, R.G.　*Diplomatic Handbook,* 3rd edition, 1980. 台北：中央圖書出版社，民國 73 年。

12.Fung, Margaret Chang. *The Evolving Social Mission of the National Central Library* in *China 1928 – 1966.* Taipei: National Institute for Compilation and Translation, 1994.

13.Genzel, Peter. "The Efficiency of Collective Consignments." In *The* International *Exchange of Publications – Proceedings of the European* Conference *held in Vienna from 24-29 April 1972,* ed. Maria J. Schiltman. Müchen: IFLA, 1973.

14...............".The Section on the Exchange of Publications." *IFLA*

Journal, Vol.5 No.3 (1979).

15. Gombocz, István. "Inquiry into the Execution and Results of UNESCO's Exchange Conventions Fourteen Years after their Adoption." In *The International Exchange of Publications – Proceedings of the European Conference held in Vienna from 24-29 April 1972*, ed. Maria J. Schiltman. Műchen: IFLA, 1973.

16. .... "Economic Aspects of the International Exchange of Publications." *UNESCO Bulletin Libraries* Vol.25 No.5 (September -October 1971).

17. Jablonski, Z. "The Role of International Exchange in the Library system." In *The International Exchange of Publications – Proceedings of the European Conference held in Vienna from 24-29 April 1972*, ed. Maria J. Schiltman. Műchen: IFLA, 1973.

18. Kanevskij, B. P. "The International Exchange of Publications and the Free Flow of Books." *UNESCO Bulletin Libraries* Vol.26 No.3 (May – June 1972)

19. Kile, Barbara G. "The Management and Use of Government Publications." In *Proceedings of Workshop on the Management and Use of Government Publications 1990*. Taipei: National Central Library, 1991。

20. Kipp, Laurence J. *The International Exchange of Publications*. A Report of Programs within the United States Government for Exchange with Latin America. Based upon a Survey Made for the Interdepartmental Committee on Scientific and Cultural Cooperation, under Direction of the Library of Congress. Wakefield, Massachusetts:The Murray Printing Company. (Without the year of

printing)

21.Lane, Alfred H.." *Gifts and Exchange Manual.* Westport, Connecticut: Greenwood Press, 1980.

22.Morehead, Joe. *Introduction to United States Government Information Sources*, 5th edition. Englewood, Colorado: Libraries Unlimited, Inc., 1996.

23.Popov , Vladimir. "Short Surveys of the European Exchange Centres." In *The International Exchange of Publications – Proceedings of the European Conference held in Vienna from 24-29 April 1972*, ed. Maria J. Schiltman. Műchen: IFLA, 1973.

24..................... "The Multilateral UNESCO Exchange Conventions (1958) and Their International Significance." In *Studies in the International Exchange of Publications*, ed.　Peter Genzel. Műchen, New York etc.: IFLA, 1981.

25.Stevens, Robert D. *The Role of the Library of Congress in the International Exchange of Official Publicationsc – A Brief History*. Washington, D.C.: The Library of Congress, 1953.

26.Shiltman, M.J. "The Relation between Inter-library Loan and International Exchange of Publications." In *The International Exchange of Publications – Proceedings of the European Conference held in Vienna from 24-29 April 1972*, ed. Maria J. Schiltman. Műchen: IFLA, 1973.

27.Tsien, Tsuen-hsuin. "First Chinese - American Exchange of Publications." In *Harvard Journal of Asiatic Studies*. Vol. 25 (1964-1965)。

28.UNESCO, Dargent, J.L. *Handbook on the International Exchange of*

Publications, 1ˢᵗ edition. Paris: UNESCO, 1950.

29. UNESCO. *Unesco Handbook of International Exchanges, I 1965.* Paris: UNESCO, 1965.

30. Urquhart, D.J. "Exchanges and Inter-library Lending." In *The International Exchange of Publications – Proceedings of the European Conference held in Vienna from 24-29 April 1972*, ed. Maria J. Schiltman. Müchen: IFLA, 1973.

31. Vanwijngaerden, Frans. *Handbook on the International Exchange of Publications, 4ᵗʰ edition.* Paris: UNESCO, 1978.

32. Williams, Edwin E. *A Serviceable Reservoir – Report of Survey of The United States Book Exchange.* Washington D.C.: The United States Book Exchange, Inc., 1959.

* http://www.150.si.edu/chap1/one.htm。

* http://www.150.si.edu/siarch/guide/intro.htm。

* http://www.150.si.edu/smithexb/sitime.htm。

* http://www.150.si.edu/smithexb/smittime.htm。

* http://www.si.edu/organiza/offices/archive/ihd./jhp/index.htm。

* http://www.si.edu/organiza/ start.htm。

附錄一

布魯塞爾公約 (中文翻譯)*

布魯塞爾公約，1886 年 3 月 18 日

關於公牘、科學、文藝出版品的國際交換公約 A，是比利時、巴西、義大利、葡萄牙、塞爾維亞、西班牙、瑞士和美國於 1886 年 3 月 15 日在布魯塞爾締結的。

國際交換公牘、科學、文藝出版品公約

第 一 條　締約國應各在其國內設立一交換局，以便行使職務。

第 二 條　締約國所贊同交換之出版品如下：

1.公牘：為立法或行政而由各國自行印行者；

2.著作：由各國政府命令發行或由政府出資者。

第 三 條　各國所設立之交換局，應將各出版品編印目錄，以便締約國選擇備用。該目錄應每年修補完竣，並依期送致各締約國之交換局。

第 四 條　各出版品究需若干本方可敷互相求供之用，由各交換局彼此自行酌定。

第 五 條　所有交換事宜，應由各局直接辦理。至各項出版品內容輯要以及一切行政文書、請求書暨回執等，應採用一律之格式。

第 六 條　關於往外運輸，各締約國對於運往地點之包裝、運輸、應付費用，惟由海道輪運時，其運費特訂辦法，規定每國分擔之數。

第 七 條　各交換局以非官立資格為締約國對於學界及文藝與科

　　　　　　　學社團等之媒介，從事接收轉送各國出版品。惟似
　　　　　　　此辦理須知各交換局之職務僅限於將各種互換出版
　　　　　　　品自由轉送。但關於此項轉送不能有何主動行爲。

第　八　條　此項條款，僅適用於本約訂立之後所發行之公牘及出
　　　　　　　版品。

第　九　條　未參與本約之各國得請願加入。此項加入，應用外交
　　　　　　　上手續，通知比京政府，并由比政府轉知其他各簽
　　　　　　　約國。

第　十　條　本約應從速批准，並將批准書在比京互換。自批准文
　　　　　　　書交換之日訂以十年爲期，倘有一國政府不於六個
　　　　　　　月之前宣告廢約，該協約過此期限仍繼續有效。

　　　　　　　各締約國代表特此簽字蓋印，以昭信守。

關於官報與議院紀錄及文牘即時交換的國際交換公約 B，是比利時、巴西、義大利、葡萄牙、塞爾維亞、西班牙、瑞士和美國於 1886 年 3 月 15 日在布魯塞爾締結的。

國際快捷交換官報與議院紀錄及文牘公約

第 一 條　除同日所訂關於國際交換公牘、科學、文藝出版品之協約中第二條所發生之義務應單獨履行外，現各締約政府擔任將其本國所公布之官報暨議院紀錄並文書等一出版時迅即各檢一份寄交各締約國國會。

第 二 條　爲參預本公約之各國得請願加入。此項加入應用外交上手續，通知比京政府，由比京政府轉知其他各簽約國。

第 三 條　本約應從速批准，並將批准書在比京互換。自批准書交換之日起訂以十年爲期，倘有一國政府不於六個月之前宣告廢約，該協約過此期限仍繼續有效。

各締約國代表特此簽字蓋印，以昭信守。

*公約原文見 Vanwijngaerden, Frans, Handbook on the International Exchange of Publications, 4th edition（Paris: UNESCO, 1978），p. 68-70。中文翻譯見中國第二歷史檔案館編：《中華民國史檔案資料匯編》第三輯 文化（南京：江蘇古籍出版社，1991 年 6 月），頁 464；此書收錄「我國加入國際交換出版品公約的文件與資料（1925 年 9-12 月）」乃北洋政府內務部檔案，包括公約的中文翻譯，本書採用之。

附錄二

出版品國際交換公約（中文翻譯）*

關於出版品國際交換公約，於 1958 年 12 月 3 日
在巴黎召開的第十屆聯合國教科文組織大會通過。

第 一 條　**出版品交換**　締約國依據本公約條款，鼓勵並促進政
　　　　　府機構以及非營利性質之非官方教科文組織的出版
　　　　　品交換。

第 二 條　**出版品交換範圍**

　　　　　1.為達成本公約目的，前條所列機構宜交換且不得轉
　　　　　　售之出版品如下：

　　　　　　(1)有關教育、法律、科技、文化與資訊性質之出版
　　　　　　　品，包括圖書、報紙與期刊、地圖與設計圖、版
　　　　　　　畫、攝影相片、微縮複製、樂譜、盲人點字出版
　　　　　　　品及其他圖片資料。

　　　　　　(2)1958 年 12 月 3 日聯合國教科文組織大會採行的
　　　　　　　官方出版品與公牘國際交換公約所規範之出版
　　　　　　　品。

　　　　　2.本公約絕不影響依據 1958 年 12 月 3 日聯合國教科
　　　　　　文組織大會採行的官方出版品與公牘國際交換公約
　　　　　　所執行的交換。

　　　　　3.本公約不適用於機密文獻、非公開的通告和其他資
　　　　　　料。

第 三 條　**交換服務**

1.締約國得授權國家交換服務組織，或無此國家交換
　服務組織時，得授權中央交換機關下列功能，以促
　進本公約第一條所列機構間出版品交換之合作與發
　展：
　(1)促進出版品國際交換，特別是適當情況下傳遞交
　　　換物品。
　(2)提供國內外團體與機構交換建議與資訊。
　(3)適時鼓勵複本交換。
2.然而，當不希望將本公約第一條所列機構間之交換
　合作與發展集中由國家交換服務組織或中央交換機
　關負責時，可授權其他機構執行部分或全部之本條
　第一項所列功能。

第　四　條　**傳遞方法**　有關團體與機構之間的傳遞，或直接進
　　　　　　行，或經由國家交換服務組織或國家交換當局進行。

第　五　條　**運輸費用**　當交換機構之間直接進行傳遞時，不應要
　　　　　　求締約國負擔費用。若經由國家交換當局傳遞時，
　　　　　　締約國應承擔傳遞至目的地的費用，但海運者，只
　　　　　　負擔抵達海關的包裝與運輸費用。

第　六　條　**運輸費率和條件**　締約國應採取必要措施，確保交換
　　　　　　當局享有最有利的現行費率和運輸條件，不論採用
　　　　　　何種運輸工具，郵政、陸路、鐵路、海運或空運。

第　七　條　**關稅及其他便利**　各締約國應依據本公約規定或依據
　　　　　　執行本公約中的任何協定，准予交換當局豁免進出
　　　　　　口資料關稅，並應予通關和其他便利之最優惠待遇。

第　八　條　**交換的國際協調**　為協助聯合國教科文組織實施其章
　　　　　　程所賦予之交換國際協調功能，締約國應寄給該組

織關於實施本公約的年度工作報告和依據第十二條
規定所簽訂的雙邊協定副本。

第 九 條　**資訊和研究**　聯合國教科文組織應出版締約國實施第
八條所提供的資訊，並應準備與出版關於本公約的
工作研究報告。

第 十 條　**聯合國教科文組織的協助**

1.締約國可要求聯合國教科文組織就執行本公約所遭
遇的困難予以技術協助。該組織應在其計畫與資源
範圍內提供協助，特別是關於國家交換服務組織的
創設。

2.聯合國教科文組織有權主動向締約國提出此類問題
的建議。

第十一條　**與既存協定之關係**　本公約不影響公約生效前各締約
國訂立的國際協定。

第十二條　**雙邊協定**　締約國可依其意願或必要另訂雙邊協定，
作爲本公約的補充，並規範因執行公約所衍生的共
同問題。

第十三條　**語文**　本公約以英文、法文、俄文和西班牙文訂定；
四種語文版本具有同等效力。

第十四條　**批准與接受**

1.本公約應由聯合國教科文組織各會員國依其國家憲
法程序批准或接受。

2.批准書或接受書應送交聯合國教科文組織秘書長保
存。

第十五條　**加入**

1.本公約應對聯合國教科文組織執行委員會邀請之非

　　　　　　　會員國開放，供其加入。

　　　　　　2.加入應以送交聯合國教科文組織秘書長加入聲明書
　　　　　　　後生效。

第十六條　**開始生效**　本公約自第三國送存批准書、接受書或加
　　　　　　入聲明書後十二個月開始生效，但效力僅及文書送
　　　　　　存日或之前已送存批准書、接受書或加入聲明書之
　　　　　　國家；之後加入的國家，自送交批准書、接受書或
　　　　　　加入聲明書後十二個月開始生效。

第十七條　**公約的領土範圍**　任何締約國於批准、接受或加入本
　　　　　　公約當時或之後，均可正式通知聯合國教科文組織
　　　　　　秘書長，宣告本公約範圍擴充及各國因國際關係所
　　　　　　負責管轄的領土。該項通知於聯合國教科文組織收
　　　　　　到後十二個月開始生效。

第十八條　**退出**
　　　　　　各締約國可代表本國及因國際關係所負責管轄的領土
　　　　　　　宣布退出本公約。
　　　　　　退出聲明應以書面通知且由聯合國教科文組織秘書長
　　　　　　　保存。
　　　　　　退出於退出聲明收存後十二個月生效。

第十九條　**通知**　聯合國教科文組織秘書長於收到依據第十四、
　　　　　　十五條送交之批准書、接受書和加入聲明書以及第
　　　　　　十七、十八條之公約領土範圍宣告書和退出聲明書
　　　　　　後，應通告會員國、依第十五條加入的非會員國及
　　　　　　聯合國。

第二十條　**公約的修訂**
　　　　　　1.本公約可經由聯合國教科文組織大會修訂，然該修

　　　　　　　訂公約效力僅及於公約修訂後加入的國家。

　　　　　2.如果大會通過新公約修訂本公約，不論全部或部
　　　　　　分，本公約應自新公約生效日起，停止開放給各國
　　　　　　批准、接受或加入；新公約另有規定者除外。

第廿一條　**登記**　依據聯合國憲章第一〇二條，應聯合國教科文
　　　　組織秘書長之請，本公約於聯合國秘書處登記。

*本出版品國際交換公約原文見 Vanwijngaerden, Frans, *Handbook on
the International Exchange of Publications,* 4ᵗʰ edition（Paris:
UNESCO, 1978），p. 70-74；中文翻譯乃參閱弗朗斯・范維卡爾登
編，王培章譯：《國際出版物交換手冊(第 4 版)》（北京：中國對外
翻譯出版公司，1988 年 8 月），並修改之。

附錄三

官方出版品與公牘國際交換公約(中文翻譯)*

關於官方出版品與公牘國際交換公約，於 1958 年 12 月 3 日在巴黎召開的第十屆聯合國教科文組織大會通過。

第 一 條　**官方出版品與公牘交換**　締約國依據本公約條款，表達基於互惠原則交換官方出版品與公牘的意願。

第 二 條　**官方出版品與公牘的定義**

1. 為達本公約目的，下列依據全國政府當局命令或經費印製的出版品均屬之：議會文牘、報告、會議紀錄與其他立法文獻；中央、聯邦及地方政府機關印行的行政出版品和報告；國家書目、國家手冊、法令規章、法院判決；所有其他類此出版品。

2. 然而締約國於執行本公約時可自行決定交換內容。

3. 本公約不適用於機密文獻、非公開的通告和其他資料。

第 三 條　**雙邊協定**　締約國認為適當時可另訂雙邊協定作為本公約的補充，並規範因執行公約所衍生的共同問題。

第 四 條　**國家交換當局**

1. 各締約國之國家交換服務組織或因此目的而指定的中央交換機關應執行交換功能。

2. 交換當局應於適當時在各締約國內負責執行本公約及依據第三條所訂定的雙邊協定。各締約國賦予國家交換服務組織或中央交換機關必要權力取得交換

出版品以及足夠財源執行交換功能。

第 五 條　**交換出版品的清單和數量**　交換官方出版品與公牘的清單和數量由締約國之交換機關議定；雙方交換機關可適時調整交換清單和數量。

第 六 條　**傳遞方式**　出版品可直接傳遞給交換機關或由交換機關指定接受者。列明傳遞內容的方式由雙方交換機關議定。

第 七 條　**運輸費用**　除非另行議定，否則負責傳遞的交換機關應負擔傳遞至目的地的費用，但海運者，只負擔抵達海關的包裝與運輸費用。

第 八 條　**運送費率和條件**　締約國應採取必要措施，確保交換當局享有最有利的現行費率和運輸條件，不論採用何種運輸工具，郵政、陸路、鐵路、海運或空運。

第 九 條　**關稅及其他設備**　關稅及其他便利　各締約國應依據本公約規定或依據執行本公約中的任何協定，准予交換當局豁免進出口資料關稅，並應予通關和其他便利之最優惠待遇。

第 十 條　**交換的國際協調**　為協助聯合國教科文組織實施其章程所賦予之交換國際協調功能，締約國應寄給該組織關於實施本公約的年度工作報告和依據第三條規定所簽訂的雙邊協定副本。

第十一條　**資訊和研究**　聯合國教科文組織應出版締約國實施第十條所提供的資訊，並應準備與出版關於本公約的工作研究報告。

第十二條　**聯合國教科文組織的協助**
1.締約國可要求聯合國教科文組織就執行本公約所遭

遇的困難予以技術協助。該組織應在其計畫與資源
範圍內提供協助，特別是關於國家交換服務組織的
創設。

2.聯合國教科文組織有權主動向締約國提出此類問題
的建議。

第十三條　**與既存協定之關係**　本公約不影響公約生效前各締約
國訂立的國際協定；不可視本公約爲既存協定之複
本交換。

第十四條　**語**文　本公約以英文、法文、俄文和西班牙文訂定；
四種語文版本具有同等效力。

第十五條　**批准與接受**

1.本公約應由聯合國教科文組織各會員國依其國家憲
法程序批准或接受。

2.批准書或接受書應送交聯合國教科文組織秘書長保
存。

第十六條　**加入**

1.本公約應對聯合國教科文組織執行委員會邀請之非
會員國開放，供其加入。

2.加入應以送交聯合國教科文組織秘書長加入聲明書
後始生效。

第十七條　**開始生效**　本公約自第三國送存批准書、接受書或加
入聲明書後十二個月開始生效，但效力僅及文書送
存日或之前已送存批准書、接受書或加入聲明書之
國家；之後加入的國家，自送交批准書、接受書或
加入聲明書後十二個月開始生效。

第十八條　**公約的領土範圍**　任何締約國於批准、接受或加入本

公約當時或之後，均可正式通知聯合國教科文組織秘書長，宣告本公約範圍擴充及各國因國際關係所負責管轄的領土。該項通知於聯合國教科文組織收到後十二個月開始生效。

第十九條　**退出**

1.各締約國可代表本國及因國際關係所負責管轄的領土宣布退出本公約。

2.退出聲明應以書面通知且由聯合國教科文組織秘書長保存。

3.退出於退出聲明收存後十二個月生效。

第二十條　**通知**　聯合國教科文組織秘書長於收到依據第十四、十五條送交之批准書、接受書和加入聲明書以及第十七、十八條之公約領土範圍宣告書和退出聲明書後，應通告會員國、依第十五條加入的非會員國及聯合國。

第廿一條　**公約的修訂**

1.本公約可經由聯合國教科文組織大會修訂，然該修訂公約效力僅及於公約修訂後加入的國家。

2.如果大會通過新公約修訂本公約，不論全部或部分，本公約應自新公約生效日起，停止開放給各國批准、接受或加入；新公約另有規定者除外。

第廿二條　**登記**　依據聯合國憲章第一〇二條，應聯合國教科文組織秘書長之請，本公約於聯合國秘書處登記。

*公約原文見 Vanwijngaerden, Frans, *Handbook on the International Exchange of Publications*, 4th edition（Paris: UNESCO, 1978）, p. 75-80；中文翻譯乃參閱弗朗斯・范維卡爾登編，王培章譯：《國際出版物交換手冊(第 4 版) 》（北京：中國對外翻譯出版公司，1988 年 8 月），並修改之。

附錄四

加入出版品國際交換公約的國家*

Belgium	比利時
Brazil	巴西
Bulgaria	保加利亞
Byelorussia (S.S.R)	白俄羅斯
China　(Republic of China)	中華民國
Cuba	古巴
Czechoslovakia	捷克
Denmark	丹麥
Dominican Republic	多明尼加
Ecuador	厄瓜多
Egypt(U.A.R)	埃及
Federal Republic of Germany	西德
Finland	芬蘭
France	法國
German Democratic Republic	東德
Ghana	迦納
Guatemala	瓜地馬拉
Hungary	匈牙利
Indonesia	印尼
Iraq	伊拉克
Israel	以色列

Italy	義大利
Libya	利比亞
Luxembourg	盧森堡
Malawi	馬拉威
Malta	馬爾他
Morocco	摩洛哥
Netherlands	荷蘭
New Zealand	紐西蘭
Nigeria	奈及利亞
Norway	挪威
Panama	巴拿馬
Poland	波蘭
Romania	羅馬尼亞
Spain	西班牙
Ukraine	烏克蘭
United Kingdom	英國
United States of American	美國
U.S.S.R	蘇聯

*參閱 Vanwijngaerden, Frans, Handbook on the International Exchange of Publications, 4ᵗʰ edition（Paris: UNESCO, 1978）, p. 75。

【注釋】

依最新國際關係,上述國家中有統一和分裂之情況,茲說明如下:

1. 白俄羅斯:過去從未發展成一個具特殊歷史經歷和意識之國家,此地區在九至十四世紀間,由獨立之公國或與基輔羅斯聯盟之公國所統治,十三至十四世紀時成爲立陶宛大公國之一部份,1569 年起屬波蘭立陶宛公國,十八世紀末至 1918 年由俄羅斯帝國統治。俄國於 1917 年十月革命後,白俄羅斯亦於 1919 年成立「白俄羅斯社會主義共和國」,並於 1922 年加盟前蘇聯。1991 年 8 月 19 日蘇聯發生政變,白俄羅斯國會旋於同月 25 日議決宣布獨立,並於 9 月 18 日改國號爲「白俄羅斯共和國」(Republic of Belarus)。12 月 8 日白俄羅斯與俄羅斯、烏克蘭三國領導人在明斯克簽署成立獨立國家國協(Commonwealth of Independent States),聲明「終止視蘇聯爲國際法上之主體」。

2. 捷克:捷克及斯洛伐克人皆爲斯拉夫民族,1918 年兩族聯合建立捷克斯洛伐克共和國。1948 年捷共獲取政權,1960 年通過新憲更改國號爲捷克斯洛伐克社會主義共和國（the Czechoslovak Socialist Republic,CSSR）。1968 年 8 月蘇聯率華沙公約集團軍隊入侵。1989 年 11 月「絲絨革命」,捷共政權崩潰;1990 年 3 月 29 日更改國號爲「捷克暨斯洛伐克」聯邦共和國（Czech and Slovak Federal Republic）。1992 年 6 月大選結果,捷克和斯洛伐克獲勝。兩大政黨未能就維持聯邦達成共識,最後於 1993 年 1 月 1 日解體,分裂爲捷克與斯洛伐克兩個獨立共和國。

3. 西德與東德:德意志第三帝國於 1945 年戰敗投降後,由美、蘇、英、法分別設佔領區。1949 年 5 月 23 日制頒基本法,同年 8 月 14 日舉行大選,德意志聯邦共和國於是成立（ 即「西

德」）；同年 10 月 7 日，蘇俄佔領區亦宣佈成立德意志民主共和國（即「東德」）。1990 年 8 月 31 日兩德政府簽署關於實現政治統一的「統一條約」，同年 10 月 3 日東德加入德意志聯邦共和國，德國正式統一。

4.蘇聯：1991 年解體，參前述第 1 點「白俄羅斯」說明。

*資料來源：中華民國外交部禮賓司編印：《世界各國簡介暨政府首長名冊(88)》，民國 88 年 5 月。

附錄五

國立中央圖書館辦理出版品國際交換事項辦法
(民國三十六年)

一、凡我國政府各機關編輯出版或津貼經費印刷之中西文圖書、
　　公報，得視事實之需要，檢送三十份予交換處分送協約各
　　國。

二、交換處應各協約國之需要，調取各機關出版品時，須隨時照
　　送。

三、公私機關及個人有多量出版品贈送國外及個人或互相交換
　　者，均可委託代爲分別登記轉寄。

四、國內各機關之出版品願贈送國外而不指定任何機關及個人
　　者，可各寄若干份由交換處斟酌支配寄送。

五、國外贈送國內各公私機關及個人或交換之出版品，寄至交換
　　處，統由本處整理登記，然後分別郵寄或裝箱寄運。

六、國內寄件人委託寄遞出版品至國外時，應將寄至南京之運費
　　或郵費付清，由南京寄往各國之費用歸交換處負擔。

七、國外委託交換處轉寄之包件分寄國內各機關或個人時，所需
　　之郵費歸交換處負擔，運費則暫由收件人負擔。

八、本處郵寄各件皆不掛號，如欲掛號，須先備函通知，其掛號
　　費應由收件人負擔。

九、因未掛號而遺失之物件，交換處概不負責，但寄出郵件無論
　　大小多寡，概有詳細登記並交郵局蓋印，以便查核。

十、國內寄件人將書件委託交換處寄往國外時，應先將下列各項
　　預先函告：
　　甲、箱數；

　　乙、包數；

　　丙、刊物名稱；

　　丁、寄件詳細清單註明國外收件人姓名、住址、包數及包內
　　　　刊物名稱，庶易點收登記，以便查考。

十一、包件上人名地址須由寄件人用英文或寄往國文字，用打字
　　　機打好，免至模糊，如係用地址單黏貼包上者，紙宜堅韌，
　　　若寄至機關者，切勿用個人名義，以免爭執。

十二、包件須包札堅固，不可捲包，免至污損，如有附圖恐易損
　　　破者，須加襯厚紙板。

十三、包件內不得附有任何信件。

十四、國內寄件者須得雙方收據時，可於包件內附一空白收據，
　　　便國外收件者簽字寄回，如希望對方交換，亦可於此項收
　　　據或包封上印明。

十五、由交換處轉寄國外之包件內亦附有空白卡片一張，收件人
　　　務須將包數及包封上所印之登記號填明、簽字寄回，以便
　　　查核。

十六、交換處為國內外出版品轉寄交換總機關，並非營業性質，
　　　故除各機關及個人出版品贈送國外或交換者外，凡具有商
　　　業性質之書籍，概不轉遞。

十七、國外寄來包件有時因地址不甚明瞭或外國拼法錯誤，以致
　　　無從轉遞，故歡迎各方時常來函詢問；函詢時須註明收件
　　　人中西文姓名、住址，如無法投遞書件，一年內無來承領
　　　者，交換處得自由處置，贈送國內圖書館或退回國外寄件
　　　人。

十八、國內寄件人及收件人住址如有變更，須隨時通知交換處及
　　　國外收件人或寄件人。

十九、所有委寄各件，均寄南京成賢街四十八號國立中央圖書館
　　　出版品國際交換處。

附錄六

國家圖書館辦理出版品國際交換辦法(修正條文)

中華民國八十七年一月十九日行政院台八十七教字第○二六一二號函核定。
中華民國八十七年二月十八日教育部台(87)參字　第八七○一三二一七號令修正發布全文七條；並將原名稱：「國立中央圖書館辦理出版品國際交換事項辦法」予以修正。

第 一 條　本辦法依國家圖書館組織條例第十條第一項規定訂定之。

第 二 條　政府機關之出版品，其適合國際交換者，應視國家圖書館（以下簡稱本館）之實際需要，由有關機關提供若干份作國際交換之用。

第 三 條　國內出版社或個人主動提供本館辦理國際交換之出版品，應經本館認可後處理之；其處理程序及寄發對象，由本館決定。

第 四 條　國外交換單位提供之出版品，以本館為收件人者，相關進口報關手續由本館辦理。

第 五 條　第三條經本館認可之出版品，其遞寄方式如下：

　　　　　一、寄至國外者，以水陸郵件寄遞。

　　　　　二、轉寄至國內者，以普通印刷品寄遞。

　　　　　前項出版品需以其他方式寄遞者，應事先書面通知本館；其超支之郵資，應自行負擔。

第 六 條　國際交換出版品經遞寄被退回，或通知領取，於一年內無人承領者，由本館全權處理之。

第 七 條　本辦法自發布日施行。

附錄七

國家圖書館出版品國際交換問卷*

NATIONAL CENTRAL LIBRARY
Program for International Exchange of Publications

The National Central Library, the only national library of the Republic of China, has grown dramatically since its founding over six decades ago in Nanjing. It provides the scholar, student or casual reader with a variety of materials ranging from rare T'ang manuscripts to the latest in foreign journals, government documents and information science reference works.

The National Central Library is continually seeking to increase and improve its collections through exchange with libraries and institutions around the world with the purpose of developing cultral exchange and mutual understanding between nations in this modern and interdependent world.

Our policy of collection is as follows:
(a) We are interested in all publications in social science and humanities from around the world.
(b) We are especially interested in official publications, government documents and Western Sinology research.

Our method of exchange is as follows:
(a) periodicals

　　　　We first select appropriate periodicals according to the interests expressed in your answers to our initial questionnaire, then furnish you a list from which you can select the periodicals that you would like to receive.　We will enter your selections into our records, and they will be sent to you on a regular basis.

(b) books

　　　　Three to four times per year we will send you an exchange list of available titles.　Titles are divided into two types: government publications and general publications. All titles are new acquisitions of our library, and not unwanted or remaindered copies.

(c) special requests for titles

　　　　If we have the requested title, we can provide it on the condition of mutual exchange wherein the requesting party provides us with title(s).　If requested items are not available, we can provide you with the relevant publisher's contact information so you can order the titles directly.

　　　Please fill out the questionnaire and return it as soon as possible.　The more detailed your answers, the better we can assist you.　Be sure to answer all the questions and take special care in describing your exchange method, the titles you can offer for exchange and what you are already sending to the National Central Library.

　　　　　Thank you for your cooperation.

* Please use English to fill in your name and address. We would also request you to use either Chinese or English in Communicating with us. This will greatly facilitate our exchange services. Thank you for your cooperation and kind attention in this matter.

1. Name of exchange organization or individual (please print)

corr.

address:

country:

Tel:

Fax:

E-mail:

2. Name of person responsible for gifts & exchanges

name: (Dr./Mr./Mrs.)

position: _____

_____

3. Organization/Department/Individual to whom shipment should be addressed (if different from item 1 above)

name:

address:

Tel:

Fax:

4. Kind of organization (you may select more than one)
   ( ) national library or publications exchange center
   ( ) university or college library
   ( ) institute or department of Chinese studies
   ( ) public library
   ( ) special library
   Type of library:
   ( ) academic research organization

( ) learned society, association or other groups
( ) government organization
( ) international organization
( ) overseas Chinese school or organization
( ) individual
( ) other

5. Holdings of Chinese language materials by your organization
Book: _____ volumes   Microfilms: _____ reels
Serials: _____ titles   Microfiches: _____ fiches

6. Subjects of Chinese materials your organization/library would like to collect

( ) unlimited in scope   ( ) sociology
( ) government publications   ( ) economies
    (assembly proceedings, reports, ( ) politics
    gazettes, statistics, etc.)   ( ) law
( ) philosophy   ( ) history
( ) religion   ( ) geography
( ) pure science   ( ) language & literature
( ) applied science   ( ) arts
( ) medicine & pharmacology   ( ) other (please list)
( ) agriculture
( ) education

7. Language preferences/limitations on materials your library/ facility would like to receive (from us)
   You can make use of materials in
   ( ) Chinese
   ( ) English
   ( ) both Chinese & English
   ( ) no preference
   ( ) other language (please specify)

   ---

8. Language preferences/limitations on materials your library/ facility can provide
   You can provide materials in the following languages:

   ( ) English   ( ) Chinese
   ( ) French   ( ) Japanese
   ( ) Spanish   ( ) Korean
   ( ) Italian   ( ) Arabic
   ( ) German   ( ) Other (please specify)
   ( ) Russian   _____

9. Publications or materials that you can provide for exchange
   (1) You have already provide us with the following materials:
       ( ) monographs
       ( ) microform materials
       ( ) periodicals (please specify)

1 _____
2 _____
3 _____
4 _____
5 _____

(may use separate sheet if space is not enough)
(　　) other publications:

(2) If you would like to provide us with other materials, please indicate below.

_____

10. Please describe your policy and method for exchange partnership.

_____

(may use separate sheet if space is not enough)

11. Can you provide us with a pamphlet of introduction about your library?
Yes (　　)　　No (　　)
If your answer is "yes", please enclose the pamphlet with this questionnaire together to send to us.

12. Comments and special requests

_____
_____
_____

13. The questionnaire will be used as a formal agreement to extablish exchange partnership. Please sign this Agreement by representatives of the exchange parties.

The Library	National Central Library
Name: _____	Name:
Title: _____	Title: Bureau Chief, BIEP
Date: _____	Date: _____

*資料來源：國家圖書館。

附錄八

國家圖書館出版品國際交換書單
與圈選回覆信函（樣本）*

USA0040

The Library of Congress

African/Asian Acquisitions & Overseas
　Operations Division

Chinese Acquisitions Section

101 Independence Ave., SE

Washington, D.C. 20540-4152

U. S. A.

SEPTEMBER, 1998

Dear Exchange Partner:

We are pleased to send you our government publication exchange list: (ExL):1998/04G for your reference. If you are interested in any of the titles listed ,simply encircle the corresponding number below and send it back before AUGUST31, 1998.

Please do not either return the exchange list or make your own classification codes. If you want to send your selected list through e-mail, do not forget to indicate your ID code which is shown on the line above your address. When doing so, please use the following e-mail address: biep@msg.ncl.edu.tw.

Requests for exchange materials will be based on our exchange relations priority and on the promptness of your request. We take the privilege of not having to inform you if the items you requested are not available. We hope that you will undeerstand our decision.
Bureau of International Exchange of Publications National Central Library

ExL: 1998/04G

01	02	03	04	05	06	07	08	09	10
11	12	13	14	15	16	17	18	19	20
21	22	23	24	25	26	27	28	29	30
31	32	33	34	35	36	37	38	39	40
41	42	43	44	45	46	47	48	49	50
51	52	53	54	55	56	57	58	59	60
61	62	63	64	65	66	67	68	69	70
71	72	73	74	75	76	77	78	79	80
81	82	83	84	85	86	87	88	89	90
91	92	93	94	95	96	97	98	99	100

中華民國 國家圖書館 第 1998/04G 號交換書單*

Republic of china, National Central Library
Exchange List 1998/04G

1. 書　名：認識古籍版刻與藏書家
　　　　　(An Introduction to Engravers and Collectors of Ancient Books)
　作　者：劉兆祐　著
　出版者：臺灣書店　　　　頁　數：332
　出版地：臺北市　　　出版年：1997　　語言別：Chi
　ISBN：957-567-132-5　精/平裝：平裝　資料類型：圖書
　集叢名：中華民國中山學術文化基金會中山文庫，人文系列
　集叢號：A105

2. 書　名：館藏臺灣文獻期刊論文索引(民國八十年至八十二年)
　　　　　(Index of Documents and Journals from Taiwan Collection in the ECL, Taiwan Branch (1991-1993))
　作　者：國立中央圖書館臺灣分館參考服務組 編輯
　出版者：國立中央圖書館臺灣分館　　　　頁　數：764
　出版地：臺北市　　　出版年：1997　　語言別：Chi
　ISBN：957-00-9329-3　精/平裝：精裝　資料類型：圖書

3. 書　名：臺北市立美術館藏書目錄 9

(Taipei Fine Arts Museum Books Catalogue 9)

作　者：臺北市立美術館推廣組　編輯

出版者：臺北市立美術館　　　　　　　　頁　數：137

出版地：臺北市　　　　出版年：1997　　語言別：Chi

ISBN：957-00-7266-0　　精/平裝：平裝　　資料類型：圖書

4. 書　名：臺灣省立博物館圖書館藏現況及發展計畫

(Current Collections and Plan for Development of the Taiwan Provincial Museum Library)

作　者：顧潔光　著

出版者：臺灣省立博物館　　　　　　　　頁　數：117

出版地：臺北市　　　　出版年 ：1997　　語言別：Chi

ISBN：957-9497-71-0　　精/平裝：平裝　　資料類型：圖書

5. 書　名：臺灣地區公共圖書館經營管理現況調查研究(二)

　　　　　一縣(市)立文化中心暨圖書館

(A Survey on Public Library Management in the Taiwan Area (Vol.2): Provincial and City Cultural Centers and Libraries)

作　者：國立中央圖書館臺灣分館推廣輔導組　編輯

出版者：國立中央圖書館臺灣分館　　　　頁　數：175

出版地：臺北市　　　　出版年：1997　　語言別：Chi

ISBN：957-00-9646-2　　精/平裝：精裝　　資料類型：圖書

6. 書　名：臺灣地區公共圖書館經營管理現況調查研究(三)

　　　一鄉鎮(市)立圖書館

(A Survey on Public Library Management in the Taiwan Area (Vol.3): County, Town and City Libraries)

作　者：國立中央圖書館臺灣分館推廣輔導組　編輯

出版者：國立中央圖書館臺灣分館　　　　　頁　數：321

出版地：臺北市　　　　　出版年：1997　　語言別：Chi

ISBN：957-02-0287-4　　精/平裝：精裝　　資料類型：圖書

7. 書　名：現代博物館教育：理念與實務

(Modern Museum Education: Theory and Practice)

作　者：黃淑芬　著

出版者：臺灣省立博物館　　　　　　　　　頁　數：315

出版地：臺北市　　　　　出版年 ：1997　　語言別：Chi

ISBN：957-9497-65-6　　精/平裝：平裝　　資料類型：圖書

*資料來源：國家圖書館。

附錄九

各式交換單位名錄列印組合條件（列印畫面）*

\<LB150\>

　　　　　各式交換單位名錄列印　　　　　87/09/15

列印選擇　　：█ (1.名錄　2.名條)

狀態區分碼　：█ (1.非正式往來單位　2.正式往來單位　3.終止往來單位)

類別型態碼　：　█ , █ , █ , █ (1.正式交換單位　2.機關別　3.個人別　4.外館別)

寄存：█ (1.優先　2.部份　3.全部)

可處理語言：████　　可提供語言：███

交換單位代碼：████ ── ███ (空白代表全部，zzzzzz代表資料結尾)

列印其他寄書地址：

請選擇　F1：區域代碼　　F2：國家代碼　　F3：館藏重點
　　　　F4：組織性質（多重組合）

區域代碼：

國家代碼：

館藏重點：

組織性質：

Ctrl-W：開始列印　　　ESC：結束

*資料來源：國家圖書館。

附錄十

交換單位各項性質統計列印畫面*

<LB180>

交換單位各項性質統計表列印　　　87/09/15

範圍：所有交換單位

選擇：█ (1.單位性質　2.館藏性質　3.可處理語言　4.可提供語言)

條件：██ ██ ██ ██ ██ ██ ██ ██ ██ ██

（請輸入代碼）

Ctrl-W：執行列印　　　ESC：結束

*資料來源：國家圖書館。

附錄十一

交換單位統計表列印畫面和統計表範例*

\<LB120\>

| 交換單位統計表列印 | 87/09/15 |

狀態區分碼：█ (1.非正式往來單位　2.正式往來單位　3.終止往來
　　　　單位　空白代表全部)

Ctrl-W：執行列印　　ESC：結束

*資料來源：國家圖書館。

正式往來交換單位統計表

R/N: LB12A
製表日期：87/09/15
頁次：1

洲別	國家代碼/中文名稱/英文名稱	數量	洲比率	總比率
DS(南)大				
AUS	澳洲 Australia	34	70.83%	3.12%
Fiji	斐濟 Fiji	3	6.25%	0.27%
NAU	諾魯共和國 Republic of Nauru	1	2.08%	0.09%
NEW	紐西蘭 New Zealand	6	12.50%	0.55%
PAP	巴布亞紐幾內亞 Papua New Guinea	1	2.08%	0.09%
SOL	索羅門群島 Solomon Islands	1	2.08%	0.09%
TON	東加王國 Kingdom of Tonga	2	4.17%	0.18%
小計：		48		4.40%

洲別	國家代碼/中文名稱/英文名稱	數量	洲比率	總比率
FC 中非洲				
CAF	中非共和國 Republic of Central Africa	1	50.00%	0.09%
ZAI	薩伊共和國 Republic of Zaire	1	50.00%	0.09%
	小計：	2		0.18%
FE 東非洲				
ETH	衣索匹亞 Ethiopia	1	100.00%	0.09%
	小計：	1		0.09%
FN 北非洲				
EGY	埃及 Egypt	1	50.00%	0.09%
LBY	利比亞 Libya	1	50.00%	0.09%
	小計：	2		0.18%
FS 南非洲				
BOT	波札那 Botswana	1	4.35%	0.09%
MAD	馬達加斯加共和國 Madagascar	1	4.35%	0.09%
MAI	馬拉威 Malawi	1	4.35%	0.09%
MAU	模里西斯 Mauritius	1	4.35%	0.09%

*資料來源：國家圖書館。

附錄十二

交換單位綜合統計列印畫面*

<LB240>

交換單位綜合統計

87/09/15

國別碼：— (空白…全部)

狀態碼：█ (1.未為正式往來的單位　2.正式往來單位　3.終止
往來單位)

類別碼：█ (1.正式交換　2.機關別贈送　3.個人別贈送　4.外
館別贈送)

組織性質：██

統計結果：

Ctrl-W：執行列印　　ESC：結束

*資料來源：國家圖書館。

附錄十三

交換單位統計簡表列印畫面和統計簡表範例*

```
<LB160>
                    交換單位統計簡表列印              87/09/15
─────────────────────────────────────────────────────



           列印年度：████ 年
           統計範圍：該年度所有交換單位
           統計方式：相同國家之單位統計



─────────────────────────────────────────────────────

 Ctrl-W：執行列印    ESC：結束
```

頁次：1

R/N：LB16

87/09/15

國家圖書館交換單位統計簡表

列印年度：1998

國　　　　家		單位數量
1. Argentina	阿根廷	3
2. Australia	澳洲	36
3. Austria	奧地利	4
4. Azerbaijan	亞塞拜然	1
5. Barbados	巴貝多	1
6. Bahamas	巴哈馬	1
7. Bahrain	巴林	1
8. Belgium	比利時	15
9. Belize	貝里斯	1
10. Belarus	白俄羅斯共和國	1
11. Bolivia	玻利維亞	3
12. Botswana	波札那	1
13. Brazil	巴西	13
14. Brunei Darussalam	汶萊	3
15. Burkina Faso	布吉那法索	1
16. Central Africa	中非共和國	1
17. Canada	加拿大	31

(續下頁)

國	家	單位數量
18. Chile	智利	5
19. Christopher and Nevis	聖克里斯多福及尼維斯	1
20. Colombia	哥倫比亞	4
21. Costa Rica	哥斯大黎加	3
22. Croatia	克羅埃西亞共和國	1
23. Cuba	古巴	1
24. Czech Republic	捷克共和國	2
25. Denmark	丹麥	15
26. Dominica	多米尼克	1
27. Dominican	多明尼加共和國	3
28. Ecuador	厄瓜多爾	3
29. Egypt	埃及	1
30. Estonia	愛沙尼亞共和國	1
31. Ethiopia	衣索匹亞	1
32. Fiji	斐濟	3
33. Finland	芬蘭	5
34. France	法國	37
35. Germany	德國	61
36. Guinea-Bissau	幾內亞比索共和國	1
37. Grenada	格瑞那達	1
38. Greece	希臘	2
39. Guatemala	瓜地馬拉	2
40. Guyana	圭亞那	2

(續下頁)

國	家	單位數量
41. Haiti	海地共和國	1
42. Hong Kong	香港	44
43. Honduras	宏都拉斯	3
44. Hungary	匈牙利	4
45. Indonesia	印尼	2
46. India	印度	14
47. Iran	伊朗	3
48. Ireland	愛爾蘭	3
49. Iraq	伊拉克	1
50. Israel	以色列	3
51. Italy	義大利	17
52. Ivoire	象牙海岸	1
53. Jamaica	牙買加	1
54. Japan	日本	100
55. Jordan	約旦	8
56. Korea	韓國	58
57. Kuwait	科威特	1
58. Latvia	拉脫維亞	1
59. Libya Arab Jamahiruye	利比亞	1
60. Lebanon	黎巴嫩	1
61. Liberia	賴比瑞亞	1
62. Lucia	聖露西亞	1
63. Luxembourg	盧森堡	2

(續下頁)

國	家	單位數量
64. Macau	澳門	8
65. Madagascar	馬達加斯加共和國	1
66. Macedonia	馬其頓	1
67. Mainland China	中國大陸	5
68. Malawi	馬拉威	1
69. Malaysia	馬來西亞	13
70. Malta	馬爾他	1
71. Mauritius	模里西斯	1
72. Mexico	墨西哥	4
73. Nauru	諾魯共和國	1
74. Netherlands	荷蘭	14
75. New Zealand	紐西蘭	7
76. Nicaragua	尼加拉瓜	2
77. Nigeria	奈及利亞	3
78. Norway	挪威	6
79. Oman	阿曼蘇丹王國	1
80. Pakistan	巴基斯坦	1
81. Panama	巴拿馬	3
82. Papua New Guinea	巴布亞紐幾內亞	2
83. Paraguay	巴拉圭	2
84. Peru	秘魯	3
85. Philippines	菲律賓	27
86. Poland	波蘭	2

(續下頁)

國 家		單位數量
87. Portugal	葡萄牙	3
88. Puerto Rico	波多黎各	2
89. Russia	俄羅斯	11
90. Salvador	薩爾瓦多	1
91. Saudi Arabia	沙烏地阿拉伯	5
92. Singapore	新加坡	10
93. Slovenia	斯洛維尼亞	1
94. Solomon Islands	索羅門群島	1
95. South Africa	南非共和國	14
96. Spain	西班牙	5
97. Sri Lanka	斯里蘭卡	3
98. Swaziland	史瓦濟蘭	4
99. Sweden	瑞典	14
100. Switzerland	瑞士	9
101. Thailand	泰國	10
102. Tonga	東加王國	2
103. Trinidad and Tobago	千里達	2
104. Turkey	土耳其	6
105. United Arab Emirates	阿拉伯聯合大公國	2
106. United Kingdom	英國	44
107. Ukraine	烏克蘭	2
108. Uruguay	烏拉圭	2
109. U.S.A.	美國	424

(續下頁)

國	家	單位數量
110. Vatican	梵諦岡	1
111. Venezuela	委內瑞拉	3
112. Vietnam	越南	2
113. Vincent and the Grenadines	聖文森及格瑞那丁	1
114. Zaire	薩伊共和國	1
115. Zambia	尚比亞	2
116. Zimbabwe	辛巴威	2
合計	116國	1242 單位

*資料來源：國家圖書館。

附錄十四

官書徵集/回覆情況總表範例*

R/N:BKAOA

索書年月區間：自1998/01至1998/09　　製表日期：87/09/15
頁次：1

索書年月	發函單位	索書種類	索取總冊	回覆單位	收入種類	收入總冊	回覆百分比
1998/01	19	30	1194	11	10	257	58
1998/02	21	39	1502	9	8	285	43
1998/03	31	44	1714	19	19	549	61
1998/04	25	38	1547	15	17	571	60
1998/05	32	81	3208	9	41	1520	28
1998/06	40	68	2596	6	9	294	15
合計：	168	300	11761	69	104	3476	41

*資料來源：國家圖書館。

附錄十五

行政機關出版品管理要點

行政院 72 年 9 月 23 日臺 72 研書字第 2605 號函分行
行政院 78 年 1 月 17 日臺 78 研書字第 0193 號函修正

一、本要點所稱「行政機關」，包括行政院暨所屬各部、會、行、
　　處、局、署、省(市)政府、縣(市)政府及其所屬機關、學校
　　及事業機構。但不包括鄉(鎮、市)公所及中等以下學校。

二、本要點所稱「出版品」　，係指以行政機關之經費與名義印
　　製、出版或發行之非機密性且無特定分發對象之圖書、冊籍、
　　專論、連續性出版品及非書資料而言；但不包括由主管教育
　　行政機關統一編印價售之教科書。

三、行政機關應於出版品印製前，依「行政機關出版品統一編號
　　作業規定」（如附件一）編定出版品統一編號，並於發行時，
　　依出版法規定，各以一份分送有關機關。前項出版品並應印
　　刷國際標準書號或其他國際編號，以促進出版品之國際交
　　流；其編號機關由行政院授權目的事業主管機關指定之。

四、國立中央圖書館應依行政機關出版品統一編號，定期編印出
　　版品目錄，分送各行政機關。

五、行政機關出版品由國立中央圖書館會同行政院研究發展考核
　　委員會洽定國內外圖書館為寄存圖書館，通知出版機關按期
　　寄存，其建立及作業規定如附件二。

六、行政機關出版品國際交換工作，　由國立中央圖書館負責辦
　　理，但必要時，各機關得函知國立中央圖書館後自行辦理專
　　案交換工作。

　　　國立中央圖書館於決定交換之出版品名稱後，應與出版機關
　　協商其供應量，以便交換。交換之國外出版品由國立中央圖
　　書館統一編存，並定期編目分送各行政機關。

七、各行政機關應就其出版品自行定價公開發行或委託代售。前
　　項出版品，每種至少應保留五十冊，以供行政院研究發展考
　　核委員會規劃辦理統籌展售。

　　出版品之出售，以酌收成本為原則，售價所得應全部繳交公
　　庫。其委託代售者，得支付受託人不超過售價百分之四十之
　　代售費用，其統籌展售者亦同。

八、行政院研究發展考核委員會得視統籌展售之需要，函請各出
　　版機關加印其庫存將罄之出版品。

　　各出版機關如不能於一個月內印刷供應前項出版品，應授權
　　行政院研究發展考核委員會加印，以供統籌展售。

九、本要點規定以外之機關，有依本要點規定辦理出版品管理需
　　要時，得函請行政院研究發展考核委員會洽商國立中央圖書
　　館辦理。

十、本要點規定之事項，由行政院研究發展考核委員會定期查核
　　執行績效，並函知行政院新聞局及國立中央圖書館。

附錄十六

行政機關出版品寄存圖書館作業規定

一、為使民眾瞭解政府施政作為，並提供學者研究參考起見，得
　　指定國內外公私立圖書館為行政機關出版品寄存場所。

二、寄存圖書館須有足夠圖書陳列保存空間，完善之管理制度，
　　並且地區代表性，或位於人口中心及讀者眾多之處。

三、寄存圖書館由行政院研究發展考核委員會會同國立中央圖書
　　館指定之。

四、寄存圖書館免費獲得全部或部分行政機關出版品，如發行機
　　關延誤或漏寄，寄存圖書館可予催詢索取。

五、寄存圖書館應按正常作業程序，將行政機關出版品予以登
　　錄 、分類、編目、建卡、陳列，以便提供讀者借閱使用。

六、國立中央圖書館、省立圖書館及直轄市市立圖書館等圖書館
　　應接受全部行政機關出版品之寄存，並以原件或其縮攝片為
　　永久保存原則；其餘寄存圖書館應保存至少五年。

七、寄存圖書館對行政機關出版品之管理事項，除由其所屬主管
　　機關督導外，行政院研究發展考核委員會應會同國立中央圖
　　書館定期查核。

附錄十七

政府出版品國外寄存計畫同意書*

Depository Library Program

PURPOSE & METHOD

The Depository Library Program (DLP) has been initiated by the Research, Development, & Evaluation Commission (RDEC) of the ROC Executive Yuan to promote access to ROC government documents through deposits in major libraries overseas. The National Central Library's Bureau of International Exchange of Publications (BIEP) has been requested to implement this program, which is scheduled to start in April 1995, as part of its existing publications exchange operations.

The material available under the DLP has been selected by the RDEC as beingof special value to scholars and others with an interest in Taiwan Studies.

From April 1995, DLP titles will be included in our regular Exchange List sent to your institution at approximately four-monthly intervals. You are requested to make your selection of these along with other exchange titles and inform us in the usual way. In principle, material will be supplied on a first come, first served basis, although DLP participants will be given priority for supplies of government publications. All material will be shipped by surface (sea) mail.

DLP MATERIAL

* All DLP titles will appear in the *Catalogue of ROC Government Publications* (formerly the *Catalogue of Publicaitons of the Executive Yuan, ROC*).
* Material will be in printed form only (i.e. no microform) and most of it will be in Chinese. Please refer to the Exchange List for indication of language.
* ROC government ministries generate anywhere between 500 and 1,000 titles per year, but due to budget constraints, only a selection of these will be available under the DLP.
* Only books will be included in the Exchange List. If you are already receiving government periodicals on exchange these will be continued and you will be notified of any new periodical titles when they become available.

RESPONSIBILITIES AND COMMITMENTS OF RECIPIENT INSTITUTIONS

* We would prefer recipient institutions to catalogue and shelve all material so that it is readily available for readers. However, we understand that for a variety of reasons, comprehensive cataloguing may not be possible for every institution. Decisions concerning the processing of DLP material will therefore be left to individual institutions.

* To facilitate future evaluation of the program, each recipient institution is requested to inform the BIEP which section of the library will be responsible for handling ROC government publications.

INSTITUTIONAL RELATIONSHIP

Finally, we would like to emphasize that our existing exchange relationship with your institution will continue as before. The DLP will be implemented in addition to our existing publications exchange program. Although we hope that you will respond by supplying us with a selection of your own government publications, you are under no obligation to do so.

We are confident that the DLP will enhance your library's collection and prove to be a mutually beneficial development in international cultural exchange.

The agreement is executed by authorized representatives of the parties whose names are affixed below:

The Library

Name:

Title: _____

Date: _____

_____

The National Central Library

Name: Teresa Wang Chang

Title: Bureau Chief

Date: November 7, 1994

*資料來源：國家圖書館。

附錄十八

政府出版品管理辦法

中華民國八十七年十一月四日
行政院台八十七研版字第○四五五一號令發布

第 一 條　爲建立政府出版品管理制度，促進政府出版品普及流
　　　　　通，特訂定本辦法。
　　　　　政府出版品之管理，除法令另有規定外，依本辦法之
　　　　　規定辦理。

第 二 條　本辦法所稱政府出版品（以下簡稱出版品），係指以
　　　　　政府機關及其所屬機構、學校之經費或名義出版或
　　　　　發行之圖書、連續性出版品、電子出版品及其他非
　　　　　書資料。

第 三 條　行政院及所屬各機關、機構、學校（以下簡稱各機關）
　　　　　應指定專責單位或人員，辦理出版品之編號、寄存、
　　　　　銷售等管理事項。
　　　　　行政院所屬各一級機關應定期查核其所屬機關、機
　　　　　構、學校前項管理事項之執行績效。

第 四 條　各機關應依出版品基本形制注意事項、統一編號作業
　　　　　規定及相關國際標準編號規定，編印出版品。
　　　　　前項出版品基本形制注意事項及統一編號作業規定，
　　　　　由行政院研究發展考核委員會（以下簡稱行政院研
　　　　　考會）定之。

第 五 條　各機關應依寄存圖書館作業規定，寄送出版品至指定
　　　　　圖書館，辦理出版品寄存服務。

前項寄存圖書館作業規定，由行政院研考會定之。

第 六 條　各機關發行之出版品，除依有關法令分送外，應送行政院研考會及國家圖書館各二份。

第 七 條　出版品國際交換工作，由國家圖書館辦理。必要時，各機關得自行辦理專案交換工作。

第 八 條　各機關應就其出版品自行定價銷售或委託代售，並提供行政院研考會洽定之政府出版品展售門市統籌展售。

前項代售酬金，以不超過出版品定價之百分之四十為限。

出版品銷售之作業規定，由行政院研考會定之。

第 九 條　行政院研考會得就統籌展售之需要，函請各機關重製其庫存已罄之出版品。

各機關未能於前項函到一個月內提供時，應授權或取得轉授權，由行政院研考會重製展售。

第 十 條　各機關得與團體、私人合作或委託其出版、發行出版品，並收取合理使用報酬。

前項報酬以金錢為原則，必要時，得以等值出版品代替之。

第十一條　行政院研考會得就本辦法規定事項，定期查核各機關之執行績效。

第十二條　各機關得視業務需要，依據本辦法另定相關管理作業規定，並函知行政院研考會。

第十三條　行政院及所屬各機關以外之其他機關或團體出版、發行之書刊資料，準用本辦法相關規定辦理。

第十四條　本辦法自發布日施行。

索　引

編輯說明

　　本索引將書中（正文爲限）與出版品國際交換有關的國名、人名、書名及圖書館、政府機關、文化機構、學術團體、交換單位、條約、會議等的名稱作爲標目（Heading），按語種編爲中文索引和西文索引。其中部分中文標目（如出版品國際交換處、美國國會圖書館、司密遜學院）設置子標目（二、三級標目），便於讀者檢索相關的主題。索引按中文筆畫和西文英文字母順序編排。外國姓名按姓在前名在後排列。書名以楷體字表示。標目之後的阿拉伯數字爲標目所在的頁碼。

中文部分

西文部分